D1731248

Alfons Klein

An fernen Ufern

Alfons Klein

# An fernen Ufern

Ein deutscher Lehrer in Südamerika

Roman

Wir danken der
Saarland-Sporttoto GmbH
für die freundliche Förderung.


Wir danken den Erben von Ricardo Anwadter
für die Erlaubnis, ein Aquarell des Malers
in die Gestaltung des Covers einzubeziehen.


ISBN 978-3-946036-95-1

**www.geistkirch.de**

1. Auflage 2019
© 2019 Autor und Verlag
Verlag: Geistkirch Verlag, Saarbrücken
Titelmotiv: Aquarell von Ricardo Anwandter
Titelgestaltung: Florian Brunner
Satz und Layout: Harald Hoos, Landau
Printed in EU

Meiner Frau Christa und meinen Kindern

Christiane, Wolfram, Claudio

gewidmet

»Zu neuen Ufern lockt ein neuer Tag.«

*(Johann Wolfgang von Goethe)*


»Es muss das Herz bei jedem Lebensrufe
bereit zum Abschied sein und Neubeginne,
um sich in Tapferkeit und ohne Trauern
in andre, neue Bindungen zu geben.
Und jedem Anfang wohnt ein Zauber inne,
der uns beschützt und der uns hilft zu leben.«

*(Hermann Hesse)*


»Auf einem Mondweg fahre ich über das Wasser,
auf einem silbernen Weg fährt mein Schiff.
Im Fluss badet sich Luna, nackt,
nur mit Schaum bekleidet,
und ich singe auf meiner Fahrt,
während Luna sich badet,
und die Nacht singt mit mir
und ich singe mit ganzer Seele.«

*(Volkslied aus Südamerika)*

# I

Der Reisende tritt hinaus in die rötliche Frühe und sieht auf die fernen Berge, deren Spitzen aus dem Rauch der nahen Millionenstadt und dem Dunst der Erde herausragen wie die rosigen Finger der Eos, der Göttin der Morgenröte. Ein frischer Wind streicht über den Flugplatz, auf dem die riesige Maschine jetzt endlich verharrt, dieser Zugvogel aus der kalten nordischen Welt, aus Nebel- und Niflheim. Der Reisende spürt im Gesicht den Wind, der einen unbekannten Geruch mit sich trägt, er steht oben auf der Gangway mit vom langen, beengten Sitzen steifen Gliedern und zerknitterten Kleidern und Gefühlen. Er zögert einen Augenblick, dann stakst er, die Hand am Geländer und die verschlafenen Augen für die neuen Bilder aufgetan, die scheppernden Stufen der Gangway hinunter.

So betrat Lambert den neuen Kontinent. Plötzlich war er ganz wach, weil ihm bewusst wurde, was da geschah. Ein neuer Erdteil muss mit aller Wachheit betreten werden. Ein neuer Erdteil muss mit der Wachheit der Entdecker und der Kühnheit der Eroberer betreten werden. Mit festen Schritten ging Lambert über den Platz dem Flughafengebäude zu. Der Morgenwind trieb bräunlichen Sand über den Platz. Die Reisenden gingen vereinzelt und in kleinen Gruppen dem niederen Gebäude zu. Auf der Terrasse des Gebäudes standen ein paar Leute und winkten. Das Winken galt nicht ihm, aber er sah es als ein gutes Zeichen an und winkte zurück. Winkende Eingeborene! Auf einem großen Transparent, das über der Halle angebracht war, stand: Das Land schreitet vorwärts in Ordnung und Frieden.

Das war jetzt alles schon Erinnerung. Noch nicht lange in diesem Land und schon hatte er Erinnerungen hier. Wie schnell das geht! Er konnte jetzt dasitzen und sich erinnern. Es war entschieden angenehmer, auf dem Balkon seines Zimmers zu sitzen und sich zu erinnern als herumzugehen und das zu tun, was der Augenblick verlangte. Aber nur so entstehen ja Erinnerungen, dachte er, indem man herumgeht und das tut, was getan werden muss. In den letzten Tagen hatte viel getan werden müssen. Jede Stunde des Tages hatte action abverlangt.

Mit einem Seufzer der Erleichterung hielt Lambert das Long-Drink-Glas gegen den blauseidenen Spätsommerhimmel und schüttelte es leicht. Das Eis läutete feiertäglich. Die Bitterkeit des Gin und der prickelnde Zitronengeschmack des Tonics schmeichelten der Zunge. Von unten funkelte der Fluss mit goldenen Augen herauf, die Sonne verbrüderte sich mit Bauch und Bein, und nirgendwo stand geschrieben, dass er je wieder in die Niederungen des menschlichen Daseins hinabsteigen müsse. Wir werden nur noch wie die Vizekönige auf schattigen Balkonen ruhen und, wenn es uns an etwas gebricht, nach einem dienstbaren Geist klingeln und mit leiser, aber befehlsgewohnter Stimme Order erteilen. Er lächelte sich zu.

Ah, die Sonne! Die in der Sonne über gelockerten Gliedern lustvoll ausgespannte Haut vermittelte noch mehr Wohlbehagen, wenn sie sich mit den Gedanken verbündete, dass zur gleichen Zeit drüben im alten Europa Mäntel, Schals und Winterstiefel jegliche luftige Nacktheit begruben. Ein nasskalter Wind fegte um die Straßenecken und prallte auf Gesichter, die sich senkten und den Augen die schmutzigen Schneereste zumuteten, die am Straßenrand dahinschmolzen. Die Kollegen standen in den Klassenräumen, wo den ganzen Morgen das Licht brannte, und unterrichteten Deutsch, Latein und Mathematik. Beck zeichnete ein Koordinatenkreuz an die Tafel und rief einen Schüler nach vorn, der die Kurve der heutigen Hausaufgabe, den Graph der Funktion $y = x^2-3$, hineinmalen sollte. Kollege Meier sprach gelassen zu einem Schüler, der in stummer Hoffnungslosigkeit auf seinen Caesartext starrte: Bis jetzt hast du noch keinen Fehler gemacht. Die Klasse lachte und Meier kommentierte trocken: Ich fürchte, das wird auch so bleiben.

Der Oberstudienrat Alfred Lambert, am Nachmittag dieses schönen Februartages auf dem Balkon seines Zimmers im Hotel Juan de Valverde im Liegestuhl ruhend, öffnete die Augen und ließ für sie glitzernde Sonnenkringel überm Fluss tanzen. Er griff mit dem Mindestmaß an tätiger Bewegung nach dem Gin-Tonic-Glas, das auf einem Tischchen neben ihm stand. Ah, was für ein Leben!

Die im Fluss schmelzende Sonne labte die Augen, das im Gin schmelzende Eis labte die Kehle, und beides zusammen labte die Seele, und der Reim rundete die Welt zu einem reinen Wohlklang. Haut und Hirn machen gemeinsame Sache, es ist die absolute Harmonie. Das Hirn denkt ganz im Sinne der Haut, und dem Menschen geht's rundum gut, wo des Gedankens und der Haut Blässe abgemeldet sind.

Nicht übertreiben, sagte Lambert laut und hob beschwörend die Hand. Das Gefühl, dass es ihm gut gehe, war ja in keiner Weise gesichert. Er war in den letzten Tagen solchen Stimmungsschwankungen ausgesetzt gewesen, dass von dem ausgeglichenen Mann, den er mit den Worten »vir sibi constans« in die Aura römischer Zuverlässigkeit zu heben pflegte, nicht viel übrig geblieben war. Ein rilke'sches Hochgefühl des »Hiersein ist herrlich« wich der bestürzenden Gewissheit, dass er total falsch am Platz sei, mit einer Schnelligkeit, die zwar von den Ereignissen stimuliert wurde, aber keinesfalls ganz durch sie zu erklären war.

Die DC 10 war pünktlich zur angegebenen Zeit gelandet. Lambert war im rötlichen Licht der frühen Stunde die kurze Strecke über den Landeplatz zum Flughafengebäude geschritten. Er hatte die Koffer vom kreisenden Band gehoben. Der Zollbeamte hatte mit beiden Händen prüfend unter die sorgfältig im Koffer gestapelten Wäschestücke gegriffen. Lambert war nicht gewohnt, Gepäckträger zu beschäftigen, aber als der vierte ihn ansprach, gab er nach. Der Mann griff die Koffer und rannte voraus zum Anschlussflug, den Lambert ihm genannt hatte. Er setzte die Koffer am wartenden Flugzeug ab. Als Lambert ihn fragte, was er ihm schulde, antwortete er: »La voluntad!«. »Nach Belieben«, wie viel ist denn das? Lambert drückte ihm zwei Dollar in die Hand. Der Mann prüfte schnellen Blickes den Geldbetrag in seiner Handfläche, schob ihn, ohne die Miene zu verziehen, in die Hosentasche und eilte wortlos davon, um mit anderen Reisenden noch einmal zum Zug oder zum Flug zu kommen. Lambert fragte sich verunsichert, ob er ihm zu wenig gegeben habe.

Die kleine Maschine brachte ihn weiter in den Süden des Landes. Gegen Mittag landeten sie auf einem sehr überschaubaren Flugplatz, der in eine mit kargem Grün bewachsene Landschaft eingelassen war. Mit einem Taxi erreichte er die etwa 20 Kilometer entfernte Provinzhauptstadt. Er fand ein Zimmer in einem Hotel, das der Taxifahrer ihm empfohlen hatte. Er legte sich gleich hin und schlief sofort ein.

Es war noch früher Nachmittag, als er erwachte. In der Bar des Hotels bestellte er sich einen Kaffee und ein Schinkenbrötchen. Dann zog er los, um sich den Ort anzusehen. Die breite Hauptstraße säumten hell gestrichene, zweistöckige Holzhäuser. Große, schmale Fenster ohne Gardinen gaben den Blick in hohe, karg möblierte Räume frei. In den Seitenstraßen nahmen die Behausungen schnell hüttenähnlichen Charakter an. Von den Bretterwänden blätterte die vergilbte Farbe, rohe Latten glänzten in schwärzlichgrünen

Witterungsbekundungen. Er kam an einem großen, ganz aus hellem, neuem Holz erbauten Hotel vorbei, dem nach Art amerikanischer Saloons eine Terrasse vorgelagert war, die von einem von Holzsäulen getragenen Dach geschützt wurde. Auf der Terrasse saß ein Mann in einem Schaukelstuhl, den Cowboyhut übers Gesicht gezogen und die Beine mit den sporenbesetzten Stiefeln weit von sich gestreckt. Nein, die Terrasse war leer. Doch kein Western! Nein, keine großen, blonden Männer mit breitbeinig wiegendem Gang und schweren Colttaschen. Die Menschen hier waren in der Mehrzahl klein und gedrungen und trugen dunkle, verbrauchte Kleidung. Sie sahen nicht aus, als würden sie zur Waffe greifen, um sich durchzusetzen, sondern schienen eher bereit zu dulden, was auch immer das Leben ihnen beschied. Ovejas mansas, geduldige Schafe, hatte Bartolomé de las Casas an Kaiser Karl den Fünften geschrieben.

Ein kleines braunes Mädchen mit strähnigen schwarzen Haaren, die übers Gesicht hingen, lief eine Zeitlang neben Lambert und vor ihm her, bloßfüßig, und wiederholte mit weinerlicher Stimme: Deme una moneda! No, sagte er barscher, als ihm lieb war. Er hatte noch kein hiesiges Kleingeld, aber er hätte ihr ja auch einen Dollar geben können. Warum gab er ihr keinen Dollar? War es die lamentierende Zudringlichkeit, die ihn ärgerte? Aber jetzt hatte er ein schlechtes Gewissen, und das ärgerte ihn auch.

Die bei dem Bahnhof auf einem Nebengleis stehende Lokomotive, die einen hohen, schlanken Schornstein trug und vorne mit einer mächtigen, baggerähnlichen Schaufel ausgerüstet war, die wohl herabgelassen werden konnte, um die Gleise von Schnee, Geröll oder umgestürzten Bäumen zu räumen, schien einem alten Film zu entstammen. Auf einem anderen Gleis stand ein Güterwagen, aus dessen offener Tür ein grüner Berg von Melonen glänzte. Die aus dem Bahnhof herausdrängende Landbevölkerung versorgte sich mit den riesigen Früchten, die für einige Pesos zu haben waren. Lärmend und lachend zogen sie zum Strand hinunter, wo der Sonntagsausflug in einem verschwenderischen Melonenmahl einen ersten Höhepunkt fand. Die Männer zerteilten mit großen Messern die dunkelschaligen Früchte und reichten rötliche, sichelmondförmige Stücke den ausgestreckten Händen der herumsitzenden und -stehenden Kinder, Frauen, Großmütter, Schwestern und Tanten. Unter Lachen und Geschrei hieben sie die schadhaften Zähne in das rosa Fruchtfleisch, dass ihnen der Saft über Kinn und Brust lief. Als Lambert sich vom malerischen Anblick des einfachen Volkes, das »die Hände zum lecker bereiteten Mahle« erhob, endlich losgerissen hatte und auf der Uferpromenade dem Zentrum zuschritt, stieß er auf die Helden und Retter des Vaterlandes. In langer Reihe standen die Heroen am Ufer, stolz und wachsam sahen sie aufs Meer hinaus, Ausschau haltend nach feindlichen Schiffen und möglichen Gefahren, weiterhin auf dem Posten im Dienst des Vaterlandes, dem zu Lebzeiten ihre ganze Sorge gegolten hatte.

Es waren alles nur halbe oder viertel Helden: Auf nicht ganz mannshohen Säulen ragten die Büsten der Männer auf, die die Geschicke des Landes gelenkt hatten oder gar für ihr Land gestorben und so in die Geschichte eingegangen waren. Lambert bemerkte kleine kupferne Schildchen an den Sockeln. Sie trugen die Namen der Helden und die Namen der Stifter. Es zeigte sich, dass die Staatsmänner und Helden alle gestiftet waren. Lauter gestiftete Helden! Die ortsansässigen Banken, Kaufleute, Clubs hatten die Helden finanziert. Klar, Helden müssen finanziert werden, im Leben und danach. Das war schon immer so.

Da soll noch mal einer sagen, die Banken und Kaufleute würden nur ans Geld denken, sagte sich Lambert, während er die Reihe der großen Männer abschritt. Die Banken denken auch ans Vaterland. Rührt euch! rief Lambert. Die Helden rührten sich nicht. Die untergehende Sonne verklärte ihre heldenhaften Mienen, ihre kantigen, entschlossenen Gesichter beglänzte weihevoll das rötliche Licht des frühen Abends.

Lambert erinnerte sich an die Männer auf den Postkarten, die sein Zimmer geschmückt hatten, als er etwa acht Jahre alt war. Es waren die Ritterkreuz- und Eichenlaubträger des Zweiten Weltkriegs, Flieger und U-Boot-Kommandanten, Panzerdivisionsführer und Generalstabsoffiziere, alles Vorbilder, deren Einsatz für Führer, Volk und Vaterland in der Schule gepriesen wurde. Zu Hause wurden Heiligenlegenden erzählt, in den Gebetbüchern lagen Heiligenbildchen, die man während der Messe austauschte. Lambert verbrachte ganze Nachmittage entweder als siegreicher Guderian im rastlos durch Russlands Weiten rollenden und feuernden Panzer, den der Handwagen des Großvaters darzustellen bereit war, oder er kniete im Halbdunkel der Pfarrkirche in reiner und hingebungsvoller Nachfolge des heiligen Aloysius.

Am nächsten Morgen hatte Lambert sich zum Zollamt begeben, um seine anderen Koffer, die als unbegleitetes Fluggepäck vorausgesandt worden waren, abzuholen. Ein Beamter führte ihn zu einem mit einem großen Vorhängeschloss gesicherten Gepäckraum, sperrte umständlich auf und ließ ihn einen Blick hineintun. Da standen die Koffer, also alles in bester Ordnung. Nein, herausgeben könne er sie nicht, da sei erst einiges zu erledigen. Der Mann schloss wieder sorgfältig ab.

Sie gingen ins Büro zurück, der Beamte spannte ein Formular mit sechs Durchschlägen in die altertümliche Schreibmaschine und begann sein Amt mit zwei Fingern und der Bedächtigkeit eines Mannes auszuüben, der sich keinen Fehler leisten will. Jeder Anschlag zeigte, dass er sich der Verantwortung bewusst war, mit der er das Schicksal so weit gereister Koffer und des dazugehörigen Besitzers zu verwalten sich anschickte. Nach geraumer Zeit hatte der Beamte das Formular mittels Lamberts Pass und Auskünften zu seiner offensichtlichen Zufriedenheit ausgefüllt. Jetzt müsse noch der Chef unterschreiben, sagte er, aber keine Sorge, der werde gleich kommen. Er zündete sich eine Zigarette an und verließ den Raum. Von den Bretterwänden war die weiße Farbe an vielen Stellen abgegangen, ein großer Wandkalender mit dem Bild eines Sees, hinter dem ein weißgekrönter Vulkan in den blauen Himmel ragte, pries die Schönheit der Region: ein Land zum Träumen.

Lambert war auch nach einer halben Stunde träumen noch bereit zu glauben, dass der Chef jeden Augenblick hereintreten werde, um das Werk zu vollenden. Stattdessen erschien ein anderer Angestellter, der sich erstaunt zeigte, hier eine völlig fremde Person vorzufinden, und Lambert fragte, wo denn Eduardo sei. Lambert erwiderte, dass der Beamte, der ihn bedient habe, vor geraumer Zeit gegangen sei und ihm versichert habe, der Chef komme gleich. Er wisse nicht, ob das Eduardo gewesen sei. Er solle sich keine Sorgen machen, beruhigte ihn der Angestellte, alles werde sich regeln. Lambert blieb wieder allein zurück. Er schaute durch das staubige Fenster auf die kleine Straße hinaus, wo ein zweistöckiges, flachdachiges Steinhaus, dessen graubrauner Verputz teilweise abgefallen war, ihn aus dunklem Ladeneingang unverhohlen angähnte. Vor einem zweirädrigen Karren döste ein magerer Maulesel. Die Ereignislosigkeit der Stunde war vollkommen.

Lambert, auf dem Balkon seines Zimmers im Hotel Juan de Valverde sitzend und Gin Tonic schlürfend, schüttelte in Erinnerung daran den Kopf, wie er ihn im Zollbüro, abermals allein gelassen, geschüttelt hatte. Mann, was für ein Betrieb!

Er hatte versucht, den Ärger über die Wartezeit durch das Verfassen eines Briefes zu neutralisieren. Er hatte sein Notizbuch herausgezogen und schrieb seine Eindrücke nieder, als der erste Angestellte zurückkehrte und mit einem misstrauischen Blick auf Lamberts Tätigkeit fragte, ob der Chef noch nicht gekommen sei. Lambert verneinte. Er werde anrufen, erklärte der Beamte mit der Entschiedenheit eines Mannes, der weiß, was der Ernst der Lage von ihm verlangt. Aus dem Zustimmungsverhalten des am Schreibtisch stramm stehenden und telefonierenden Beamten – Si! Ya! Perfecto! Usted mande! – schloss Lambert, dass der Chef existiere, dass es ihn irgendwo gebe, dass er von irgendwoher Befehle erteile und dass ein Geschehen sich möglicherweise anzubahnen scheine.

Der Jefe sei, sagte der Beamte, den Hörer niederlegend, in einer wichtigen Besprechung, aber er habe Order, in seinem Auftrag zu unterschreiben. Und er setzte sich hin und unterschrieb.

Wenn Lambert nun der Hoffnung, der Übergabe seiner Koffer stünde nichts mehr im Wege, die Zügel schießen ließ, so wurde er gleich eines Besseren belehrt. Mit diesem Papier, sprach der Beamte und reichte ihm über den Schreibtisch den fünften und sechsten Durchschlag des nunmehr fertig gestellten Formulars, müsse er zum Banco de Concepcion und die anfallenden Gebühren bezahlen, aber, setzte er mit einem Blick auf die Uhr hinzu, er müsse sich beeilen, die Bank schließe um halb eins.

Lambert gelang es, ein Taxi aufzutreiben und die Bank zu erreichen, bevor der entsprechende Schalter schloss. Er entrichtete die in Dollar berechneten Gebühren, ließ sein Papier mehrfach abstempeln und kehrte mit einem Taxi zur Zollstation zurück. Hier war nun alles fest verschlossen, keine Menschenseele war zu sehen, die verödenden Wirkungen der Mittagspause waren unübersehbar. Kein Schild gab Auskunft über Öffnungszeiten. Das grimmige Aussprechen von Flüchen übte zwar keinen Einfluss auf den Gang der Dinge aus, aber es besänftigte etwas den angestauten Zorn.

In einer kleinen Bar unweit der Zollstation servierte man Lambert einen Teller vorzüglicher weißer Muscheln in einer würzigen Soße, almejas a la marinera, er trank eine halbe Flasche trockenen Weißweins dazu und fand die Welt erträglicher und fast schon in Ordnung. Am Nachmittag war die Zollstation wieder geöffnet, die Koffer wurden ihm ohne weitere Schwierigkeiten ausgehändigt, er fand einen Bus und fuhr seinem Zielort entgegen.

Lambert nahm einen Schluck Gin Tonic und dachte zurück an seine erste Reise durchs Land.

Weite, umzäunte Wiesen, auf denen große Herden braun-weiß gescheckter Rinder weideten, dehnten sich zu beiden Seiten der Panamericana. Gewaltige Bäume, alleinstehend oder in kleinen, den Tieren Schatten spendenden Gruppen, stießen den steilen Stamm, von dem die einzelnen Äste in verschiedener Höhe abstanden, fast kronenlos in den hellen Sommerhimmel. In der Ferne hob ein steingrauer Vulkan seine runde, weiße Schneekappe in die blaue Luft. Der Himmel war hier ganz anders als zu Hause, ferner und weiter spannte er sich über das Land. Vor der Stadt glitzerten moorige Wasserflächen in der sinkenden Sonne. Es dämmerte, als sie auf einer breiten, schnurgeraden Straße in die Stadt einfuhren. Kleine Holzhäuser begleiteten sie eine Zeitlang zu beiden Seiten, eine Siedlung aus grauen, zweistöckigen Steinbauten versuchte den Eindruck von Bürgerlichkeit zu erwecken, plötzlich teilte ein langer Zug gedrungener, kurzstämmiger Palmen die Straße fast feierlich in eine zweispurige Avenida.

Im Busbahnhof lud Lambert seine sechs Koffer in ein Taxi und gab Anweisung, zu dem Hotel zu fahren, das der ihn betreuende Kollege in seinem Brief empfohlen hatte: Die hätten auch Kinder an der Schule. Es gebe da zwar noch ein anderes Hotel, aber das sei so'n großkotziger Kasten, nein, das komme wohl nicht infrage.

Lambert hieß den Taxifahrer warten und schritt durch einen schmalen, schwach erhellten Gang auf eine als Rezeption fungierende Theke zu, hinter der ein ältliches Mädchen der wohl spärlichen Gäste harrte.

Sie führte ihn eine entsetzlich knarrende Treppe hinauf und sperrte aus klirrendem Schlüsselbund eine Tür auf. Die Lampe beschummerte ein Zimmer, dem völlige Dunkelheit besser getan hätte. Lambert stand auf der Schwelle und traute sich nicht, die Verwunschenheit des grünfarbigen Interieurs zu stören.

Pase! hauchte die bleiche Jungfrau und er trat über seufzende Dielen in das Pasado einer spinnwebenverhangenen Pionierzeitstube. Eine Kammer für Einwanderer der ersten Stunde, die nach Rodungen und Ackerbau am Abend todmüde ins Bett sanken und am Morgen in aller Frühe aufstanden, in ihre Kleider schlüpften und den Raum verließen, um die Arbeit wieder aufzunehmen. Das immerhin vorhandene Bad tat alles, um abzustreiten, dass es je etwas mit Wasser zu tun gehabt hätte. Es roch nicht feucht, sondern staubig. Durch das kleine Fenster sah Lambert auf einen Hof mit Bretterschuppen und allerlei herumstehenden und heruntergekommenen Gerätschaften. Ein kleiner Berg prall gefüllter Müllsäcke stach ins Auge. Es war wohl jetzt noch nicht die Stunde, wo die Ratten liefen. Er trat ins Zimmer zurück. Auf das Sofa wagte er sich nicht zu setzen. Wahrscheinlich saßen da die Geister der Pioniere drauf. Er ging zur Schwelle und sah sich nochmal um. Er konnte mühelos Abende voraussehen, an denen er im fauligen Geruch alten Holzes und ungelüfteter Bettbezüge, umgeben von lauter verrottenden Hässlichkeiten und angestarrt von den toten Augen längst verblichener Bewohner, in abgrundtiefe Kümmernis versinken würde. Er müsse sich die Sache noch überlegen, bedeutete er der fahlen Erscheinung auf der Schwelle. Sie schien Verständnis dafür zu haben.

Aus den dunklen Kammern des verschmähten Purgatoriums begab sich Lambert mittels Taxis stracks zur hell erleuchteten Burg des himmlischen Jerusalems, die verheißungsvoll am Flussufer aufragte. Ein beleibter Erzengel in himmelblauer Uniform mit goldenen Tressen bewachte den Eingang. Dienstfertige Livrierte bemächtigten sich der Koffer, dem Fuß schmeichelte roter Velours, ein messingnes Geländer schmiegte sich in die ermüdete Hand und leitete die breite Marmortreppe hinan, Lichter überall, das Zimmer hell und gastfreundlich, Port für die von langer Pilgerschaft ermattete Seele.

Die Seele braucht Komfort, was immer man auch sagen möge, nicht der Körper ist so sehr auf Sofa, Sauberkeit und säuselnde Gardinen aus, die Seele bedarf des schmeichelnden Ambientes, wie der Körper die Luft zum Atmen braucht. Die Seele geht ein wie ein Primelchen, wenn sie nicht vom Saft des Erfreulichen getränkt wird. Sie vergeht wie ein Reif vor der Sonne, wenn Kränkendes sie trifft. Sie verdorrt in rauer Umgebung. Schön muss es rings sein, der Blick ruht auf Palmen und Flusslandschaft, und die Seele saugt sich voll wie ein Badeschwamm. Freundliche Worte, gedämpftes Gemurmel im Speisesaal, von leiser Musik untermalt, edle Gefühle durchziehen Herz und Kreislauf. Nein, nicht das Fressen kommt zuerst, wie der hungernde Dichter behauptet, das Gutewahreschöne steht an erster Stelle, weiß der schmausende Poet, nie könnte es dem Menschen sonst so wohl ums Herz sein, wie ihm sein soll und wie es seine Bestimmung ist und wie er es verlangen kann.

Er hatte lange geschlafen, er hatte geduscht und gefrühstückt. Nach einem Rundgang durch den Ort war er in sein Hotel und sein Zimmer zurückgekehrt. Er hatte seine Sachen ausgeräumt und Siesta gehalten. Und nun war Nachmittag und er saß auf dem Balkon seines Hotels und sah entspannt auf Stadt und Fluss.

Was hatte der Kollege sich nur dabei gedacht, als er von diesem Hotel sozusagen abriet? Hatte ihn das Ansprechende abgestoßen? Hatte freundlicher Luxus ihn zum Klassenhass gereizt? Ist man gleich im Unrecht, wenn man es sich gut gehen lässt?

Das Eis hatte sich in Gin und Tonic und Sommerwärme ganz aufgelöst. Lambert leerte in einem Zug das Glas, faltete seine Erinnerungen zusammen und presste sein Wohlgefühl für das Hier und Jetzt in ein langgezogenes Aaaah.

Die Sonne schmuste immer noch mit dem Fluss herum, der sie aus tausend goldenen Augen anhimmelte, und Lambert hätte sich zum runden Glück nur dessen runde weibliche Form gewünscht. Aber er wusste ja von Tucholsky: Jedes Glück hat einen kleinen Stich! Er zog sich Hemd und Hose über die gebräunte Haut und ging in die Halle hinunter zum Tee.

Liebe Karin, schrieb er. Ich sitze hier an einem kleinen Tisch im Foyer des Hotels Pedro de Valverde, der Parkettboden glänzt im Nachmittagslicht, leise Musik erklingt, es ist warm und es geht mir gut. Ich trinke Tee und sehe die Señoras in Sonntagsstaat und Goldschmuck den Weg am Fluss entlang schreiten, vor ihnen laufen fröhliche und nett angezogene Kinder und hinter ihnen wandeln gut gekleidete Herren, die sich über gut gehende Geschäfte unterhalten.

Er wusste schon, dass diese Beschreibung nur die halbe Wahrheit war. Es war die Perspektive, die für sonntägliche Briefe nach Hause infrage kam. Aber es ist natürlich nicht immer Sonntag. Man brauchte sich gar nicht weit vom Zentrum zu entfernen und man geriet in staubige Seitenstraßen, wo Hütte an Hütte stand und eine Menge schmutziger Kinder herumlief. Da ging man automatisch schneller. Das war nicht der Reiz der Fremde, das war die Erscheinungsform der Not, der auszuweichen man gleich das Bedürfnis hatte. Das ging einen doch nichts an. Beim Anblick des Elends stellte sich leicht die Frage nach dem Sinn dessen, was man sonst tat und dachte. Und hier das waren lauter Leute, die Hölderlin nicht kannten und Mozart nicht hörten.

Aber auch über den schäbigsten Bretterhütten ragten Fernsehantennen auf. So schlecht kann es den Leuten also dann doch nicht gehen. Man muss sich ja auch das alles nicht so genau ansehen, die schadhaften Hütten, die staubigen Fensterscheiben, den Dreck auf der Straße. Wenn die Leute ein bisschen mehr auf diese Dinge achten würden, dann könnte es auch anders aussehen.

Nein, man muss seine Augen und Sinne dem Schönen zuwenden, das gibt es ja auch. Da geht man ein paar Schritte weiter und dann gibt es das auch. Es gibt den glänzenden Marmor und den gepflegten Rasen, die blühenden Sträucher und edlen Eingangshallen. Es ist ein Gebot der Selbsterhaltung und der Selbstachtung, die Sinne der schönen Architektur, den wohlklingenden Worten, den melodischen Versen, der erhabenen Musik zu öffnen.

Lambert stieg die teppichbelegte Treppe hinauf in sein Zimmer, das ihn mit wohltuender Kühle umfing. Die Tür zum Balkon, der jetzt im Schatten lag, stand auf. Lambert setzte sich an den kleinen Tisch, auf dem die wenigen Bücher wie ein kleiner Schutzwall standen. Dahinter konnte man sich zurückziehen, da begann die reine Welt des Geistes, in der andere Gesetze galten. Er brauchte diesen Schutz, er brauchte diese Abkehr. Er hatte diese eigene Welt immer gebraucht. Als Kind hatte er am Abend die Bettdecke über den Kopf gezogen und im Schein der Taschenlampe Märchen und später Karl May gelesen.

Die angenehme Kühle des Zimmers, die gepflegte Atmosphäre, die Ruhe. Es ist schon eine Flucht, dachte er, es ist schon ein Verschließen der Augen, es ist eine Bettdecke, es sind Privilegien. Diese Privilegien erlauben es mir, schöne Bücher aufzuschlagen und schönen Gedanken nachzuhängen.

In den Hütten, die er am Morgen, wenn auch nur von außen, gesehen hatte, ließen sich keine Verse lesen. Da stünden ganz andere Sätze im Raum. Not lehrt nicht nur beten, Not lehrt auch schreien und fluchen. In den Hütten verkümmert die Sprache. Wo die Sprache verkümmert, verelendet das Leben – oder ist es umgekehrt?

Müsste ich nicht, fragte er sich, mich dafür einsetzen, dass alle Menschen die Möglichkeit haben, Verse zu lesen? Aber, fragte er weiter, wollen sie's denn? Sie können's nicht wollen, weil niemand sie dieses Wollen gelehrt hat, antwortete er. Man muss alles gelehrt werden. Oder liegt es in einem drin? Oder bedarf es auf jeden Fall der günstigen gesellschaftlichen und wirtschaftlichen Umstände? Liest man Verse, wenn es einem gut geht, oder geht es einem gut, wenn man Verse liest? Und darf der, der weiß, dass es so vielen nicht gut geht, überhaupt Verse lesen?

Lies keine Oden, mein Sohn! sagt der Dichter. Lies die Fahrpläne! Sie sind genauer. Sei wachsam, sing nicht! Wut und Geduld sind nötig.

Lambert erinnerte sich, dass er in seiner Studentenzeit einmal ein Gedicht an einen Verlag geschickt hatte, und sie hatten es ihm mit dem Rat zurückgeschickt, er solle doch versuchen, die im Gedicht geäußerte Haltung in konkretes Eintreten für gesellschaftliche Veränderungen umzusetzen.

Er trat auf den Balkon hinaus. Die Luft war angenehm kühl, es roch nach Herbst, aber auf eine andere Weise als zu Hause. Ein fremder Herbst. In der stillen Nacht hörte man vom Fluss her den plätschernden Ruderschlag eines Kahns, auf dem ein Fährmann jemanden ans andere Ufer über setzte.

# II

Am nächsten Morgen überschritt Lambert den Fluss. Er ging
über die große Brücke, die die Stadt mit der Insel, auf der die
Schule lag, verband. Ein frischer Wind strich auch an diesem Sommertag, vom Meer her kommend, über die Brücke,
die sich hoch über den Fluss wölbte. Das Instituto Alemán
war durch eine Mauer und ein schmiedeeisernes Tor gegen
die Außenwelt abgegrenzt. Lambert trat durch eine kleine
Pforte ein und schritt zwischen Rhododendron, Azaleen und
Kamelienbüschen auf den verglasten Eingang der Schule zu.
Ein Flur führte ins Sekretariat. Ähnlich wie in deutschen
Amtsstuben teilte eine breite Theke den Raum. Lambert trat
an die Theke und stellte sich den beiden Sekretärinnen, die
auf der anderen Seite saßen, vor. Sie erhoben sich von ihrem
Arbeitsplatz und reichten ihm über die Theke hinweg lächelnd die Hand. Die jüngere war nicht sonderlich hübsch,
und die ältere war eben nicht sonderlich jung. Ja, der Schulleiter sei da. Man meldete ihn an.

   Der Schulleiter stürzte hinter seinem Schreibtisch, auf
dem eine noble Buchreihe dem Eintretenden ostentativ den
Rücken zukehrte, hervor und hieß Lambert mit ausgestreck-
ter Hand und kräftiger Stimme herzlich willkommen. Der
Schulleiter war ein untersetzter, mittelgroßer Mann, der voller Energie steckte oder zumindest den Eindruck erweck-
te, voller Energie zu stecken. Ein Energiebündel, wie man
so sagt. Die Schule verlange den vollen Einsatz, schoss er
los, nachdem sie in der Sitzgruppe, die in der Fensterecke
seines Arbeitszimmers stand, Platz genommen hatten. Das

sei eben ganz anders als in Deutschland, wo man am Mittag die Klassenzimmertür hinter sich schließe und dann sei Schluss. Das Instituto Alemán sei ein kulturelles Zentrum der Stadt und dementsprechend erwarte man gerade von den vermittelten Lehrern ein Engagement, das über den bloßen Unterricht deutlich hinausgehe. Wir stehen jederzeit, rief er mit weitausladender Armbewegung, im Blickpunkt der Öffentlichkeit und müssen uns dessen bewusst sein.

Über dem Schreibtisch des Direktors hing ein großes Gemälde, das den Schulgründer darstellte, einen Mann in schwarzem, altväterlichem Gehrock, der unter buschigen Augenbrauen streng in eine seiner Tatkraft harrende Ferne blickte. Ein gepflegter Bart, der einen Teil des Kinns und die Oberlippe frei ließ, umrahmte das edle Gesicht, dem der schmallippige Mund den Ausdruck von Energie und Lebenstüchtigkeit verlieh, die den Pionier auszeichnen. Zu beiden Seiten des Bildes stand eine Fahne, eine in den Landesfarben und eine deutsche.

Resch führte ihn durch sein Reich. Er zeigte ihm die hohen, saalähnlichen Klassenzimmer, schwer zu heizen, sagte er, die Turnhalle, die mit ihrer Bühne leicht in eine Festhalle verwandelt werden könne, und vor allem den neuen Kindergarten, der unter seiner Ägide erbaut worden sei. Im Lehrerzimmer trafen sie auf den Inspector general, einen hohen, hageren Mann, der zur Begrüßung gelbliche Pferdezähne verbindlich entblößte.

Vorsicht mit Adolfo Barrientos, raunte Resch draußen im Flur, der Mann ist überall, hört alles, sieht alles und hat überall seine Hand im Spiel. Unentbehrlich für die Schule, aber wo er ein Machtvakuum sieht, stößt er nach. Freimaurer übrigens, und die haben hier in Valverde einigen Einfluss.

Inzwischen waren zwei Herren des Schulvorstandes eingetroffen, die sie im Direktorzimmer erwarteten. Doktor

Ehrenfeld und Doktor Horn, stellte Resch sie vor, sie seien Dozenten an der hiesigen Universität.

Wie ihm Valverde gefalle, erkundigte sich lächelnd Doktor Ehrenfeld.

Sehr, erklärte Lambert bereitwillig, er sei allerdings noch nicht lange hier, er habe noch nicht viel von Land und Leuten gesehen.

Es werde ihm gefallen, versicherte Ehrenfeld, das Land sei so schön und die Leute seien so freundlich.

Nur das Wetter, schränkte Doktor Horn ein, so schön wie jetzt sei es nicht immer, wenn erst einmal der Regen einsetze und die Temporales kämen...

Sein Kollege ließ das nicht gelten, damit müsse man eben fertig werden, das gehöre dazu, und wenn er erst einmal richtig eingerichtet sei... Ob er schon ein Haus gefunden habe?

Auf Lamberts verneinende Auskunft hin versicherten beide, dass er eines finden werde. Sie würden sich auch umsehen, aber das sei eigentlich kein Problem.

Vor allem, erklärte Ehrenfeld, kann man in diesem Land ruhig und sicher leben, keine Drogensüchtigen, keine Demonstrationen, keine Überfälle, man kann nachts auf die Straße gehen, ohne dass man Angst haben muss.

Auch die wirtschaftliche Entwicklung, stimmte Horn ein, führe steil nach oben, man spreche bereits von einem Wirtschaftswunder. Natürlich gehe das nicht ohne eine gewisse Härte ab, aber auch den unteren Schichten gehe es immer besser, das stehe außer Frage.

Er sei in diesen Ferien in Madrid gewesen, wo die Eltern seiner Frau wohnten, ergänzte Resch, dort könne man sich in der Dunkelheit nicht mehr auf die Straße trauen. Wir brauchten einen Sepúlveda! habe sein Schwiegervater mit Blick auf den hier in diesem Land herrschenden General ausgerufen, den er, fügte Resch hinzu, übrigens auch sehr bewundere.

Aber die Politik, wendete sich Ehrenfeld wieder an Lambert, spiele in der Schule gar keine Rolle, da brauche man sich mit solchen Gedanken nicht zu belasten, und die Kinder schon gar nicht. Die Kinder sollten sich fröhlich und frei entwickeln können, kindgemäß, in einem guten Ambiente von engagierten Pädagogen aufs Beste gefördert. Der Schulvorstand sei bereit, alles zu tun, was der pädagogischen Arbeit dienlich sei, und erwarte auch von den Lehrern den vollen Einsatz. Wir müssen, sagte er zu Resch gewandt, gleich zu Anfang des Schuljahres mit den Vorbereitungen für das 125-jährige Gründungsjubiläum beginnen, das muss eine ganz große Sache werden. Sie begannen von Festkomitees, Kermes, Buden, Burschenschaft und Zillertal zu reden.

Sie werden sehen, wie schön bei uns gefeiert wird, versprach Horn, wir sind sozusagen ja eine große Familie.

Der nächste Tag war ein Sonntag, der letzte freie Tag vor Beginn des neuen Schuljahres. Lambert schritt die sonnige Costanera entlang und sprach mangels anderer Partner mit sich und seiner Umgebung: Wie der Fluss heute wieder so schön blau ist! Guten Morgen, Rio azul! Der blaue Fluss blinzelte ihm freundlich zu.

Birken und Hagebuttensträucher standen hier und da auf dem breiten Grasstreifen, der den Gehweg am Fluss von der Fahrbahn trennte. Auf der anderen Seite der Straße stieg das Gelände an, da lagen die Häuser der Wohlhabenden, zu denen gewundene Auffahrten hinaufführten. Große gläserne Wände boten den Bewohnern der geräumigen Wohnzimmer freie Sicht auf Fluss und Anlagen. Hier sollte man wohnen können! Hoch am Hang und mit Blick auf das ruhig dahinziehende Wasser. Am späten Nachmittag, wenn die blauen Schatten aus dem Fluss steigen, säße man nahe der Glaswand mit seiner Frau beim Tee. Wie blau der Fluss heute wieder ist! würde sie träumerisch sagen. Und er würde über den Blumenstrauß hinweg, der auf dem kleinen Mahagonitisch stünde, auf den Fluss hinunterblicken und etwas Treffendes über das unsagbare Blau des Flusses, der Blumen, der Stunde bemerken.

Er näherte sich dem Mercado fluvial, von dem her die Rufe der Verkäufer kamen: »Congrio! Congriooo!« Die kleinen Boote der Fischer und Händler lagen am Kai, breite Stufen führten zum Fluss hinunter. Auf den Stufen und oben auf den Platten des Gehwegs hatten die Händler ihre Stände errichtet und boten mit singender Stimme ihre Waren an. Auf den Holzauslagen glänzten silberblau und goldrötlich die frisch gefangenen Fische. Braunhäutige, breithüftige Fischerfrauen waren mit dem Schuppen und Ausnehmen der Fische beschäftigt. Berge schwarzer Muscheln türmten sich, Bottiche mit farbenprächtigen Blumensträußen standen auf dem Weg, gelbe, rote, grüne Äpfel lagen zuhauf auf den Tischen der Stände, aus großen Körben dufteten harzig die roten Murtabeeren, braune, dicke Algen, von den Händlern als »Cochayuyus« ausgesungen, waren wie Brennholz zu kleinen handlichen Bündeln geschnürt. Wenn Lambert stehen blieb, um die bunte Fülle an Fischen und Blumen und Obst zu bestaunen, rief ihm gleich ein Händler aufmunternd zu: »Caserito, diga no mas!«

An der Straße, die am Markt vorbeiführte, waren zehn- bis zwölfjährige Jungen damit beschäftigt, die parkenden Autos zu waschen. Sie füllten ihre kleinen Blecheimer mit Wasser aus dem Fluss und wuschen die Wagen Teil für Teil mit einem kleinen Lappen. Ankommende Autos winkten sie mit ihren Lappen auf frei gewordene Plätze ein. Soll ich den Wagen waschen? fragte einer eifrig die aussteigende Fahrerin, die auf dem Markt ihre Besorgungen machen wollte. Als sie Nein sagte, fragte er gleich: Soll ich auf ihn aufpassen? Die Fahrerin antwortete: Der passt auf sich alleine auf.

Resch hatte im Gespräch gestern Lambert geraten, mit dem Aufpassen einverstanden zu sein, wenn er einmal sein

Auto am Markt parken würde. Einem Fremden würden die Jungen wohl nicht zugestehen, dass er die paar Pesos für das Aufpassen sparen wolle, ein tiefer Nagelstrich im Lack könnte ihn bei der Rückkehr davon überzeugen, wie notwendig ein Aufpasser doch sei. Aber vorerst hatte Lambert ja kein Auto.

Er ging vom Flussufer zur Plaza hinauf. Wo war eigentlich die Kathedrale, von der er in der Zeitung gelesen hatte? An der einen Längsseite des Platzes lag der Amtssitz des Provinzgouverneurs, ein hässlicher dreistöckiger Betonbau, vor dem ein Carabinero mit in den Gürtel eingehakten Daumen gravitätisch auf und ab schritt. Hinter dem Gebäude stand eine langgestreckte, wellblechgedeckte Baracke, aus der ein Kirchenlied erklang. Lambert las auf einem kleinen Aushang, wann die Gottesdienste stattfanden. Es war tatsächlich die Kathedrale, das heißt ihr Ersatz. Bestimmt war der eigentliche Bau bei dem großen Erdbeben zerstört worden.

Der Sonnenschein bildete unter den Linden, die die Plaza umstanden, vielfältige Muster und tauchte den Pavillon in der Mitte, der wohl für musikalische Darbietungen bestimmt war, in duftiges Licht. Auf den Bänken ringsum saßen wohlgekleidete Herren, die die Zeitung lasen und sich dabei die Schuhe putzen ließen. Sie stützten den Fuß auf den abgeschrägten Teil des Bänkchens, auf dem der Schuhputzer rittlings saß. Er trug nach kurzem Säubern des Leders die Schuhcreme mit flink hin und her hüpfenden Fingerspitzen sparsam auf. Über den eingecremten Schuh ließ er eine kleine Bürste tanzen, bis sich die stumpfe Fettschicht in makellosen Glanz verwandelt hatte. Lambert schaute fasziniert zu, wie der Mann jetzt einen wollenen Lappen hervorzog und ihn mit schnellen, sägenden Bewegungen der beiden Hände über das Leder zog, bis es im Sonnenlicht funkelte. Er klopfte leicht gegen den Absatz, und der Zeitungsleser zog den Fuß zurück und stellte den andern auf die Schräge des Bänkchens. Den Caballero erkennt man am Glanz seiner Schuhe, hatte Lambert in seinem Spanischbuch gelesen. Einer der Schuhputzer, ein alter Mann, der gerade keinen Kunden hatte, saß auf seinem Bänkchen und las in einem zerfledderten Büchlein. Die Lippen formten lautlos jedes einzelne Wort. An der Vorderseite seines Bänkchens stand in ungelenker Schrift: Der Herr ist mein Hirte. Nichts wird mir fehlen.

Ob du jemals verstehen wirst, wie die Leute hier denken und fühlen? Also die armen Leute. Willst du es überhaupt verstehen? Oder willst du es lieber nicht verstehen, weil es unangenehm ist, es zu verstehen? Denn dann müsstest du näher ran gehen. Du müsstest so nahe ran gehen, dass du den Schweißgeruch der armen Leute riechst. Arme Leute riechen nicht so gut. Du würdest mit ihnen sprechen und ihre Sorgen und Ängste kennenlernen. Und vielleicht müsstest du etwas tun, um ihre Sorgen und Ängste zu verringern. Und ihren Erwartungen willst du dich nicht aussetzen, gib's zu! Aber du willst doch Land und Leute kennenlernen?

Lambert verschob die Beantwortung dieser Fragen auf ein andermal und trat in die »Choperia München«, die in einer Seitenstraße lag. Hier gab es Bier vom Fass. Die Wand hinter der Theke, an der er sich auf einem Hocker niederließ, war mit Bierdeckeln tapeziert, die zum größten Teil die Namen deutscher Marken trugen. Dirndlmäßig gekleidete Mädchen mit Federhütchen auf dem Kopf trugen Glaskrüge mit Bier und Teller mit dampfenden Rippchen und Sauerkraut auf.

Lambert hatte einiges über die deutsche Einwanderung gelesen. Die Deutschen waren vor mehr als einem Jahrhundert hierher gekommen. Ein Agent der hiesigen Regierung hatte in Deutschland für die Einwanderung geworben. So war eine große Gruppe hierher gekommen. Sie hatten sich auf das neue Land eingelassen und ihr Deutschtum zu bewahren gesucht. Identität und Integration, das sind seit jeher die Pole, zwischen denen sich die Migranten bewegen. In der »Choperia München« stieß Lambert auf die augenscheinliche Realisierung der deutschen Identität. Von Anblick und Geruch heimatlich berührt, bestellte er sich Gericht und Getränk.

Nach einem ausgedehnten Mittagsschlaf im angenehm kühlen Hotelzimmer setzte er sich an den kleinen Tisch, der ihm als Schreibtisch diente. Die offene Balkontür erlaubte den Blick auf den blassblauen Himmel, den schimmernden Fluss, auf dem ein Segelboot dahinglitt, dahinter olivgrüne Schilf- und Graslandschaft, dann Hügelrücken mit Wald. Etwas Fremdes lag über allem. Es war nicht der vertraute dunkle, deutsche Wald, das war ein ganz anderer Baumbestand, unregelmäßig, Laubbäume meist, mit niederem Buschwerk vermischt. Die Schilfregion des Flusses dehnte sich weit aus, niemand hatte versucht, dem Wasser Land abzugewinnen, oder der Fluss ließ es nicht zu.

Es war nicht die gepflegte deutsche Natur, wie er sie kannte. Hier war nicht eingegriffen worden und die Natur hatte rau und ohne Rücksicht auf eventuelle Betrachter einen Zustand hergestellt, der zwar als natürlich, aber nicht eigentlich als schön bezeichnet werden konnte. Kein »locus amoenus«, dachte Lambert. Er kannte und liebte die Natur als eine für den Menschen bestimmte, von pflegenden Eingriffen und schönen Worten und Gefühlen zubereitete Landschaft.

»Komm in den totgesagten park und schau!« Eine prädisponierte gärtnerische Anordnung von Bäumen, Blumen, Gras und See ersteht und bewegt die Seele, wenn das »tiefe gelb« und das «weiche grau« gefeiert wird und die Melodie der Verse die Landschaft verzaubert. Der totgesagte Park wird lebendig in der poetischen Empfindung. Der Park ist eigentlich jetzt erst da, vorher gab es ihn gar nicht. Er wird erst durch das Wort lebendig.

»Die Welt hebt an zu singen, triffst du nur das Zauberwort.« Genau!

Vor einiger Zeit hatte Lambert eine wissenschaftliche Arbeit über das deutsche Naturgedicht im Wandel der Zeiten begonnen. Er hatte sie mit hierher gebracht, sie sollte hier weitergeführt werden. In Deutschland hatte er sich aus den Alltäglichkeiten des Schulbetriebs in diese Arbeit geflüchtet. Es muss auch hier möglich sein, dachte er, dass man sich in die reinen Bezirke einer, sei es realen, sei es verbalen Natur zurückzieht, die der Menschlichkeit, dem Geist, dem Schönen verbunden sind.

Es klopfte an der Tür. Wer wollte denn da noch in den Park herein? Herein! rief Lambert. Das Zimmermädchen trat ein, um das Bett für die Nacht zu richten. Sie zog die Tagesdecke ab und legte sie gefaltet auf einen Stuhl. Sie schichtete den Schlafanzug aufs Kopfkissen und schlug ein Dreieckteil der Bettdecke einladend zurück. Lambert schätzte sie auf Anfang dreißig, sie war nicht hässlich, aber fern davon, anziehend zu wirken. In dem braunhäutigen Gesicht mit den vorstehenden Backenknochen zeichneten sich die Spuren von Arbeit und Sorgen ab.

Und jetzt haben Sie Feierabend? fragte Lambert. Es fehle nur noch wenig, sagte sie. Ob sie verheiratet sei? Ja, sagte sie zögernd und fügte hinzu, sie habe zwei Kinder. Und Ihr Mann? Se fué, antwortete sie, er ist weggegangen. Lambert, der sich schämte, eine Wunde berührt zu haben, fragte schnell, wo die Kinder denn seien, wenn sie arbeite. Die Kinder seien bei der Großmutter, dort wohne sie auch. Sie sprach gleichmütig, wie man von etwas erzählt, das ganz normal ist. Die Männer gehen halt weg, wenn es ihnen nicht mehr passt. Die Frauen bleiben mit den Kindern zurück. Jemand muss sich ja um die Kinder kümmern. Die Frauen müssen sich ja um die Kinder kümmern.

# III

Zur Feier des einhundertfünfundzwanzigsten Jahrestages der deutschen Einwanderung war eine Delegation aus
Deutschland eingetroffen.

Ich glaube, es wird ein großer Tag, sagte Resch mit ver-
haltener Begeisterung zu Lambert, als sie am Eingang der
Turnhalle standen, um die Gäste zu begrüßen. Die Turnhalle hatte durch dekorative Blumenarrangements zu beiden
Seiten der Bühne, Anbringung einer Vorrichtung zum His-
sen der beiden Flaggen, Aufstellung eines Rednerpultes und
vieler Reihen von Stühlen den Charakter eines Festsaales
gewonnen, dessen untadelige Präsentation der Inspector general von verschiedenen Ecken aus überprüfte. Seine Assis-
tentin kontrollierte in den ersten Stuhlreihen noch einmal,
ob die Reihenfolge der angehefteten Namen und Titel den
protokollarischen Erfordernissen Rechnung trage.

Der Gouverneur der Provinz erschien in weißer Sommeruniform, eskortiert von zwei strammen Stabsoffizieren,
die beim Betreten der Halle in militärischer Gleichzeitigkeit
die Dienstmützen abnahmen. Die Señora des Gouverneurs
reichte Lambert eine weiche, blütenblattwelke Hand, die
möglicherweise dafür vorgesehen war, zu den Lippen geführt zu werden. Lambert, dem solche Höflichkeitsbekun-
dungen fremd waren, drückte sie vorsichtig ein bisschen
und erhielt dabei aus dem von Falten und Puder verhangenen Gesicht einen Blick, dessen Gleichgültigkeit der Indiffe-
renz der Handreichung entsprach.

Während die im Hintergrund des Saales postierte Militärkapelle die Nationalhymnen spielte, zogen zwei Schülerpaare so gemessen die Flaggen hoch, dass sie jeweils am Ende der Hymne das Ende der Fahnenstange erreichten. Die Aufgabe, die Kürze der Fahnenstangen in Übereinstimmung mit der Länge der Hymnen zu bringen, bedeutete einen Zugzwang, dem man nur durch gründliche Einübung gerecht werden konnte. Dass die Schüler diese schöne Gleichzeitigkeit erreichten, war ein Herzensanliegen des Inspector general, auf dessen Lippen sich jetzt nach derart erfolgreicher Flaggenhissung ein Lächeln des Beifalls abzeichnete.

Den Direktor riss es vom Sitz. Sein ob der Schicksalhaftigkeit der Stunde vor Anspannung verkrampfter Körper stürmte zum Rednerpult. In zeremonieller Gewissenhaftigkeit und epischer Ausdauer rief er während geraumer Zeit mit vor Ehrfurcht gelegentlich bebender Stimme Titel und Namen der illustren Gäste aus, bis er mit der schlichten Anrede »Liebe Schüler« zum eigentlichen Beginn seiner Rede fand. An diesem Tag gedenke die deutsche Gemeinde, gedächten Lehrer und Schüler der deutschen Schule nicht nur des Jahrestages der deutschen Einwanderung, sondern besännen sich aufs Neue des Pioniergeistes der Einwanderer, der uns auch heute noch Vorbild und Muster sei. Der Schulgründer habe diesen Geist in hohem Maße bewiesen, und Resch zitierte den berühmten Schwur des Schulgründers, mit dem jener damals als Sprecher der Einwanderer dem neuen Vaterland die ganze Kraft seiner neuen Bürger geweiht hatte.

Lambert hatte den Auftrag, die Übersetzung der in deutscher Sprache gehaltenen Rede dem Gouverneur zuzuraunen, während eine Kollegin dem Ohr des Generals der Carabineros denselben ehrenvollen Dienst erwies.

Der ortsansässige Maler, ein Ururenkel des Schulgründers, hatte die deutsche Einwanderung in einem Gemälde dargestellt, auf das die Rede Reschs nun Bezug nahm. Der Maler erhob sich von seinem Platz und trat auf das am Fuß der Bühne lehnende Ölbild zu. Er entfernte die Verhüllung und hob es auf die Bühne, wo zwei Schüler es auf eine Art Staffelei stellten, die dem Publikum den Anblick ermöglichte. Der Dreimaster »Hermann« hatte nach wochenlanger Fahrt im Hafen von Corral angelegt. Die deutschen Einwanderer sind von der langen Seereise mit all den Strapazen erschöpft, aber sie sind glücklich, dass sie endlich das Land erreicht haben, das ihre zukünftige Heimat sein soll. Gemessenen Schrittes geht der in altertümliches Schwarz gekleidete Führer der Einwanderer an der Spitze seiner Leute auf die Delegation der hiesigen Bürger zu, die ihn am Kai erwartet. Aus der Gruppe der Wartenden löst sich ein rotbackiges Männchen und tritt ihnen mit ausgebreiteten Armen entgegen. Bienvenidos, ruft das Männchen, bienvenidos en vuestro pais! Die beiden Führer umarmen einander, lösen sich und schauen sich in die Augen, schütteln sich die Hände und fallen einander unter freundschaftlichen Schlägen auf den Rücken erneut in die Arme. All das war auf dem Bild zu sehen, wenn man das entsprechende Hintergrundwissen anwandte.

In dieser historischen Stunde, sagte der Direktor ergriffen und deutete auf die malerische historische Stunde, wurde der Grundstein für die Integration des Deutschtums in die Gesellschaft dieses Landes gelegt. »Bis zum heutigen Tage!« rief der Direktor und »weiterwirken« und »immerdar«. Die Festgemeinde applaudierte, während sich Schulleiter und Ururenkel des Schulgründers ganz nach Art der Protagonisten auf dem Bild heftig umarmten und einander auf den Rücken klopften, worauf sie sich lösten, um einander die Hände zu schütteln, bis sie in einer abschließenden Umarmung ihre Freundschaftsbekundungen erschöpften.

Die Mädchen des Chors, hübsch anzusehen mit ihren langen blonden und braunen Haaren und den weißen Blusen der Schuluniform, deren Kragen zur Feier des Tages ein rotes Schleifchen schmückte, erhoben auf die jäh niederfahrende Armbewegung ihres Dirigenten hin die jugendlichen Stimmen, um die deutsche Einwanderung zu besingen. Eine getragene, melancholische Weise, denn es waren schwere Zeiten. Eine Sprecherin trat vor und erzählte aus den Tagen der ersten Kolonisten. Wie das Land von Urwald bedeckt gewesen sei, wie die feindlichen Araukaner sie überfallen hätten, wie sie Hunger gelitten hätten, wie viele an Krankheiten gestorben seien, wie sie Waldbrände gelegt hätten, um das Land urbar zu machen, wie sie die erste Ernte eingebracht hätten, wie sie das erste Fest gefeiert hätten, wie die deutsche Schule gegründet worden sei, um den Bestand und die Pflege der deutschen Sprache und Kultur zu gewährleisten. Die Sprecherin verlas die Namen der deutschen Siedler von Valverde: Anwandter, Kindermann, Fricke, Berkhoff, Westermeyer, eine lange Liste bedeutender Namen. Im Publikum saßen die Enkel und Urenkel und Ururenkel der Einwanderer und lauschten ergriffen den Erzählungen von den Leiden und Leistungen ihrer Vorfahren, und dann kam wieder ein Lied des Chores, das jene Tage und Taten besang. Die Damen hatten Tränen in den Augen, die Herren blickten stolz vor sich hin und in die sagenhafte Vergangenheit zurück. Ihr Beifall für Chor und Sprecherin galt ebenso den Pioniertaten der Vorväter, deren Spross zu sein so ehrenvoll und verpflichtend war.

Das gibt es also noch, dachte Lambert verwundert, das uneingeschränkte, ungetrübte Lob der Vorfahren, die Vergangenheit als Arsenal großer Taten, an denen man sich erbaut, als Versammlung großer Vorbilder, nach denen man sich richtet. Es war noch nicht so lange her, dass Lambert im fernen Deutschland mit einer 12. Klasse das Vorwort des

Livius zu dessen Geschichtswerk »Ab urbe condita« gelesen hatte. Das gerade, hatte Livius geschrieben, sei ja, wenn man die Geschichte studiere, heilsam und lehrreich, dass man Beispiele in ihr finde, die man nachahmen könne. Sie hatten die Liviusstelle übersetzt und diskutiert. Historia vitae magistra? Geschichte als Lehrerin fürs Leben? Wo man denn in der deutschen Geschichte etwas sehe, was man nachahmen könne, hatte einer gefragt. Etwa das Verhalten und die Taten der Väter in der Hitlerzeit? Es sei eher möglich, hatte ein anderer gemeint, worauf Livius ja auch anspiele, dass man schlechte Beispiele finde, also Verhaltensweisen, die man vermeiden müsse. Ein Dritter ereiferte sich, man könne überhaupt nichts aus der Geschichte lernen, jeder müsse selbst finden, was zu ihm passe, und wenn er auf Vorbilder schiele, verfälsche er sein Leben. Mein Leben soll kein Plagiat sein! rief der junge Mann. Ist doch alles nur Krieg, brummte ein anderer, die ganze Geschichte. Wo soll denn da ein Vorbild sein? Lambert hatte, wie es seine Art war, die heftig geführte Diskussion, bei der in dieser interessierten Klasse immer wieder die Hitlerzeit beschworen wurde, mit einem Schlusswort abgerundet, dessen Sanftheit Kompromissmöglichkeiten andeutete und keine fertigen Lösungen bot, auf die die Schüler hätten schwören sollen.

Es gelte, kritisch zu bleiben, sagte er. Aber auch in der jüngsten deutschen Geschichte habe es Beispiele für richtiges und wertorientiertes Verhalten gegeben, es habe immer Leute gegeben, die für ihre Überzeugung eingetreten seien, sie sollten nur an die »Weiße Rose« denken, über die sie kürzlich gesprochen hätten.

Aber jetzt stieg der Führer der deutschen Einwanderer, nein, der jetzigen deutschen Reisegesellschaft, ans Rednerpult und wandte sich der schönen Gegenwart in diesem schönen Lande zu. In diesem wunderbaren Lande, sagte der hochgewachsene, grandseigneurale Herr mit den weißen

Schläfen und der Aura eines Honorarkonsuls, als den ihn Resch in seinem Begrüßungskatalog vorgestellt hatte, mit seinen liebenswerten Menschen, sagte er, und er sei glücklich und tief in seinem Herzen bewegt, wieder in diesem Lande zu sein, wo man auch nachts um 12 Uhr noch auf die Straße gehen könne, wo Ruhe und Ordnung herrsche, das rechte Gegenbild zu unserem zerrissenen deutschen Vaterland, rief er und versprach, dass wir zu Hause alle objektiv über dieses Land berichten und das Schöne herausstellen werden, wir waren ja hier und haben alles mit eigenen Augen gesehen, wohingegen die deutsche Presse über dieses Land so viel Falsches böswillig verbreite, Lügen würden zusammengeschmiert, lauter Lügen, das habe sein Freund, der General Seydlitz, noch vor ein paar Tagen zu ihm gesagt, der doch selbst ein leuchtendes Beispiel dafür sei, was die Menschen deutscher Abkunft für dieses schöne Land geleistet hätten und leisteten.

Der Applaus war nicht so lange, wie er gewesen wäre, wenn alle die Rede, die der Konsul in deutscher Sprache, wenn auch mit bedeutsamen Gesten, gehalten hatte, verstanden hätten. Diesmal war auch den Ehrengästen keine »Von Mund-zu-Ohr-Übersetzung« angeboten worden.

Sie traten auf den Schulhof hinaus, wo die Sonne am wolkenlosen Himmel stand und auf den Instrumenten der Militärkapelle blitzte, die den Marsch »Alte Kameraden« intonierte. Zur Rechten Reschs schritt der Gouverneur in seiner weißen Sommeruniform, begleitet von seiner Señora, und alle Teilnehmer schlossen sich in schicklicher Reihenfolge an, die deutsche Delegation, die Familien der Einwanderer, die Eltern, die Lehrer, der Chor und die Schüler der Oberstufe – und der Inspector general gab acht, dass alles seine protokollarische Richtigkeit habe und seine würdige Form.

Den Nachmittag hätte Lambert gern für sich zu Hause im Hotel verbracht, er hätte es vorgezogen, auf dem Balkon seines Hotelzimmers zu sitzen, auf den Fluss zu blicken und ab und zu mit einem Schluck Gin Tonic das sommerliche Ambiente zu verdichten. Er hätte die Bilder dieses Morgens und der letzten Tage aufsteigen lassen, er hätte sich gefragt, was das alles für ihn bedeute, was überhaupt mit ihm vorgehe, ob nicht alles ablaufe, ohne dass er irgendwie tatsächlich mitwirke. Er sehnte sich sozusagen nach »dem ruhenden Pol in der Erscheinungen Flucht«, dachte er und zerteilte langsam die Orange, die einen Teil seines frugalen Mahles bildete, das er im Hotelzimmer zu sich nahm. Er hätte Zeit gebraucht, um den Morgen an sich vorbeiziehen zu lassen und sich seine Gedanken zu machen. Er hätte Karin geschrieben oder in sein Tagebuch notiert oder beides. Wie sie nach der Feier in der Turnhalle zu den Klängen der »Alten Kameraden« zum nahe liegenden Friedhof geschritten seien, der allein dem Schulgründer und seiner Familie vorbehalten war, und wie die deutsche Delegation an dessen Grab einen Kranz niedergelegt habe. Er hätte über den Cocktail berichtet, den es anschließend im neuen Gebäude des Kindergartens gab. Resch, der mit strahlendem Gesicht von Gruppe zu Gruppe ging, um die Glückwünsche zum gelungenen Neubau entgegenzunehmen, stellte mich, hätte Lambert geschrieben, allen möglichen Leuten vor, die sich in schöner Einmütigkeit erkundigten, wie es mir denn in Valverde gefalle, eine Frage, hätte er geschrieben, die ich jeweils so enthusiastisch beantwortete, wie man es von mir erwartete.

Lambert hatte sein mittägliches Obstmahl gerade abgeschlossen, als Marion ihn, wie verabredet, abholen kam. Sie hatte insistiert: Du kennst ja das Land noch gar nicht, wie schön das alles ist, so was Schönes habt ihr in Europa nicht, und dann das schöne Wetter jetzt, das muss man genießen, bevor der Regen einsetzt, da wirst du dich noch wundern. Also gut, hatte Lambert dem Ausflug zugestimmt.

Marion mit ihren 64 Jahren fuhr wie der Henker und sprach pausenlos dabei. Man brauchte kaum zu befürchten, dass ein Fahrzeug entgegenkomme. Sie fuhren sandige, steinige, staubige Wege, immer tiefer in die Weite und Einsamkeit des Landes hinein. Lambert saß ein wenig ängstlich neben ihr in dem VW-Käfer, die Steine dröhnten gegen den Boden des Autos, sie fuhren mal auf der rechten, mal auf der linken Seite des Weges, wie es Marion in Anbetracht der Straßen- und Erzählverhältnisse gerade am zweckmäßigsten schien.

Du kannst dir nicht vorstellen, wie die Stadt damals ausgesehen hat, sagte sie. Sie erzählte von dem Erdbeben von 1960, eigentlich war es ja ein Seebeben, und deswegen traf es die Orte, die direkt am Meer lagen, schlimmer. In Corral wurden ganze Häuser ins Meer gerissen. Da war ein Fischer, erzählte sie, der lag betrunken in seiner Hütte, es war ja Sonntag, und dann kam die erste Flutwelle und nahm beim Zurückrollen sein Haus mit hinaus aufs Meer, und die zweite Flutwelle trug das Häuschen wieder zum Strand zurück, und die Freunde zogen ihn, der nicht wusste, wie ihm geschah, aus der Hütte, bevor sie von der zurückrollenden Welle wieder fortgespült wurde. Die deutsche Schule war auch kaputt, sagte Marion, ein Trümmerhaufen, aber da Sonntag war, kam niemand zu Schaden. Lambert hatte die Ruinen des Schulgebäudes gesehen, die im selben Zustand wie vor 20 Jahren an der Hauptstraße lagen, nur dass Gras und Büsche drübergewachsen waren. Dann haben wir ja mit der Hilfe der Bundesrepublik das neue Gebäude bekommen, sagte Marion. Hast du den Grundstein schon gesehen, wo draufsteht, dass diese Schule mit der »großzügigen Hilfe der Bundesrepublik Deutschland« erbaut wurde? Ja, wenn sie etwas schenken, dann soll's auch jeder wissen, lachte Marion.

Tue Gutes und rede davon! zitierte Lambert achselzuckend.

Ja, wir sind ja auch sehr froh damit, antwortete Marion versöhnlich.

Sie hielt auf einer Höhe, von der aus sie Stadt, Land und Fluss unten im Sonnenlicht schimmern sahen. Sie stiegen aus und sahen hinunter. Ist das nicht, fragte Marion und holte die ersten Worte ihrer Frage aus dem tiefsten Herzensgrund herauf, wo die Vorstellungen von den Dingen aufbewahrt ist, denen ein wirkliches Sein zukommt, wo das Wissen um das Gute-Schöne-Wahre schlummert, so dass die Frage, der Antwort sicher, in das wahrheitsgewisse glückliche Aufseufzen ausklingt: s c h ö n !

Marions Augen leuchteten.

Ja, das ist wirklich schön, antwortete der Befragte sachlich. Er dachte aber, dass sein Einverständnis der Gefühlslage seiner Weggefährtin nicht äquivalent sein konnte. Für ihn war es das Gefallen an der schönen Natur, für sie war es weit darüber hinaus eine tief in Kindertagen verwurzelte Heimatliebe.

Dann hüllte wieder Staub das Auto ein, es plumpste in Löcher und rappelte sich knatternd wieder auf. Sie fuhren durch ein Waldstück, meist niederes, undurchdringliches Gehölz zu beiden Seiten des Weges, einzelne blühende Bäume. Die Ulmos blühen, sagte Marion, da wurde man traurig früher, da wusste man, der Sommer geht zu Ende und die Ferien.

Ab und zu kamen sie an einem Reiter vorbei, der am Rande des Weges dahinritt, Männer in grauen oder braunen Ponchos, mit steifen, flachen Hüten. Dann führte der Weg durch eine grasige, leicht hügelige Landschaft, über die einige Hütten verstreut waren. Auf einer Wiese war ein Fußballfeld abgegrenzt. Braunhäutige, untersetzte Männer lehnten am Geländer und sahen dem Spiel zu, rings an den Bäumen waren ihre Pferde angebunden, die mit hängenden Köpfen in den Nachmittag dösten. Einmal fuhren sie mit Schwung durch einen kleinen Bach, dass Wasser und Schlamm an den Scheiben hoch spritzten. Dann stieg der Weg steil an, bis sie ein Plateau erreichten. Da lag das Meer plötzlich unter ihnen und schob flache, weiße Brandungswellen in eine kleine, felsige Bucht.

# IV

Lambert hätte sich am liebsten an den Rand des Felsens gestellt und aufs Meer hinausblickend die Arme ausgebreitet und lauthals und theatralisch gerufen: »Thalatta! Thalatta!«

Das Meer! Das Meer! hatten die Griechen gejubelt, als sie nach Schlachten und Märschen unter der Führung Xenophons endlich das Meer erreicht hatten und darauf hoffen durften, die Heimat wiederzusehen. Das Söldnerheer der Griechen war im Jahre 401 vor Christus mit Kyros in den Kampf gegen den Großkönig von Persien, den Bruder des Kyros, gezogen. Nachdem Kyros in der Schlacht gefallen war, zogen sich die Griechen zurück. Sie wollten ans Meer, um wieder in die Heimat zurückzukehren. Als sie nach vielen Kämpfen und dem langen Marsch durch Persien endlich das Meer sahen, brachen die Soldaten in Tränen und Jubel aus.

»Das Meer! Das Meer!« riefen sie. Hauptleute und Soldaten fielen einander in die Arme und weinten. Jetzt wussten sie, dass sie die Heimat wiedersehen würden. Lambert hatte, nachdem die Schüler unter seiner Anleitung den Text übersetzt und verstanden hatten, ihnen diese hochemotionale Szene in griechischer Sprache vorgetragen. Die Tränen waren ihm dabei gekommen, genau wie jetzt.

Aber während beim Anblick des Meeres die griechischen Söldner das Heimweh überwältigte, war es jetzt bei Lambert der Zauber der Ferne und die Erinnerung an die Lektüre der »Anabasis«. Er musste Erlebnisse mit Erinnerungen, mit Literatur, mit Worten verbinden, es ergab sich so, das machte sie zu persönlichen Erlebnissen.

Aber jetzt war keine Zeit dafür, sich dem Zauber des Meeres und den eigenen Gefühlen und Erinnerungen hinzugeben.

Inzwischen war auch das andere Auto mit der Kollegin Hedi und der Kindergärtnerin Anke angekommen. Sie stiegen zusammen den schmalen Weg zur Bucht hinunter. Unten zogen sie ihre Sachen aus, unter denen sie die Badekleidung trugen, ölten sich ein und legten sich auf ihre Decken. Lambert lag zwischen den beiden jungen Frauen, die die Augen geschlossen hatten und die gebräunten Beine leicht angewinkelt aufstützten. Ölige Haut der Oberschenkel, einladende Glätte und Bräune, über die er mit der Hand hätte streichen mögen.

Marion watete zwischen den Klippen im seichten Wasser und rief, wie herrlich es doch sei. Lange, braune Algenbänder schwammen herum und Marion setzte sich ins flache Wasser und legte sich Algenstränge um Hals und Glieder und rief: Das ist wie ein Moorbad. So was Gesundes! In Deutschland bezahlt ihr viel Geld dafür.

Alfonsina y el mar, sagte Anke mit einem Blick auf die algengeschmückte Marion und in Anspielung auf ein hiesiges Volkslied und legte sich wieder flach hin. Ah, wie die Sonne gut tut, sagte Hedi, ohne die Stellung zu wechseln und die Augen zu öffnen.

Man muss sie genießen, sprach die sonnenbadende Anke in die Luft, es sind vielleicht die letzten Tage. Und dann kommen Regen und Stürme, ich kann euch sagen.

Du hast es ja schon erlebt, sagte Hedi. Ja, ich weiß, wie das ist, sagte Anke.

Am Abend saßen sie beim Kollegen Stefan auf der Hausterrasse, von wo man auf den unten dahinziehenden Fluss sehen konnte. Vor ihnen auf der Wiese spielten die Kinder mit dem Hund, an der Costanera waren Spaziergänger unterwegs, das Blau des Flusses dunkelte allmählich und am anderen Ufer gingen die Lichter von Las Animas an. Stefan hatte die Korbflasche mit Rotwein zu seinen Füßen stehen, wenn ein Glas leer war, hob er die Korbflasche und goss nach.

Ihr könnt euch das ja gar nicht vorstellen, sagte Marion, für ein Pfund Zuuucker musste man stuuundenlang anstehen. Sie dehnte die Wörter, um die Geringfügigkeit der Ware und die Länge der Zeit, die man auf ihren Kauf verwenden musste, adäquat darzustellen.

So schlimm kann die UP-Zeit nicht gewesen sein, erwiderte Stefan, dem Volk ging es doch besser als vorher.

Dem Volk ging's überhaupt nicht besser, widersprach Marion, den Kommunisten vielleicht, ja. Aber die Frauen sind mit den Kochtöpfen auf die Straße gegangen und haben mit den Löffeln auf den Boden der umgedrehten Töpfe geschlagen, weil sie nichts mehr zu essen hatten für ihre Familien, weil die Töpfe leer waren.

Das war vielleicht am Schluss so, sagte Stefan, da wurde die Volksfront von interessierter Seite sabotiert. Die Lebensmittel wurden von den Gegnern gehortet und zurückgehalten und kamen nicht mehr in die Geschäfte, weil man die Regierung der Volksfront diskreditieren wollte. Nach dem Militärputsch waren auf einmal die Geschäfte wieder voll.

Das hast du doch alles nur gelesen, sagte Marion, aber wir waren hier und haben das alles miterlebt. Die haben das Land ruiniert. Ihr sagt immer Demokratie, Demokratie, aber das Volk hier ist gar nicht reif für eine Demokratie. Ihr habt das alles ja nicht mitgemacht. Die wollten uns damals an die Russen verkaufen. Draußen auf dem Meer lagen die russischen Kriegsschiffe und das Land war voll von Kubanern. Ich weiß gar nicht, sagte sie, wie ihr Europäer so naiv sein könnt. Die Russen wollen die ganze Welt haben. Das machen sie Scheibchen für Scheibchen. Wie bei einer Salami.

Die Sterne waren aufgezogen, die Nacht war blau und still, man hörte manchmal ein Geräusch vom Fluss her, wenn der Fährmann die Ruder ins Wasser tauchte oder wenn ihm jemand Gute Nacht sagte. Lambert trank den roten Wein und sah in das fremde, nächtliche Land hinaus und fühlte sich wohl. Wenn man ein paar Schritte in die Wiese machte, sah man das Kreuz des Südens am Himmel stehen. Das Kreuz des Südens, sagte Marion und zeigte hinauf. Lambert hatte es sich gewaltiger vorgestellt, es war gar nicht so groß. Die Vorstellung »Kreuz des Südens« übte einen größeren Zauber aus als die Erscheinung selbst. Wenn er das früher in seinen »Karl Mays« las: »Kreuz des Südens«, war er ins Träumen geraten. Damals war diesen Worten die gleiche Unwirklichkeit zugekommen wie den Sterntalern und dem Mann im Mond. Und jetzt stand er leibhaftig unter dem Kreuz des Südens.

»O das Wohnen in der beseelten Bläue der Nacht!« Der Himmel wie eine schimmernde, geheimnisvolle Kugel, die einem geschenkt war. Die Sterne in Fülle und Ordnung angebracht, und wenn man hinaufschaute, hatte man das Gefühl, dass alles seine Richtigkeit hat. Unter dem Kreuz des Südens durch die Nacht gehen, das hatte einen Sinn. Vielleicht war er deswegen hier. Vielleicht war es der Sinn seines Hierseins, unter dem Kreuz des Südens durch die Nacht zu gehen. Zumindest war dieser Sinn so gut wie jeder andere. Lambert ging durch die stillen Straßen von Valverde. Es war die gleiche Stille und nächtliche Abgeschiedenheit wie in der kleinen deutschen Stadt, in der er gelebt hatte. Wie wenn er freitagsnachts vom Kegeln nach Hause ging. Er ging an dem Heiligen vorbei, der auf der Brücke stand, die Hände um seinen Hirtenstab gefaltet. Von Geselligkeit und genossenem Bier gut gelaunt, nickte Lambert ihm zu und sagte: Grüß Gott! Und der Heilige, der ihn seit frühester Jugend kannte, nickte ihm auch zu und antwortete: Grüß Gott! Er ging an Gärten vorbei, aus denen es nach Frische und Früchten roch. Es war der reine Seelenfrieden, so durch eine Welt dahinzugehen, in der alles in Ordnung war. Die Sterne funkelten wie in Matthias-Claudius-Gedichten, der »Große Wagen« gab zuverlässig den Norden an. Jeden Freitag war es so. Es war schon gar nicht mehr vorstellbar gewesen, dass sich etwas ändern könnte. Damals war er fast an dem Punkt angekommen, zum Augenblick zu sagen: Verweile doch, du bist so schön! Glücklicherweise gab es da noch eine Unruhe, die ihn daran hinderte, mit solchem Wunsch seine Seele zu verkaufen.

Ein Junge mit bloßen Füßen trat aus einer Ecke auf ihn zu und bat um eine Münze. Lambert suchte in seinen Taschen. Ich hab kein Geld bei mir, sagte er. Mañana, schlug der Junge vor. Ja, morgen, bestätigte Lambert.

Liebe Karin, dachte er. Er musste den Kontakt zu ihr herstellen, zu ihr, zu den Kindern, zu zu Hause, um in der beseelten Bläue dieser südamerikanischen Nacht nicht verlorenzugehen. Er stand auf dem Balkon seines Hotelzimmers und war glücklich. Er war glücklich, in diese schöne, sternenübersäte Nacht hinauszusehen. Eine gefährliche Loslösung von allem, was früher auf ihn Bezug hatte. Ein Getrenntsein von allen, die zu ihm gehörten. Er überließ sich einen Augenblick dem Gefühl. Es war nicht wahr. Er war nicht von ihnen getrennt. Auch wenn die Nacht die Seele verführte, dieses Land war fremd, fremd. Was hatte er hier zu suchen? Was hatte er hier verloren?

Er setzte sich an den kleinen Schreibtisch in seinem Zimmer. Er schrieb: Liebe Karin. Es ging darum, Sicherheit zu gewinnen und mitzuteilen. Er durfte die Situation hier nicht infrage stellen, er musste sie bejahen. Karin hatte in Deutschland Schwierigkeiten genug. Er dachte an die Kinder. Auch die Kinder waren verunsichert, sie schwankten zwischen Abenteuerlust und der Angst vor dem Unbekannten. Karin und den Kindern musste er erzählen, dass alles hier gut laufe, dass es ihm gut gehe, dass das Land schön sei. Keine Zweifel. Hier kann man gut leben. Auch hier sind

Götter. Und wenn ich erst ein Haus gefunden habe und wenn wir wieder zusammen sind..., schrieb Lambert. Es blieb die Tatsache, dass sie zunächst einmal vieles aufgaben und einen klar sich vor ihnen abzeichnenden Lebensweg verließen. Die Kinder waren in Sportvereinen, sie hatten ihre Freunde, sie gingen in die Musikschule, es gab jede Menge Möglichkeiten für sie, und in der Schule waren sie auch gut. Karin nahm an Volkshochschulkursen teil, machte Handarbeiten, ging in Konzerte und ins Theater, besuchte Freundinnen, unternahm etwas mit den Kindern. Lambert war ein geachteter Lehrer des renommierten städtischen Gymnasiums, die Schüler mochten ihn, eine Beförderung war ihm sicher. Alles war bestens geregelt. Wenn's dem Esel zu wohl ist, geht er aufs Eis tanzen, hatte einer der älteren Kollegen kopfschüttelnd gesagt, als sich Lambert verabschiedete. Mit einigen jüngeren Kollegen hatte er samstags nach Schulschluss in der Kneipe gesessen, die der Volksmund »Zur letzten Träne« nannte. Sie sahen auf den alten Baumbestand des nahe gelegenen Friedhofs hinaus und redeten über die Schule und die Schüler, über den Direktor und die Kollegen, über Literatur und Latein, über Gott und die Welt. Manchmal hatte gerade einer Geburtstag oder sie waren in entsprechender Stimmung und hatten ein »gutes Sitzleder«, und dann redeten sie und tranken bis in den frühen Abend hinein. Das gelbe Bier floss durch die rauchige Dämmerung, wenn man das Glas hob, strahlte es golden im Licht der Wirtshauslampen, wie ein Gral war das, und die Ritter der Tafelrunde tranken einander zu und ließen das herbe, perlende Getränk, das »edle Nass« über Zunge und Kehle rinnen und an den »verfransten Magenwänden herunterplätschern«, wie es in dem Spruch hieß, den einer rituell aufsagte, wenn eine Geburtstagsrunde angetrunken wurde, und der mit den unsinnigen Worten schloss: » Was wir und er verlangen kann«.

Das weiße Samstagslicht draußen, das reale Ansprüche stellte und bestimmte tätige Verhaltensweisen einforderte, wich früh im Herbst. Lambert erinnerte sich bestimmter Herbsttage, draußen brauten die Nebel, und hier saßen sie im gelben, warmen Licht der Kneipe, das ein Gefühl der Geborgenheit vermittelte, unter freundschaftlichen Gesprächen und wohlwollender Bedienung. Sie waren in einer abgegrenzten Welt, in der die Dinge und Menschen mit einer Klarheit präsent waren und erkannt wurden, wie es draußen nicht vorkam. Das Gedächtnis verlor sich, die Beobachtungsfähigkeit nahm zu. Die Lampe über dem Tisch, die Gläser auf dem Tisch, die Gesichter der Kollegen und das Lächeln der Wirtin waren ganz wichtig und gegenwärtig geworden. Hier war das Zentrum der Welt. Es gab keine Beziehung mehr zu dem, was draußen war, nur die Gegenwart zählte. Nur die vorhandenen Dinge und Menschen bildeten die Welt und dann noch die Worte, die diese Menschen sagten und die viel eindringlicher waren als sonst. Carpe diem! rief der kleine, rundliche Meier und Schumacher fügte hinzu: noctemque!

Er als Mathematiker, sagte Beck, sei ja absolut für Latein, er habe immer wieder festgestellt, dass Lateinklassen auch in Mathematik besser seien. Er nahm die Pfeife aus dem Mund und stieß das Mundstück bekräftigend in die verräucherte Luft, die Piefkes sollen Latein lernen, damit sie denken lernen, argumentierte er, ganz genau, sagte er auf eine Zustimmung hin.

Also wenn man schon mit Französisch anfange, erklärte der Kollege, der von allen »der Kollesch« genannt wurde, weil er bei jeder passenden und unpassenden Gelegenheit die Kollegialität im Mund oder ins Feld führte, dann eben Latein als zweite Fremdsprache, sagte er, auf jeden Fall Latein, und bei aller Kollegialität, er verstehe die neusprachlichen Kollegen nicht, die ganze Klassen zum Englischen rü-

berziehen wollten. Das sei erstens unkollegial den altsprach-
lichen Kollegen gegenüber, die ja auch leben wollten, und
außerdem komme spätestens als zweite Fremdsprache eben
nur Latein infrage.

Auch vom ganzen kulturellen Hintergrund her, bekräftigte der Germanist Karmann, wie soll ich denn mit einer
elften Klasse Barockgedichte lesen, die keinen Stratz Latein
kann? Vanitas vanitatum! rief ihm Lambert zu und beide
sprachen einstimmig: Et omnia vanitas! Worauf sie die Gläser hoben und einander zutranken. Domina tabernae, rief
Meier, apporta mihi novam cerevisiam! Da er dazu sein lee-
res Glas hob, rief die Wirtin hinterm Tresen: Kommt sofort,
Herr Meier!

Freundschaft machte sich breit. Sie prosteten einander zu. Sie redeten einander zu. Sie hörten einander zu. Sie
stimmten einander zu. Sie glaubten einander aufs Wort. Sie
waren ein Herz und eine Seele. Sie sagten: German man ne-
ver ships alone, und dann stiegen sie hinunter und pinkelten
vereint gegen die Pisswand.

Später kam Hesse wieder, der nur einen Sprudel getrunken hatte und dann nach Hause gegangen war, weil
seine Frau mit dem Mittagessen warte. Lass sie doch warten, hatte Beck gesagt, meine wartet auch. Jetzt kam Hesse
nachsehen, ob sie noch da säßen. Ihr seid ja immer noch
da, sagte er. Er trank einen Sprudel und verschwand wieder.
Habe noch was vor! Morgen würde er überall erzählen, die
hätten wieder den ganzen Nachmittag in der »Träne« gesses-
sen und gesoffen.

Jetzt, dachte Lambert, ans Geländer seines Hotelbal-
kons gelehnt und in die Nacht und auf den Fluss blickend,
ist das alles vorbei, als sei es nie gewesen. Es gehörte so zu
meinem Leben, dachte er, dass etwas anderes kaum vorstellbar war, nur das galt, nur das schien möglich, ein Verhalten,
vielfach abgesegnet, ein Weg, deutlich vorgezeichnet. Meine

Großmutter sagte immer: Man macht wie die Leute, dann geht's einem wie den Leuten.

Und jetzt hier unter dem Kreuz des Südens, an einem fremden Fluss, in einer fremden Stadt, unter fremden Menschen, in der sogenannten Fremde. Was hat das alles mit mir zu tun, wie kann das überhaupt zu meinem Leben gehören, was geht das, was ich sehe und höre, mich eigentlich an? Aber wenn ich sage, das geht mich alles nichts an, der Fluss nichts und die Stadt nichts und die Gespräche nichts und die Armen nichts, was suche ich dann hier und wird dann nicht alles falsch? Auf einmal führte man ein völlig falsches Leben. Aber was ist das wahre Leben? Ist das wahre Leben nur das in Übereinstimmung mit dem bisherigen Leben geführte? Oder muss man das wahre Leben immer wieder erfinden?

Ich muss schlafen gehen, dachte er. Mañana es otro dia!

# V

Das Schuljahr hatte richtig begonnen. Lambert lernte Kollegen, Schüler, Eltern, Schulvorstände kennen, von allen Seiten wurde ihm Freundlichkeit entgegengebracht, das tat schon gut. Sie waren zweifelsohne darum bemüht, dass er sich hier wohlfühle, waren aber auch davon überzeugt, dass er sich hier wohlfühlen müsse, ja, für die meisten schien festzustehen, dass man nur hier sich wohlfühlen könne.

Wie gefällt Ihnen Valverde? Mit einem Lächeln gefragt, das der Antwort gewiss war.

Oh, es gefällt mir sehr gut, ich habe zwar…, Lambert wollte fortfahren: noch nicht viel vom Land gesehen, aber der oder die andere fiel begeistert ein: Nicht wahr, es ist ein wunderbares Land!

Ja, es ist wirklich ein schönes Land, bestätigte Lambert, wenn ich auch noch nicht…

Allen, die hierher kommen, gefällt es hier.

Das könne er sich vorstellen, stimmte Lambert zu.

Neulich, sagte der Gesprächspartner, sagte jemand aus Deutschland zu mir: Ihr lebt ja hier wie im Paradies.

Also wisst ihr nicht, was gut und böse ist? hätte Lambert am liebsten gefragt, unterließ es aber. Die Ironie der biblischen Anspielung auf das politische Geschehen wäre wohl nicht genau verstanden, aber undeutlich als Boshaftigkeit empfunden worden. Ein Zyniker! hätte der andere gedacht. Stattdessen gestand Lambert, dass man sich hier wirklich wohlfühlen könne, wie der andere es von ihm erwartete.

Und die Menschen sind so freundlich und herzlich.

Ja, ich bin überall sehr freundlich aufgenommen worden.

So sind die Menschen hier. Sehr herzlich gegenüber dem Gast. Alle Fremden, die hierherkommen, stellen fest, wie freundlich die Leute hier sind. Das kommt von Herzen. Sie werden es merken.

Er habe es schon gemerkt, behauptete Lambert.

Sie sollten nach Deutschland schreiben, wie schön es hier ist, empfahl der Gesprächspartner, wie ruhig und friedlich man hier leben kann. Keine Hektik wie in Europa. Sicher gibt es das eine oder andere, was nicht so ganz in Ordnung ist. Aber das gibt es ja überall. Und es gibt immer welche, die an allem etwas auszusetzen haben, die nie zufrieden sind. Und im Ausland schreibt man dann in den Zeitungen alles Mögliche. Das ist doch alles nicht wahr. Schreiben Sie Ihren Freunden und Bekannten, wie es wirklich hier ist. Lambert versprach es.

Am Morgen der Eröffnungskonferenz sah Lambert sich der Frage, wie es ihm denn hier gefalle, verstärkt ausgesetzt. Jeder einzelne einheimische Kollege, jede einzelne Kollegin hielt es für seine oder ihre Gastgeberpflicht, sich des Wohlgefallens Lamberts an Stadt, Land, Fluss und Menschen persönlich zu versichern. Vor allem die Kolleginnen lechzten nach Heimatlob. Unnachsichtig forderten sie helles Entzücken ein. Sie konnten nicht genug davon bekommen. Lambert bediente sie immer freigebiger und großzügiger. Er ließ, wenn die bewusste Frage anklang, die Augen schwärmerisch aufleuchten und sekretierte, konditioniert wie ein Pawlow'scher Hund, lobende Adjektive am laufenden Band. Sein Vorrat an preisenden Nominalergänzungen – auch in spanischer Sprache – wuchs mit der bereitwilligen Unterstützung seiner Gesprächspartner beträchtlich, und er konnte, noch ehe die Konferenz begann, das Lob von Land und

Leuten so überzeugend mitgestalten, dass auch die Heimatliebe des Einheimischsten voll befriedigt wurde. Er war mit
sich vollauf zufrieden. Aber nein, sagte er sich dann, sie
wollen ja nicht nur die Heimat gelobt hören, sie wollen ja
auch wissen, ob du dich hier wohlfühlst. Das musst du ja
auch sehen.

Ein anderes Thema lag trotz des blauen Sommerhim-
mels in der Luft. Während man von dem Neuankömmling
die ungetrübte, spätsommerliche Schönwettereuphorie erwartete, waren die Ortsansässigen legitimiert, das Blaue
vom Himmel herunterzusprechen und den großen Regen zu
beschwören. Dem Zugereisten musste klar gemacht werden,
dass er sich in den kommenden Unwettern bewähren müsse. Er werde, wurde ihm diskret oder direkt bedeutet, sich
der anderen Jahreszeit gewachsen zeigen müssen, die Feu-
erprobe sei erst noch zu bestehen. Kein Feuer, nein, Wasser,
so ging die fast alttestamentarische Rede, werde in solcher
Menge und mit solcher Gewalt vom verfinsterten Himmel
fallen, dass einem Hören und Sehen vergehen werde. Der
Regen, in sintflutartiger Reichlichkeit herniederrauschend,
werde von wütenden Temporales durch die Straßen ge-
peitscht werden. Die Propheten überboten sich. Und es wird
Heulen und Zähneknirschen sein, dachte Lambert, ohne
sich allerdings einer gewissen Einschüchterung erwehren zu
können.

Sie können nicht mit geöffnetem Schirm über die Brücke gehen, der Sturm wirft Sie in den Fluss, drohte Frau
Martinez.

Hundert bis hundertfünfzig Liter, versprach Frau Barrientos, mindestens, fügte sie hinzu, als könne sie persönlich
auch eine entschieden höhere Niederschlagsmenge pro Qua-
dratmeter garantieren.

Frau Garcia, die die spanische Sprache über die Zunge
gleiten ließ, als bestriche sie ein Schmalzbrot, verdüsterte

genüsslich den blauen Himmel dieses Eröffnungskonferenztages mit dem Wortspiel von den zwei Estaciones, die es in Valverde gebe, eine der Bahn und eine des Winters. Der Doppelsinn des Wortes Estación, das Bahnstation und Jahreszeit bedeuten konnte, erlaubte den Witz, alle anderen Jahreszeiten als nicht vorhanden abzutun und einzig den Winter als zweite Estación neben der Bahnstation zu deklarieren.

Adolfo Barrientos bleckte die langen, gelblichen Zähne zu begrüßendem Lächeln, stellte sie dann aber für mehrere Stunden in den Dienst einer Beredsamkeit, die dem Terminkalender des Schuljahres verborgene Schönheiten abzugewinnen wusste und der Handhabung des Klassenbuchs den Rang eines pädagogischen Kunsthandwerks verlieh. Der Schulleiter Resch hatte nach einigen einleitenden Worten dem Inspector general die Leitung der Konferenz übertragen und war verschwunden. Er hatte damit dem Inspektor ein Machtlustgefühl verschafft, das schon in der Anrede »Colegas« aufklang und im Laufe des Morgens sich steigerte und mehrfach kulminierte. Seine Rede hielt der Inspektor natürlich in Spanisch, aber es war auch für Lambert erkennbar, dass sie mittels Wortwahl und Rhetorik das spröde Thema kunstvoll aufbereitete.

Bereits die ersten Worte des Inspektors ließen das Ausmaß der Schwierigkeiten, ein Klassenbuch korrekt zu führen, erahnen. Es wurde sogleich klar, dass die einwandfreie Führung eines Klassenbuchs Anforderungen stellte, denen nur gewachsen sein konnte, wer erstens die Ausführungen des Inspector general jetzt mit gespannter Aufmerksamkeit verfolgte und ferner sich bei allen Unsicherheiten, die doch vielleicht auftreten könnten, an den Inspector general wendete, der, obwohl er jetzt alles genau erkläre, auch für spätere Fragen jederzeit zur Verfügung zu stehen huldvoll versprach. Die Führung eines Klassenbuchs war ja nicht einfach ein bürokratisches Verfahren, das es zu beachten galt, nein, die Gestaltung des Klassenbuches entschied letztlich über die Qualität des Lehrers, denn wie könne einer ein guter Lehrer sein, der den Unterrichtsstoff unbekümmert in die falsche Rubrik eintrage oder so unleserliche, unordentliche oder unvollständige Angaben mache, dass niemand nachvollziehen könne, was er im Unterricht durchgenommen habe. Da müsse man sich doch fragen: Was hat denn der überhaupt im Unterricht gemacht? Das werfe kein gutes Licht auf den Lehrer. Und wie könne man ein gutes Verhältnis zu Schülern und Eltern gewinnen, wenn man im Klassenbuch in die Spalte für den Vormund ungeprüft die Mutter setze. An dieser Stelle verhaspelte er sich und behauptete, der Vormund gehöre nicht von vorneherein in die Spalte der Mutter, das müsse geprüft werden, der Vater komme ja auch in Betracht. Aber, sagte eine jüngere Kollegin, oft wisse man eben nicht, wer denn Vormund sei und wenn man die Kinder frage, wüssten die es auch nicht.

Liebe Frau Kollegin, entgegnete der Inspector general mit dem milden Lächeln eines Pferdes, dem man ein zu niedriges Hindernis zumutet, das lässt sich doch leicht auf dem ersten Elternabend klären. Im Allgemeinen sei übrigens die Mutter, die in der Regel schließlich wirklich über mehr Zeit verfüge als der Vater, der legale Vormund des Kindes und gehöre daher in diese Spalte. Aber das müsse eben gewissenhaft geprüft werden.

Ein Gegenstand ernster Sorge, und da wurde der Inspector general gewissermaßen traurig, sei die Schuluniform. Er legte eine kleine Pause ein, die die Ernsthaftigkeit seiner Sorge unterstrich. Leider mehrten sich in letzter Zeit im Land, fuhr er fort, Tendenzen, die Schuluniform ganz oder teilweise abzuschaffen oder sie ins Belieben der einzelnen Schule zu stellen. An der deutschen Schule von Valverde aber, und jetzt sprach er mit der ganzen Entschlossenheit des Mannes, der für seine Ideale bis zum Letzten zu kämpfen bereit ist, bleibe die Schuluniform weiterhin und in aller Zukunft verbindlich. Das habe der Schulvorstand beschlossen, und daher bitte er auch die Kollegen sehr dringend, ihr ganzes Augenmerk darauf zu richten, dass die Schülerinnen und Schüler vorschriftsmäßig gekleidet zum Unterricht erscheinen. Er blickte in die Runde, den Worten mit dem gesammelten Ernst seiner Gesichtsfalten und dem inbrünstig glimmenden Licht seiner gelblichen Augen körperlichen Nachdruck verleihend. Die Höhe der Absätze, er erhob die Hand und verdeutlichte die Spanne mit Daumen und Zeigefinger, an den Schuhen der Mädchen dürfe die Grenze von vier Zentimetern nicht überschreiten. Auch auf die vorschriftsmäßige Rocklänge sei strikt zu achten, es sei einfach ein Gebot des Anstandes, dass der Rock das Knie bedecke. Vor allem die Klassen, sagte er, deren Amt es sei, den Acto am Montagmorgen zu gestalten, hätten sich in einer Uniform zu präsentieren, die untadelig sei. Im-pe-cable! skandierte er mit erhobenem Zeigefinger.

Man möge ihr dazu eine Bemerkung erlauben, sagte Frau Garcia in ihrem sämigen Spanisch, es scheine ihr sehr einleuchtend, dass die Schuluniform trotz bestimmter gegenläufiger Strömungen von außen, die zu erörtern jetzt nicht der Moment sei, nicht wahr, weiterhin die Geschlossenheit der Schülerschaft gewährleiste und in ihrer vorbildlichen Korrektheit dem Grundgedanken dieser traditionsreichen Institution Rechnung trage, dass wir nämlich ohne Unterscheidung des sozialen Status der Eltern an dieser Schule dem gleichen hohen Ziel zustreben, einer ganzheitlichen Bildung, der die menschlichen Werte oberstes Anliegen seien. Der Respekt vor der Person, der ein integrierendes Moment des pädagogischen Prozesses sei, sei aber nur dann glaubwürdig zu begründen, nicht wahr, wenn die gleichen äußeren Bedingungen die Schüler als Menschen, als Personen zeigten und nicht die Kleidung die auseinanderdriftende Darstellung von Arm und Reich ermögliche und somit Kategorien begünstige, denen in der Schule kein Platz einzuräumen sei, nicht wahr. In diesem Sinn sei sie für die Schuluniform. Das habe sie nur sagen wollen.

Lambert hatte nur die Hälfte des Inhaltes dieser ausgesprochen schönen Rede mitgekriegt, denn statt auf den Sinn der Worte zu achten, lauschte er fasziniert dem schmelzenden Klang des erlesenen Spanisch, das Frau Garcia ihnen da vorsummte wie eine alt gewordene, aber gleichwohl wohlklingende Sirene. Die eintretende Stille spiegelte die Ehrfurcht der Kollegen vor der Rede, in der so schöne Gedanken so schön zum Ausdruck gekommen waren. So souverän schöne Worte sprechen, dachte Lambert mit einer gewissen Bewunderung, so schöne Worte, die dem Sinn der Rede total überlegen sind. Schon toll! Oder der Sinn der Rede höchstens als Steigbügelhalter phonetischen Zaubers und verbaler Brillanz. Er glaubte, dass Frau Garcia an der Beibehaltung der Schuluniform weniger lag als an der Wirkung von Wohlklang und Erlesenheit ihrer Worte über die Beibehaltung der Schuluniform.

In seinem Hotelzimmer setzte Lambert sich an den kleinen Tisch, um nach Hause zu berichten. Liebe Karin, schrieb er und hatte das Gefühl, dass er Dinge erzähle, die kein Interesse finden könnten. Was sollte Karin, die mit den Schwierigkeiten der Wohnungsauflösung und der Reisevorbereitungen zu kämpfen hatte, mit einer Schilderung des auf die Rocklänge der Mädchen fixierten Inspector general oder des dahinschmelzenden Castellano der dahinwelkenden Kollegin Garcia! Das hatte alles nichts miteinander zu tun. Die Welt hier und die Welt dort waren meilenweit voneinander entfernt, nicht nur räumlich. Man muss trotzdem erzählen, dachte er. Man muss darauf vertrauen, dass die Worte ankommen, dass die Worte einen Sinn stiften, der über den bloßen Sinn, den sie transportieren, hinausgeht. Worte verbinden doch. Alles, was erzählt wird, ob in Briefen oder in Geschichten, braucht ein bisschen Glück, um anzukommen. Liebe Karin...

# VI

Die Schule stellte Ansprüche, die Lambert nicht so ohne Weiteres akzeptieren wollte. Du sollst keine fremden Götter neben mir haben! Lambert floh zu den Freunden, die in seinem Zimmer auf ihn warteten. Sie hatten volles Verständnis, sie kannten das, sie waren in derselben Lage gewesen.

Horaz, mein Freund, mein Lehrer, mein Begleiter! Man schreibt das Jahr 1751 und da ist ein Mann in Hamburg namens Hagedorn, dem es geht wie dem römischen Dichter. Er erlebt dasselbe wie Horaz im Jahre 31 vor Christus. Die Verpflichtungen, die das tägliche Leben mit sich bringt, machen ihn fertig. Das Geschwätz, das er sich anhören muss! Sie labern dir ein Ohr ab. Er kann es nicht mehr hören. Er hört einfach nicht mehr hin. Er denkt an sein Haus draußen auf dem Land, an den Bach, der leise plätschert, an den Platz unter schattenden Steineichen, an die Stille, an die Bücher... Wann werde ich das alles wiedersehen? denkt er sehnsüchtig, während der Bekannte neben ihm einhergeht und unablässig auf ihn einredet.

Komm! sagt der Mann aus Hamburg zu Horaz. Komm, wir gehen aufs Land! Der Frühling naht, die Tage werden heller, es wird wärmer. Die drei Männer, der Mann in Rom, der Mann in Hamburg und der Mann in Valverde, sind sich einig: Stille, Muße, Bücher, dem Zwang der alltäglichen Dinge und Pflichten entkommen – das ist es. Nur stand in Valverde nicht der Sommer vor der Tür, der die Flucht aufs Land begünstigt hätte.

Die Lust zu leben, schrieb Lambert in sein Tagebuch, kann sich nur in der Zurückgezogenheit entwickeln. Nicht in der Unterhaltung mit den lebenden Kollegen, sondern im Gespräch mit den toten Dichtern erfährst du, wie du leben sollst. Man muss sich mit denen unterhalten, die wirklich etwas zu sagen haben. Sie sagen etwas, und deine Gedanken werden angestoßen. Wenn du dich mit den Lebenden unterhältst, werden deine Gedanken nur abgestoßen. Sie werden so zurückgestoßen, dass du am Ende ohne Gedanken dastehst. Es ist der Weg in die absolute, finstere Gedankenlosigkeit. Kein wirklicher Gedanke stellt sich mehr ein. Sie haben sie mit ihrem Geschwätz verscheucht. Mit ihrem Gerede über Schule und Pädagogik verscheuchen sie jeden vernünftigen Gedanken. Du funktionierst nur noch. Das war für die Kollegen hier aber wohl anders. Die Schule war für sie das Licht in des Daseins Dunkel. Das ewige Licht der Schule leuchte ihnen! Amen!

Er dachte an bestimmte Gespräche im Lehrerzimmer in diesen ersten Wochen. Son personas, no son numeros. Das sind doch Personen, keine Nummern, flötete Frau Garcia, wenn über die Schüler gesprochen wurde und jemand sich sachlich auf Leistung und Noten bezog. Du lieber Gott, das stellte ja niemand infrage, aber auch Personen müssen etwas leisten, auch Personen müssen sich messen lassen. Diese Frau brauchte die Schüler für das Gefühl, gebraucht und geliebt zu werden. Oh, diese exaltierten Frauenzimmer, die sich aus ihren Frustrationen ein pädagogisches Steckenpferd schnitzen, das mit reinem Zuckerbrot gefüttert wird. Chiquillos! Kinderchen! zwitschern sie und überlassen Herz und Hand und Zunge einem Liebesvollzug, der ihnen im übrigen Leben versagt bleibt.

Und dann: El colegio! El colegio! Es ist das Größte. Durch die Schule werden sie selbst zu höheren Wesen, die ihre eigene Hochachtung und die der Gesellschaft in dem

Maße verdienen, in dem sie sich ihrer hohen Aufgabe weihen.

»Wie sehnt Servil sich nach Berufsbeschwerden, be-
trächtlicher und hochbestallt zu werden«, las Lambert. Im
18. Jahrhundert beobachtet!

Lambert hatte vor Jahren einen Essay über die Rezeption der antiken Naturdarstellung in der Dichtung des 18.
Jahrhunderts zu schreiben begonnen, aber über eine ausgedehnte Lektüre, eine beträchtliche Sammlung von Karteikar-
ten mit Zitaten und einige wenig zusammenhängende No-
tizen von zufälligen Gedanken war er nicht hinausgekom-
men. Doch es war ein freier Raum, auf den er sich zurückziehen konnte, ein weites Feld mit frischer Luft, wo durch
die Zwecklosigkeit des Ganzen sich jene heitere Stimmung
einstellt, die dem Humanen förderlich ist.

Lambert schenkte sich aus der Flasche Concha y Toro,
die neben der Obstschale stand, ein Glas Wein ein. Er hob
das Glas mit dem schönen, dunklen Wein gegen das Licht
und sagte: Prost, Alfred! Er leerte das Glas zur Hälfte und
kostete den vollen, samtigen Geschmack des Weines mit
Zunge und Gaumen. Er trat auf den Balkon hinaus und
schaute in die Nacht. Der Fluss zog dunkel dahin, von den
Lichtern der Straßenlaternen hier und da aufgehellt, am
Himmel verbürgte das Kreuz des Südens Fremde und Frieden. Vielleicht merke ich doch noch, dass hier das Paradies
ist, wie man mir andeutete. Wer hat gesagt, es gebe nur verlorene Paradiese? Jedenfalls gibt es keine geschenkten oder
deklarierten. Vielleicht hängt es auch nur von einem selbst
ab. Nicht von den Gegebenheiten. Nicht von Palmen und
blauem Meer. Nicht von friedlich grasenden Kühen und dem
pastoralen Zauber idyllischer Landschaft.

Er ließ sich am Schreibtisch nieder und las weiter. Hier
wird man froh, las er, von Wahn und Zwang entbunden,
Herr seiner Zeit und König seiner Stunden. Das ist das Pa-

radies, er nickte sich zu, Herr seiner Zeit und König seiner Stunden!

Erinnerungen kamen. Einmal hatte er mit einer 13. Klasse den Text aus den »Gesprächen in Tusculum« gelesen, wo Cicero erzählt, wie Pythagoras einmal nach Phleius auf der Peloponnes kam und eine Audienz bei Leon, dem König von Phleius, hatte. Der König habe, erzählt Cicero, dem berühmten Pythagoras seine Bewunderung ausgedrückt und habe ihn gefragt, was für eine Kunst oder Wissenschaft er denn eigentlich betreibe. Pythagoras antwortete, er betreibe eigentlich keine Kunst oder Wissenschaft, er sei nur Philosoph. Was ist denn das? fragte Leon verwundert, denn er hatte das Wort noch nie gehört. Pythagoras nahm einen kleinen Schluck Wein aus dem goldenen Becher, den man ihm auf dem Marmortischchen vor seinem Sessel serviert hatte, und blickte durch die offenen Doppeltüren hinaus auf das veilchenfarbene Meer, nicht ohne sich bei diesem Anblick einer Homerstelle zu erinnern. Die Sonne ging eben unter und mischte purpurnes Rot in die dunkelnden Fluten. Das Leben der Menschen, sagte Pythagoras, dem Naturschauspiel mehr zugewandt als dem König, der auf erhöhtem Thronsessel an der Stirnseite des Saales ruhte, gleiche dem Fest in Olympia, wohin ganz Griechenland ströme. Die einen gingen hin, um im Wettkampf Kranz und Sieg zu erringen, andere zögen nach Olympia, um Geschäfte zu tätigen, eine dritte Gruppe von Menschen aber sei des Schauens wegen gekommen. So strebten auch im Leben die einen nach Ruhm, die andern nach Gold, und dann gebe es noch die, die das alles verachteten und nur auf die Natur der Dinge schauten, um sie zu erkennen. Diese nenne er Philosophen, Liebhaber der Weisheit. Und wie es in Olympia eines freien Mannes am würdigsten sei zu schauen, ohne an Beifall oder Erwerb zu denken, so rage auch im Leben die Betrachtung und Erkenntnis des Seins weit über alle anderen Beschäftigungen hinaus.

Der König war in Gedanken versunken. Es war ganz still im Saal. Die Nacht war hereingebrochen. Der Wein ist übrigens vorzüglich, sagte Pythagoras.

Grundlagenforschung, hatte ein Schüler gesagt, der meist die Initiative ergriff, wenn sie Texte diskutierten, Grundlagenforschung, schön und gut, das brauchen wir, aber das ist doch nicht alles, das gehört doch in einen gesellschaftlichen Rahmen hinein, der Mensch ist doch ein Zoon politikon, ein gesellschaftliches Wesen!

Eigentlich, hatte ihm ein anderer beigepflichtet, ein eher stiller Junge, eigentlich ist das ein ganz schöner Egozentrismus. Das ist schon Narzismus. Man zieht sich in sein Kämmerlein zurück und betrachtet seinen Nabel. Und je länger man auf seinen Nabel schaut, desto mehr sieht man ein, was für einen schönen Nabel man doch hat, und dass das ganze Glück in dieser Nabelschau besteht.

Lambert hätte einwenden können, dass es ja hier um die Betrachtung der Dinge gehe, nicht um Selbstbetrachtung, aber er ließ sie einfach mal reden.

Wenn es sich auch, schaltete wieder ein anderer sich ein, wirklich um naturwissenschaftliche Forschung handelt, nehmen wir das einmal an, also wenn dieser reine Forscher etwas tut, was der Menschheit in der Folge nützt, so kann man heute doch nicht mehr billigen, dass einer sich auf die Position des reinen Wissenschaftlers zurückzieht, ohne sich im Geringsten darum zu kümmern, was bei seiner Forschung herauskommt. Die Unschuld der Forschung ist verloren gegangen. Seit dem Bau der Atombombe sind die Naturforscher keine Unschuldsengel mehr, auch wenn sie noch so sehr beteuern, sich nur der Betrachtung der Dinge widmen zu wollen. Sie können sich ihre Hände nicht mehr in Unschuld waschen, das Wasser der Unschuld ist verschmutzt. Die Atombombe ist ja nicht vom Himmel gefallen, das heißt, leider ist sie doch vom Himmel gefallen, aber von einem

Himmel, den die unschuldigen Forscher und reinen Betrachter der Natur der Dinge durch ihre Verantwortungslosigkeit preisgegeben hatten. Sie haben die Erde und den Himmel den Tätern überlassen. Und das haben wir ja gesehen, was die machen.

Die Schüler ließen Pythagoras und die Philosophen und die reine Liebe zur Weisheit nicht gelten. Menschenfreunde, sagte einer, brauchen wir, keine Freunde der Weisheit. Lambert versuchte die Philosophen zu verteidigen, indem er argumentierte, man müsse sich doch erst um reine Erkenntnis bemühen, bevor man handelnd auf die Welt einzuwirken befähigt sei, aber sie plädierten unbeeindruckt für das moralisch richtige Handeln, für die Fokussierung auf den Menschen, für eine gesellschaftliche Erneuerung, hic et nunc, das sei das Gebot der Stunde.

Lambert wurde von ihnen angesteckt, das bleibt ja nicht aus, Schüler sind kontagiös, es war die Zeit um 68, auch in der Provinz gärte und brodelte es. Eine ganz neue Generation von Schülern wuchs da heran, die ließen sich kein X für ein U vormachen, die diskutierten auf »Deuwel komm raus« und bezogen ihre revolutionären Positionen. Er wurde für einige Zeit an seiner abgeklärten Lebensweise irre und fiel gelegentlich in trübe Stimmungen. Während er im Klassenzimmer Cicero las und Gedichte interpretierte, spielte sich das wirkliche Leben draußen ab, es ging an ihm vorbei.

Er bewarb sich für den Auslandsschuldienst.

Der Wein ist übrigens vorzüglich, sagte Lambert und blickte durch die geöffnete Balkontür in die stille Nacht hinaus. Niemand antwortete. Auch gut!

Der nächste Tag war ein Sonntag und ein strahlend blauer Tag dazu. Lambert fuhr auf einem strahlend weißen Ausflugsschiff den Fluss hinunter, dem Meer, dem Pazifik zu. Er saß am Oberdeck auf einer Bank, über deren Lehne er die Arme nach beiden Seiten ausgebreitet hatte, bot sein zurückgeneigtes Gesicht der Sonne und ließ es vom leichten Meerwind kühlen.

»Sonne leuchte mir ins Herz hinein, Wind verweh mir Sorgen und Beschwerden!« Er summte das Lied mit dem Hesse-Text vor sich hin.

Wo der Fluss ins Meer mündete, rundete sich die Küste zu mehreren Buchten, denen kleine Inseln vorgelagert waren. Sie liefen in den Hafen von Corral ein, das Schiff wurde mit starken Tauen am Ufer befestigt, ein Steg wurde herangeschoben, die Ausflügler gingen an Land. Der Hafen war durch ein kleines Fort aus den Zeiten der Spanier geschützt. Die durch die Zinnen der Festungsmauern geschobenen gusseisernen Rohre der Kanonen bedrohten nur noch längst versunkene Angreifer. Lambert lehnte sich an eine Kanone und sah aufs Meer hinaus. Das Meer funkelte und gleißte und ließ hinter den Inseln seine ungeheure Weite lockend ahnen. Am Stillen Ozean. Als er damals Karl May las, war kein Gedanke daran, dass er eines Tages hier stehen könnte. Nur der Sehnsucht zugängliche Traumwelten. Buch- und Herzenslandschaften. Da war der Weg nach Indien, den Kolumbus gesucht hatte. Und er stand hier und sah auf dieses Meer hinaus, als sei es die natürlichste Sache der Welt. Hätte man ihm vor einigen Jahren, wenn er in seinem kleinen Arbeitszimmer im Haus seiner Eltern der täglichen Routine des Korrigierens oder der Vorbereitung auf den Unterricht oblag, gesagt, er werde eines schönen Tages von den geborstenen Mauern eines spanischen Forts auf die Buchten und Inseln und die unbegrenzte Weite des in der Sonne glitzernden Pazifik hinausschauen, dann hätte er den Blick von der Klassenarbeitskorrektur gehoben oder ihn von der in herbstlichem Blau verschwimmenden Silhouette der kleinen Stadt da draußen gelöst und lächelnd den Kopf geschüttelt: Das gibt's nicht! Die Bedingungen seines Lebens hatten sich in einer Weise verfestigt, dass ein Wechsel kaum noch vorstellbar war. Gesicherte Lebensverhältnisse, die von einem geachteten Beruf und einem glücklichen Familienleben und festen Freundschaften geprägt waren. So wie ein einfacher, fast vorbestimmter Weg dazu geführt hatte, so schien auch ihre Dauer klar und vorhersehbar.

Wenn Lambert beim Lesen auf plötzliche Veränderungen im Leben der Personen stieß, wenn der Held der Erzählung zum Beispiel auf Menschen traf, die aufgrund weiter Reisen eine Fülle von Welt in die Gespräche einbrachten, so dass der Protagonist sich unangenehm berührt fühlte von dem Fremden, das auf sein Leben einzuwirken trachtete, oder wenn der Held gar durch schicksalhafte Fügung in eine fremde Welt versetzt wurde, in der er sich zu bewähren hatte, so war Lambert sich sicher, dass hier dichterische Erfindung den Gang der Ereignisse steuere, während das wahre Leben im Gleichmaß der Tage bestünde. Das Bekannte war die Macht, die das Leben bestimmte. Das Fremde lag jenseits der blauen Hügel, die um die kleine Stadt einen festen Horizont zogen, an dem man sich orientieren konnte. Das Fremde oder auch die Fremde, das war ein Abenteuerroman. Karl May. Es kam in der Realität nicht vor. Es kam für einen nicht infrage. Ihm war das Gleichmaß der Tage gemäß, das durch seine bisherige Dauer sich als zuverlässig erwiesen hatte und durch seine unveränderlichen Inhalte ein zwar kleines, aber konstantes Glück verbürgte. Lambert war damals durchaus zufrieden, wenn auch gelegentliche Zweifel einfielen und die Glückskonstanten infrage stellten. Er geriet in einen Zustand unbestimmten Wartens, der ihm nur manchmal deutlich bewusst wurde, wenn er sich in bestimmten Stunden sagte, dass das unmöglich alles gewesen sein konnte. Er setzte sich abends wieder an die wissenschaftliche Arbeit, die er vor längerer Zeit begonnen hatte. Er musste etwas tun, was außerhalb der Routine des täglichen Lebens lag. Wenn es gut lief, stieg ein Hochgefühl auf, so dass er ins Träumen geriet und an eine wissenschaftliche Karriere glaubte, die ihn von hier fortführen könnte.

Was willst du denn, sagte seine Mutter, du hast doch alles, was du willst. Du musst dem Herrgott dankbar sein für alles, was er dir gegeben hat.

Und jetzt stand er in dieser kleinen Stadt am Meer, »fünftausend Meilen von zuhaus«.

Auf einem kleinen Hügel innerhalb der Verteidigungsanlagen verrenkte ein eisgrauer, halb demütig sich duckender und halb trotzig aufbegehrender Feigenbaum die Glieder im endlosen Kampf mit dem Meerwind. Eine alte Indianerin, grau wie die Rinde des Baumes, stand in seinem Schatten. Als die Gruppe der Touristen sich näherte, erhob sie einen eintönigen Gesang. Mit zahnlosem Mund sang sie, sprach sie eher eine Weise in einer fremden Sprache. Ich bin eine Mapuche, sagte sie, ich heiße Maria Nieve. Sie streckte einen mumienhaften Arm aus und nahm in der Höhlung der Hand die Geldstücke entgegen. Möge es Ihnen gut gehen, Señor! Lambert ging an der Seite einer der blau gekleideten Hostessen zum Schiff zurück. Sie habe Tourismus studiert, erzählte das Mädchen, aber wenn die Saison vorbei sei, sei sie wieder ohne Arbeit. Was sie dann mache? Sie zuckte die Schultern. Man müsse sehen. Vielleicht finde sich etwas. Oder sie gehe zu ihren Eltern zurück.

Das Schiff fuhr stromaufwärts nach Valverde zurück. Wälder traten bis dicht ans Ufer heran, eine kleine Insel mit sandigem Bootsplatz lag mitten im Fluss, später standen ein paar Hütten am Ufer, aus denen Rauch stieg. Man fuhr an einem beim Erdbeben untergegangenen Schiff vorüber, dessen verrostetes Heck aus dem Wasser ragte. Es gab eine Vespermahlzeit, die die blauen Hostessen auftrugen. Wir nehmen die Once, sagte die Familie, die mit Lambert am Tisch saß. Der Vater klärte Lambert auf, was es mit dem Wort Once auf sich habe. Die spanischen Mönche früher hätten um diese Tageszeit einen Schnaps getrunken, einen aguardiente, aber sie wollten das Wort Schnaps nicht aussprechen, um nicht in schlechten Ruf zu kommen, also sagten sie, sie nähmen die Elf, die Once, weil aguardiente elf Buchstaben hat.

Ganz schön schlau die Mönche, nicht?, sagte der Vater lachend.

# VII

Die Tage gingen dahin. Die Schule hatte einen festen Rhythmus entwickelt, dem er sich angepasst hatte. Mit den Klassen kam er gut zurecht, die Kinder waren wirklich lieb. Sie lächelten ihm am Morgen in den hohen, hölzernen Klassenzimmern entgegen, lauter freundliche Wesen, ohne Arg einer Welt zugewandt, die sorgfältig für sie präpariert war und von der alles, was Sorgen und Angst hervorrufen könnte, mit liebevoller Fürsorge ferngehalten wurde. Den Wochenmarkt vor der Schule hatte man entfernen lassen, damit die Kinder keine schlechten Wörter hören. Nicht dass sie in glänzenden Verhältnissen gelebt hätten, wie Lambert anfänglich geglaubt hatte. Die Eltern gehörten meist dem Mittelstand an und brachten das Schulgeld nicht ohne Mühe auf, aber ein geheimnisvoller Glanz von Zufriedenheit lag über dieser Welt. Denn die Welt war im Wesentlichen gut so, wie sie war. Vielleicht war es nicht die beste aller Welten, sicher nicht, es gibt immer etwas, was nicht so ist, wie es sein sollte, nicht wahr, aber das ist ja überall so, es gibt auf dieser Welt eben nichts Vollkommenes. Auf seinem Pult stand am Montagmorgen eine kleine Flasche, aus der an weichen, grünen Gewinden die roten Glocken der Copihue herabhingen. Unsere Nationalblume, sagte Kiki, wir haben sie Ihnen vom Campo mitgebracht. Lauter Kosenamen: Kiki, Kuki, Pati oder Elenita, Laurita, Anita. Zutraulich wie junge Hunde. Sie blickten mit glänzenden, rehbraunen Augen in eine Welt, deren Gutartigkeit ihnen gegenüber sie sich sicher waren. Das Böse gab es nur wie im Märchen. Es könnte einem begegnen wie der Wolf dem Rotkäppchen, aber diese Begegnung würde garantiert mit dem Triumph des Oberförsters enden, der zu ihrem Schutz vorbeikäme. Sie sprachen ein altertümliches, reizvoll verfremdetes Deutsch, das die deutschstämmigen Familien seit der Einwanderungszeit einerseits rigoros konserviert und andererseits doch speziell verändert und dem Spanischen angepasst hatten. Die ersten Generationen hatten unbeugsam auf deutscher Art und deutscher Sitte beharrt. Sie hatten nur Deutsch miteinander gesprochen, es gab Leute, die ein ganzes Leben lang im Land lebten und nie Spanisch sprachen, ja sich weigerten, es zu lernen. Die Eltern achteten darauf, dass die Kinder am Mittagstisch nur Deutsch sprachen, in der Schule wurden die Kinder bestraft, die sich spanisch unterhielten.

Die Erfolge der deutschen Kolonisten festigten ihr Selbstbewusstsein. Die Deutschen waren die tüchtigeren Landsleute. Sie rodeten den Urwald, schufen ausgedehnte Weide- und Ackerflächen und kapitulierten nicht vor Regen, Erdbeben und Indianern. Sie verheirateten ihre Töchter und Söhne untereinander und feierten deutsche Feste mit selbstgebrautem deutschen Bier. Sie sangen die alten deutschen Lieder und dichteten neue, die ihr neues Heimatland priesen:

»Wo einst durch Urwalds stille Gauen der Axthieb unserer Väter klang und jetzt auf sonnig grünen Auen schallt deutscher Laut und deutscher Sang, dies Land, wo ich viel Liebe fand, ich nenn es stolz mein Heimatland.«

Lambert blätterte weiter, das Buch hieß: Mein Heimatland. Es war eigenartig, dieses ferne, exotische Land als deutsche Heimat beschrieben zu sehen. Lambert hatte das Buch im Schulkeller gefunden. Da lagen alte deutsche Lesebücher, Klassikerbände, alles Mögliche an deutscher Literatur. Auch die UP-Zeit hatte ihre deutschen Spuren hinterlassen, damals hatte man Brecht und Seghers gelesen.

Der Urwald wurde besiegt, las Lambert, immer neue Kolonisten kamen. Es gibt wohl kaum ein Tal der Kordillere, kaum ein Seeufer hier, wo nicht Menschen deutscher Abstammung zu finden sind, behauptete stolz der Verfasser.

Lambert lauschte gern dem Deutsch der älteren Leute, es war ein Deutsch wie aus den Lesebüchern der Kaiser-Wilhelm-Zeit. Sie rechneten Reichtum in Talern aus, bedauerten, dass eine Sache nicht funkte, erinnerten bestimmte Begebenheiten ohne Reflexivpronomen und mit Akkusativobjekt und sagten »Mit Erlaubnis«, wenn sie an einem vorbeiwollten. Die Sprache der Kinder war entschieden mehr geprägt von wörtlichen Übersetzungen aus dem Spanischen, was ihrer Rede eine eigene Neuartigkeit und eine mitunter frische Originalität verlieh. Ihr souveräner Umgang mit deutscher Grammatik und Wortschatz brach keck in die Hörgewohnheiten dessen ein, der aus Deutschland daran gewöhnt war, dass in einem Gespräch gebrauchsfertig strukturierte Wendungen und Sätze hin- und hergeschoben wurden. Sie traten am Montagmorgen fröhlich auf ihn zu und fragten: Herr Lambert, wie sind Sie? Und dann waren sie kein bisschen verwundert, wenn er lächelnd antwortete: Danke, ich bin gut. Interessiert erkundigten sie sich: Wie hat Sie das Wochenende passiert? Wenn er für eine Gefälligkeit »Danke« sagte, erwiderten sie nicht »bitte«, sondern »nichts zu danken«, was in etwa der spanischen Redewendung entsprach. Sie berichteten freudig: Ich habe ihn gestern im Centro gesehen! Und wenn er fragte Wen? korrigierten sie sich verunsichert: Ihnen! Sie erzählten, dass sie am Wochenende auf dem campo waren, auf dem fundo von einer tia, und da hätten sie einen asado gemacht. Wenn sie die Hausaufgaben nicht vorzeigen konnten, war die empleada zu Hause schuld, die das Heft nicht in den bolson getan hatte. Fiel ihnen das deutsche Verb nicht ein, germanisierten sie das spanische mit der Endung -ieren, was in Fällen wie interessieren oder filtrieren ja anging, aber bei traduzieren und molestieren eben nicht mehr so recht funkte. Ganz unmöglich wurde es, wenn sie an das spanische Verb mit der Endung -ar die deutsche Infinitivendung hängten und somit Wörter wie trabajaren und konservaren fabricarten. Lambert wies sie ohne nennenswerten Erfolg auf das Grausliche ihres Tuns hin. Sie glaubten überdies, dass er sich an ihr »Launa«-Deutsch, wie es nach einem von Deutschen besiedeltem Tal in der Nähe der Stadt genannt wurde, akkomodiere, wenn er ihnen vom Deutschen her nicht vertraute Verben wie delegieren oder differenzieren gebrauchte.

An einem Sonntag war er von Schülereltern auf ihr Fundo eingeladen, wie sie die großen Landgüter nannten, die oft einige Tausend Hektar Weideland umfassten. Das große Haus war ganz aus Holz gebaut, weiß und rot gestrichen, schmuck anzusehen. Auf der Sonnenseite blühte üppig ein großer Blumengarten, in dem die Hausfrau deutsches Walten beispielhaft darstellte. Im Salon nahmen sie einen Pisco Sour. Das Getränk mit der Eierschaumhaube, unter der sich frischer Limonensaft mit herbem Traubendestillat zu einer kühlen Erfrischung vereinigte, ging jeder Mahlzeit voraus. Dann saßen sie auf der Terrasse und blickten über die ausgedehnten Weiden, auf denen eine Unzahl rotbunter Rinder graste. An einer durch Büsche geschützten Ecke des Hauses war ein Peon damit beschäftigt, den Asado vorzubereiten. Er schob einen mannslangen Spieß durch ein ziehharmonikaartig gefaltetes Rinderrippenstück und legte ihn der Länge nach über eine wie eine Wanne dastehende Öltonnenhälfte, in der ein Ulmenholzfeuer glühte. Ja, hier wird Fleisch gegessen, sagte der Hausherr, das sind andere Mengen als in Deutschland. Er schenkte dem abwehrenden Lambert aus dem Krug Pisco nach. Trinken Sie nur, das ist gesund! Ja, aber ich spür ihn schon, sagte Lambert.

Hartung war nach dem Krieg hierher gekommen. Er hatte in Deutschland Landwirtschaft studiert, in Gießen, sagte er. Seinen Besitz hier hatte er durch die Heirat mit der Tochter eines reichen Fundista erworben. Daraus machte er keinen Hehl. Das Gespräch kam wieder einmal auf die UP-Zeit. Die Gespräche mit den Deutschstämmigen hier führten immer einmal in die Zeit der Unidad Popular, der Volksfront. Wir mussten Wachen aufstellen, erzählte Hartung, damit sie unser Land nicht einfach besetzten. Man hörte etwas, wo eine Landnahme geplant war, und dann musste man mit Freunden und Verwandten und Nachbarn auf dem Posten sein. Alle bewaffnet natürlich. Und nächtelang, denn das spielte sich ja immer nachts ab, am Tag hatten die keinen Mut. Trotzdem, sagte er, hätten sie ihm durch Gesetz ein gutes Stück Land enteignet. Das sei dann verteilt worden, aber die hätten nichts damit anfangen können. Es sei eben nicht genug, dass man den Leuten Land gebe. Wenn es an Geld und vor allem an Kenntnissen fehle, könne man das Land nicht bewirtschaften. Die Regierung habe damals Saatkartoffeln und auch Vieh verteilt, das hätten die Leute alles aufgegessen. So ist das, sagte er, die können das nicht, die haben das nie gelernt. Dazu kommt noch, dass sie faul sind. Du musst ihnen sagen, was sie machen sollen, und dann musst du aufpassen, dass sie es machen, sonst funkt es nicht. Usted manda! sagt der Peon, Sie sind der Boss! Er goss Lambert, der vergeblich protestierte, Pisco nach und füllte auch sein eigenes Glas wieder. Sein Schwiegervater, erzählte er, habe auf seinem Fundo eine kleine Schule eingerichtet, für die Kinder seiner Landarbeiter, sie sollten lesen und schreiben und rechnen lernen. Sehr sozial gedacht, sagte Lambert anerkennend. Nicht wahr? sagte Hartung. Er hatte extra eine Lehrerin angestellt. Aber es ging nicht lang gut. Die Kinder sind mal gekommen, mal nicht gekommen, zu spät sind sie immer gekommen. Was soll ich Ihnen viel erzählen, die Lehrerin hat das nicht ausgehalten und ist fortgelaufen.

Dann saßen sie an einem langen Tisch im Esszimmer, die blonden Köpfe der Töchter leuchteten im einfallenden Sonnenlicht, eine Kuckucksuhr rief, aus dem Kassettenrekorder erklangen deutsche Volkslieder.

»In einem kühlen Grunde.«

Die dampfenden Bratenstücke wurden von den Küchenmädchen auf großen Platten hereingetragen, die Mädchen gingen herum und schenkten Rotwein ein.

Lambert fühlte sich wohl und genoss die großzügige deutsche Gastfreundschaft.

# VIII

Lambert hatte immer noch kein Haus gefunden. Seine Familie würde bald aus Deutschland kommen, Eile war geboten. Einmal hatte er mit Lautaro, einem der Kollegen, ein Haus in den Außenbezirken besichtigt. Sie traten von der Straße gleich ins Wohnzimmer. Das Zimmer hatte keine eigene Decke, man sah zum wellblechgedeckten Dach empor. Eine Treppe führte zu den Zimmern des zweiten Stockwerks hinauf, die rings von einer kleinen Galerie aus abgingen. In der Mitte des Wohnzimmers unten stand ein eiserner Ofen, sein Rohr führte geradewegs nach oben zum Dach hinaus.

Das ist kein Haus für Sie, in einem solchen Viertel können Sie nicht wohnen, sagte Resch, als er ihm davon erzählte. Da wird eingebrochen, da wird gestohlen, sie werden ihres Lebens nicht mehr froh. Er habe, sagte er, im Club schon ein paar Leute angesprochen, man werde etwas finden, die Freunde aus dem Club...

Sie werden sehen, er klopfte Lambert beruhigend auf die Schulter.

Unterdessen zog Lambert aus dem Hotel aus, das ihm auf die Dauer zu teuer wurde, und nahm das Angebot einer Kollegin an, die eine kleine Pension betrieb. Er verstaute seine Sachen in den sechs Koffern, mit denen er gekommen war, und brachte alles mit einem Taxi hin. Das weiße Steinhaus lag, umgeben von alten Bäumen, auf einer kleinen Anhöhe am Fluss. Lambert trat in sein neues Zimmer ein, die hohen Wände strömten Feuchtigkeit und Kühle aus. Auf dem Schreibtisch stand eine Vase mit Copihues, an der eine

Karte mit den Worten lehnte: Herzlich willkommen! Durch das Fenster sah man hinter dem Rasen und zwischen den Kastanienbäumen den Fluss blau dahinziehen. Er machte den Elektroofen an und begann seine Sachen auszuräumen.

Am nächsten Morgen klopfte es, und die Hausherrin trat mit einem Blumenstrauß und einer Flasche Wein ins Zimmer und gratulierte ihm zum Geburtstag. Woher sie denn das wisse? Sie lächelte: Ein Vögelchen habe ihr was erzählt. Sie hieß Elena und lebte von ihrem Mann getrennt. Sie leitete die Volkstanzgruppe, die die festlichen Veranstaltungen der Schule mit deutschen Tänzen und Liedern zierte. Die Mädchen trugen dabei Dirndl und die Jungen Lederhosen und karierte Hemden. Seit Lambert ihr gesagt hatte, wie schön er solche Darbietungen finde, war sie ihm gewogen.

Sie lud ihn zu einer Once für den Nachmittag ein: Wir müssen doch Ihren Geburtstag feiern! Am Nachmittag erschienen außerdem drei alte Damen, die aussahen wie die abendlichen Kirchgängerinnen in St. Vahlen. Das spärlicher gewordene Haar war zu Dauerwellen verfestlicht. Ihre Blusen und Westen hielten sich im anständigen braun-beigen Farbbereich. Es waren die Mutter und die beiden Tanten der Hausfrau und sie gratulierten Lambert mit Wein und Konfekt. Man trank Kaffee und es gab selbstgebackenen deutschen Kuchen und dann Ananassekt und Schnittchen und die Damen wurden immer fröhlicher, je mehr sie von dem süßen Ananassekt kosteten. Ihre deutschen Erzählungen von vergangenen Zeiten wurden mit spanischen Wörtern und Wendungen liebevoll dekoriert. Ach, was waren das doch für Feste damals! Oye, weißt du noch, der Asado auf dem Fundo von Rudolfo Kunstmann, das war doch in dem heißen Sommer, war das nicht 57? Fijate, wir hatten doch alle von dem Ponche getrunken, und Monika Haberkorn legte sich unter einen Strauch und schlief ein, und wir suchten sie alle, und dann holten die Männer die Gewehre und schossen auf Flaschen, und Ricardo Westermeier wurde Schützenkönig, und er konnte sich kaum noch auf den Beinen halten, so voll war er. Sie zwitscherten wie die Vögel durcheinander, die alten Damen, sie wurden wieder jung und ausgelassen, je mehr sie von früher erzählten und je mehr Ananassekt sie tranken, und eine gebrauchte auf einmal das Wort »vögeln«, und als alle lachten, sagte sie es noch einmal und die alten Damen hatten einen Riesenspaß.

Lambert aß Schnittchen und hörte den alten Damen zu, die sich an amigas und amigos erinnerten, er trank den süßen Sekt, in dem kleine Ananasstückchen schwammen, es wurde ihm immer unwirklicher zumute, wie er dasaß und den Geschichten dieser alten Damen zuhörte, von den warmen Sommern an den Seen, von den Temporales im Spätherbst und natürlich wurde auch wieder vom Erdbeben erzählt, von der verwüsteten Stadt und wie einer dem andern geholfen hat damals. All die Namen aus einem langen Leben oder aus drei langen Leben, und der ist ja dann gestorben und die lebt jetzt in Concepcion, ach das ist jetzt alles schon so lange her, aber es war doch schön. Lambert fühlte plötzlich eine Traurigkeit aufsteigen vor diesen alten Damen, die ihr Leben beschworen, als solle er daran teilhaben, aber er fühlte sich ganz fremd, und die Frauen erschienen ihm auch alle irgendwie heimatlos, so als müssten sie in der Fremde sterben, wie wenn man liest, dass die Schiffe der Weltumsegler in einem fernen Hafen liegen, und dann stirbt einer und man legt ihn in die fremde Erde. Die Weite des Landes, die Regenfälle, die Ritte zu den Fundos, und am Nachmittag das Sitzen in den hohen Zimmern und der Blick auf die Bäume und über die Wiesen hin, Einsamkeit. Das war für sie natürlich alles anders, sie hatten ihre Familien hier und ihre Freunde und Freundinnen, und sie waren durch ihre Kindheit fest mit diesem Land verbunden, das jetzt ihr Land war. Die Natur war den Menschen hart und feindlich entgegengetreten und die Menschen hatten Tatkraft und Härte aufbieten müssen, um sie sich dienstbar zu machen und zu ihrer Heimat zu machen. Und er gehörte nicht zu diesem Land, das andere Menschen erforderte, als er einer war und je sein würde.

Als die alten Damen lachend und leicht schwankend und mit Küsschen auf die geröteten Wangen gegangen waren und Elena das Abendessen für die anderen Pensionsgäste vorbereitete, war Lambert allein in seinem Zimmer mit seinem Geburtstag und der Geburtstagsstimmung, die die fröhlichen alten Damen in ihm angerichtet hatten. Er fühlte sich wie der alte Cook in einem fremden Kontinent, den er zwar mehr oder weniger entdeckt hat, der ihn aber überhaupt nichts angeht. Fern von denen, die ihn liebten. Wie hieß es noch in jener alten Ode?

»Ihr, die ihr mich ferne liebt, in des Vaterlands Schoß, einsam von mir, verstreut.«

Ja, des Vaterlands Schoß. Man sollte sich nicht von dem guten, alten Europa entfernen. Nicht von seinen Menschen und nicht von seinem Geist.

Ultra leones, wie auf den alten Landkarten stand. Jenseits davon gibt es Löwen.

Sicher waren die alten Damen keine Löwinnen, die ihn verschlingen wollten, aber sie hatten ihm die ganze Fremdheit dieses Landes, zu dem er nicht gehörte, beschworen. Und wer weiß, was für Löwen darin herumgingen und gefährlich waren und mit welchen Zaubersprüchen man sich schützen musste, wenn man nicht verschlungen werden wollte.

# IX

Das Haus von Jorge und Eliana lag in einer kleinen Straße, die zum Fluss führte. In dieser Gegend waren die Straßen nicht mehr asphaltiert, sondern wanden sich durch das Viertel unter einer lehmig-sandigen Decke, die von den Rädern der Pferdekarren gemustert war. Pfützen mit schlammigem Wasser spiegelten den Abendhimmel. Das Haus war klein, gewann aber durch den Vergleich mit den Hütten ringsum. Man musste an die Tür klopfen. Eliana öffnete, rief Holá und hielt die Wange zum Begrüßungskuss hin. Lambert trat von der Straße direkt in das kleine Wohnzimmer, wo der Abendtisch bereits gedeckt war. Er begrüßte Jorge und neigte sich zur Wange der Kindergärtnerin Anke hinab, die in einem Sessel am Ofen saß. Sie lächelte aus hellem, von schwarzem, ägyptisch geschnittenem Haar, dachte er, umrahmtem Gesicht zu ihm auf und sagte: Man sieht dich gar nicht mehr. Viel zu tun, antwortete er mit bedauerndem Lächeln. Das Hausmädchen erschien mit einem Tablett, auf dem eine Reihe von mit Pisco Sour schaumig gefüllten Gläsern Abend und Mahl freundlich einläutete. Es gab ein Muschelgericht, eine Art Brei, mit fleischigen Muschelstückchen durchsetzt, der in Tonschalen serviert wurde. Chupe de locos, sagte Eliana, von Jorge selbst gekocht. Sie lobten es. Jorge erklärte gern und ausführlich die Zubereitung.

Lambert war Jorge bei einem Gespräch über Literatur nähergekommen. Sie hatten zusammen Aufsicht und wandelten auf dem Schulhof auf und ab. Es zeigte sich, dass Jorge an Literatur in einer Weise interessiert war, wie Lambert sie hier noch nicht angetroffen hatte. Jorge verfügte nicht einfach so über literarische Kenntnisse, wie sie sich jemand zulegt, um sich damit zu schmücken, es war ein lebendiges Interesse, Literatur war offenbar etwas, das eine Bedeutung für sein reales Leben hatte.

An diesem Abend sprachen sie zunächst über die Schule. Jorge erteilte Werkunterricht. Lambert konnte sich darunter nichts so richtig vorstellen. Jorge offenbar auch nicht. Es sind nur sechs Stunden, sagte er. Wir hämmern da so ein bisschen rum.

Das Geld verdiente Eliana. Sie hatte an der Grundschule eine jornada completa, einen vollen Stundenplan von 36 Stunden. Ganz schön viel, sagte Lambert. Es sind nicht alles Unterrichtsstunden, sagte Eliana, vier Stunden rechnen sie dir für Klassenlehrertätigkeit an. Trotzdem, sagte Lambert. Es gibt Kollegen, sagte Jorge, die sind an drei, vier colegios beschäftigt. Die kommen auf 60 bis 70 Stunden in der Woche. Wenn du dein Haus abbezahlen musst oder dir vielleicht sogar ein kleines Auto leisten willst, dann geht es gar nicht anders.

Anke dachte daran, nach Deutschland zurückzukehren. Sie machte sich Gedanken, ob sie in Deutschland einen Job finden werde. Das ist ja alles nicht mehr so einfach, sagte sie. Es gibt immer weniger Kinder in Deutschland. Und deinen Vertrag hier verlängern willst du nicht? fragte Lambert. Ich glaub nicht, sagte sie, dann findet man nachher gar keinen Anschluss mehr in Deutschland. Du musst hier heiraten, empfahl Eliana. Ach, das sind doch alles Machos, sagte Anke.

Das Mädchen stellte Kaffeetassen, heißes Wasser und die Dose mit Pulverkaffee auf den Tisch.

Ich hab gehört, du spielst in einer Telenovela mit, sagte Anke. Jorge lachte. Ich spiele einen Kellner, sagte er, und ich sage: Möchten Sie Tee oder Kaffee? Das ist der ganze Text. Er kannte den Regisseur von früher. Früher konnte man noch Theater machen! sagte er. In der UP-Zeit hatte er in der Hauptstadt Theater gespielt. Man konnte alles spielen, man konnte alles sagen auf der Bühne, sagte er. Ach, das waren Zeiten. Un lindo pais socialista. Er summte eine Melodie.

Zum ersten Mal hörte Lambert jemand gut über die Zeit der Volksfront-Regierung sprechen. Er freute sich, über Theater und Literatur mit jemand sprechen zu können, dem das ein Anliegen war. Er hatte es schon nicht mehr für möglich gehalten, hier mit jemand über Literatur sprechen zu können. In sein Tagebuch hatte er notiert: Unter Barbaren! Er hatte dabei an den Dichter Ovid gedacht, der damals vom Kaiser Augustus aus Rom ans Schwarze Meer verbannt worden war.

Es sind schlechte Zeiten fürs Theater, sagte Jorge, schlechte Zeiten für Gedichte. Gedichte haben eine gesellschaftliche Funktion, sagte er, sie müssen auf Missstände aufmerksam machen. Aber mach das mal und lass es drucken! Wenn es überhaupt jemand druckt. Da wäre dann aber die Polizei nachts an deiner Tür. Von wegen Dichter. Dann bist du ein gottverdammter Kommunist und kommst wegen subversiver Tätigkeit hinter Schloss und Riegel.

Jorge stand auf und kam mit einem schmalen Bändchen zurück. Wörter, die nicht mehr in Gebrauch sind, las Lambert auf dem handgebundenen Büchlein. Es waren kurze Gedichte, mit der Maschine geschrieben. Lies uns doch was vor! sagte Lambert. Wenn es regnet im Juli, las Jorge mit rauer Stimme, trage ich Sorge um den Wald meiner Kindheit. Es ist ein Wald, aus dem ich keine Brombeeren und keine Murta-Beeren mit nach Hause brachte, aus dem ich jetzt herauszukommen trachte, nass vom Regen.

Lambert fühlte sich plötzlich heimisch und wohl in diesem kleinen Zimmer, wo der eiserne Ofen Wärme und Holzgeruch verströmte und die spanischen Worte der Gedichte melodisch verklangen und ein Sinn auftauchte, den man nicht verfolgte, weil er gleich wieder verschwand und nur noch die Worte klangen und man dem dunklen Ton der Worte nachlauschte, der das Zimmer füllte und die Seele berührte, so dass man sich sagte: Hier ist gut sein. Auch hier sind Götter.

Und wer der Dichtung Stimme nicht vernimmt, zitierte Lambert gut gelaunt durch Wein und Verse, als er mit Anke durch die sternenklare Nacht nach Hause ging, ist ein Barbar, er sei auch, wer er sei. Sie gingen den lehmigen Weg entlang, wo rechts und links in unregelmäßigen Abständen Hütten aus Holz und Wellblech standen, zwischen denen ab und zu ein kleines, fester gefügtes Haus auf bürgerlichen Aufstieg sann.

Man könnte es auch so variieren, sagte er, und wo der Dichtung Stimme nicht erklingt, da ist Barbarenland, es sei auch, wo es sei. Deswegen, sagte er, bin ich richtig froh, dass Jorge heute Abend seine Gedichte vorgelesen hat. Die Kindergärtnerin wandte ein, dass Dichtung zwar ein Teil der Kultur sei, dass aber Kultur vor allem Menschlichkeit bedeute, die sich in Verhaltensweisen wie Liebe, Freundschaft, Hilfsbereitschaft, Toleranz zeige. Einverstanden, sagte Lambert, Kultur ist Menschlichkeit, mit all den Werten, die du da genannt hast, okay, stell ich nicht infrage, aber ich wollte auch gar nicht sagen, dass Dichtung dazu bestimmt ist, in Form eines memorialen Besitzes an geflügelten Worten den Menschen als gebildet auszuweisen, ich meine es gerade so, dass die Dichtung Träger all dieser von dir genannten Werte ist und sie prägt und fördert. Man liest nicht, um zitieren zu können, sondern um menschlicher zu werden, also toleranter, edelmütiger, solidarischer. Horaz erzählt in seiner Ode über die Dichtkunst, wie Orpheus die Menschen, als sie noch wie Tiere in den Wäldern hausten, durch der Dichtung Klang und Sinn von Bluttaten und Barbarei abbrachte.

Orpheus, fragte sie, ist das der mit der Eurydike? Genau der, antwortete Lambert. Trotzdem, sagte sie, es kann doch einer ein guter und edler Mensch sein, ohne dass er was von Dichtung versteht.

Wer wollte das bestreiten, stimmte Lambert zu.

Sie hatten sich dem Zentrum der Stadt genähert, die Straßen waren jetzt asphaltiert, es gab Bürgersteige, die mit Platten ausgelegt waren, die allerdings gelegentlich zerbrochen waren und tückische kleine Gruben bildeten. An einer Art Palisadenzaun blieben sie stehen. Hier wohne ich, sagte das Mädchen. Die dicht gefügten Latten ließen keinen Blick in den Garten durch, in dem das Häuschen lag, das sie mit einer Freundin bewohnte, wie sie sagte. Jetzt durch die Gartentür mit ihr treten, durch das feuchte Gras des verwilderten Gartens hinter ihr her gehen und sie dann in der Dunkelheit des Zimmers umarmen und sich auf dem schmalen Lager an sie schmiegen. In Wirklichkeit blieb nur nach dem ortsüblichen Abschiedskuss das Gefühl von zarter Wangenhaut auf der Lippe, der Duft ihres Parfüms in der Nase und die Einladung zum Kaffee für den nächsten Tag im Ohr.

Demzufolge stand er am nächsten Nachmittag wieder vor den weiß gestrichenen Palisaden und drückte auf die Klingel, die neben der in den Zaun eingelassenen Tür angebracht war. Die Kindergärtnerin öffnete lächelnd und war im hellen Nachmittagslicht, das die hohen Backenknochen hervortreten ließ, weniger reizvoll als in der bläulichen Luft der gestrigen Nacht. Aber das war beruhigend, und er ging ohne Herzklopfen und Zielvorstellungen durch das Gras hinter ihr her auf das kleine Holzhaus zu. Die rustikale Gemütlichkeit des Wohnzimmers, dessen blau gestrichene Lattenwände mit Mantas und Fajas behängt waren, kulminierte in einem festlich gedeckten Tisch, auf dem der Apfelkuchen duftete und eine Vase mit Gartenblumen leuchtete. Das Mädchen legte die Trufas, die er mitgebracht hatte, auf den Tisch.

Mmmm, sagte sie, aus der Confiteria Sur, die haben gute Sachen, danke. Er nahm sich einen Löffel Pulverkaffee aus der Dose, sie goss ihm heißes Wasser in die Tasse und legte ihm ein Stück Kuchen auf den Teller. Sie erzählte vom Kindergarten, wie Resch sich dafür eingesetzt habe, dass sie den Neubau bekämen und dass die Kindergärtnerinnen wie die Grundschullehrerinnen bezahlt würden, denn sie leisteten ja auch die gleiche Arbeit, habe Resch gesagt, ja vielleicht eine noch wichtigere, schließlich werde im Kindergarten das Fundament für die deutsche Sprache und die ganze schulische Ausbildung gelegt.

Ja, stimmte Lambert bei, er halte es auch für sehr sinnvoll, dass die deutsche Sprache schon im Kindergarten gelehrt und gelernt werde, die Kinder seien da noch total motiviert, zumal, wenn die Sprache spielerisch eingeübt werde, es könne da eine Neigung, ja Liebe zur deutschen Sprache geweckt werden, wie es vielleicht später nie mehr möglich sei.

Oh Gott, muss ich so daherreden? fragte er sich. Ich bin doch nicht hier als Fachleiter Deutsch! Sie erzählte denn auch prompt von dem neuen Lehrbuch, das eine Arbeitsgemeinschaft deutscher Kindergärtnerinnen in Concepcion unter Leitung des dortigen Fachberaters entwickelt habe, und wie gut man damit arbeiten könne, da es konsequent darauf angelegt sei, die Kommunikationsfähigkeit spielerisch aus Alltagssituationen zu entfalten.

Lambert verfolgte die Linie ihres schmalen, langen Halses bis zum Ausschnitt der blauleinenen Bluse. Sie trug die oberen Knöpfe geöffnet, aber die Bluse war so geschnitten, dass sie nicht viel Einblick bot, auch der Busen zeichnete sich kaum unter dem Stoff ab. Lambert fühlte sich nicht beunruhigt, er wurde richtig fröhlich, dass er so frei und unbekümmert dasitzen konnte. Anke schlug vor, sich noch ein bisschen raus in die Sonne zu setzen. Die letzten sonnigen Tage muss man genießen, sagte sie, es kann nicht mehr lange dauern, dann kommt der große Regen. Ist es wirklich so schlimm mit dem Regen? fragte Lambert. Oh ja, der kommt von allen Seiten, wenn es so richtig regnet. Das kannst du dir nicht vorstellen. Da kannst du keinen Schirm aufspannen. Wenn man über die Brücke zur Schule geht, da wird man vom Wind fast ins Wasser geweht. Und im Haus, da gibt es eine gotera nach der anderen. Da kannst du nichts machen als Dosen aufstellen. Lambert erfuhr, dass goteras die Löcher im Dach sind, durch die der Regen eindringt. Das müssen keine richtigen Löcher sein, sagte sie, Ritzen vielleicht, aber der Wind presst den Regen hinein, und die ganze Luft ist voller Wasser, und dann tropft es ins Zimmer, tropf, tropf, tropf, sagte sie, und wenn du die Ritze verstopfst, wenn das überhaupt geht, tropft es an einer anderen Stelle.

Aber noch war es sommerlich, und nach dem Kaffee saßen sie an einem sonnigen Platz im Garten zwischen Büschen und Bäumen und ließen die Sonne auf die bloße Haut scheinen. Anke trug jetzt über dem Rock das Oberteil eines Badeanzugs, dessen Körbchen sich nicht allzu prall spannten. Aber sie hatte schöne lange Beine auf einen Stuhl gelegt, sie schob den Rock bis zu den Oberschenkeln hoch, damit die Sonne letzte Hand an die reife Bräunung der Haut lege. Lambert setzte den entblößten Oberkörper, den sonnige Nachmittage auf dem Balkon seines Hotelzimmers gefärbt hatten, mit wohligem Gefühl der milden Wärme aus. Er dachte nicht an zu Hause. Ich denke nicht an zu Hause, dachte er, ich denke an nichts, was mit Verantwortung und Sorge verbunden ist, ich denke nicht an Eis und Winter und nicht an Schwierigkeiten, die weit dahinten in Europa liebe Menschen haben, an die ich jetzt nicht denke. Er schloss die Augen und hörte nur das beruhigende Klappern der Nadeln, die das Mädchen, einen Pullover strickend, betätigte, und ab und zu ein Autogeräusch von der Straße her. Da saßen sie und hatten nicht viel miteinander zu reden, aber es war eine schöne unbekümmerte Stunde in dieser angenehmen Wärme des Nachmittags und der Freundlichkeit des Gartens. Die Sträucher waren dicht gewachsen, alles ein bisschen verwildert und verwunschen. Das kleine Holzhaus in dieser Wildnis erinnerte ihn an den Film, den er neulich im Hotel gesehen hatte, la casita en la pradera, das kleine Haus in der Prärie. Ein glückliches, junges Paar in Amerika in einem Häuschen in der Prärie. Sie bebauen das Land, also er kümmert sich um Land und Vieh und sie macht den Haushalt, und am Abend liegen sie im Bett friedlich nebeneinander und sie erzählt ihm, was sie heute so alles gemacht hat und welche Probleme es gibt und was sie beunruhigt, und er ist müde und will schlafen und sagt: Mach dir keine Sorgen! Versuch zu schlafen!

Lambert schloss zufrieden die Augen, machte sich keine Sorgen und nickte fast ein wenig ein.

Als er am Abend im Bett lag und zu schlafen versuchte, fühlte sich aber dem eigenen Vorwurf ausgesetzt, dass er sich ziemlich blöd verhalten habe. Da hatte er nur einen Meter neben einer Frau gesessen, die ihm nackte braune Arme, Schultern, Beine bot, aber er hatte die Hand nicht ausgestreckt, wo »das Gute doch so nah lag«.

Eine Rokokoszene wie aus dem Bilderbuch, dachte er, »wo wir von Berg und Buchen umschlossen sind«. Der »Lustort« der Rokokozeit, genau so, wie die Dichter des 18. Jahrhunderts ihn beschreiben! Man musste nur die Hand nach der Schäferin oder Kindergärtnerin ausstrecken, aber dem törichten Schäfer fallen die Augen zu und er schläft ein. Das Mädchen seufzt und bedenkt die löbliche Zurückhaltung des Mannes mit den Worten: »Die Zucht, die ich an dir gesehen, wird billig von mir hochgeschätzt!« Klar, was will sie machen!

Sie erhebt sich und geht langsam von dannen oder von hinnen. Sie blickt noch einmal zurück, aber der schlafende Schäfer rührt sich nicht. »Sittsamer Schäfer, schlafe wohl!« sagt sie, während ein Lächeln resignierender Ironie ihren roten Mund umspielt. Wie nah Sittsamkeit und Blödheit doch zusammenliegen, dachte Lambert.

Nein, ich habe mich comme il faut verhalten, dachte er trotzig, ich hatte auch gar keine Lust, die Situation auszunutzen. Aber vielleicht hat sie ja wirklich darauf gewartet, dachte er, dass etwas passiert. Genau wie die Schäferin. Das wäre natürlich bitter. Es war ihm klar, dass er sich so verhalten hatte, wie er sich hatte verhalten müssen, nur ärgerte er sich, dass er sich so hatte verhalten müssen. Der sittsame Lehrer schläft überhaupt nicht wohl, dachte er gereizt. Er griff sich ein Playboy-Heft aus seinem Bestand von drei Exemplaren und kam schnell auf Gedanken und Gefühle, die er sich am Nachmittag versagt hatte.

Genau, dachte er, es war ein Versagen.

In der Nacht begann es zu regnen. Lambert hörte das Rauschen des Regens in den großen Bäumen, die um das Haus am Fluss standen, in dem er jetzt wohnte. Er empfand das Gefühl von Geborgenheit, das einem ein Bett bietet, wenn es draußen regnet. Er schmiegte sich ins Plumeau. Wärme, Wohlgefühl und wieder einsetzender Schlaf unter dem Geräusch des gleichmäßig strömenden Regens.

Der Regen fiel stetig und dicht, als er am Morgen zur Schule ging. Im Flur hinter der Eingangstür schüttelten Lehrer und Schüler ihre Umhänge und Schirme aus, einer der Mozos war ständig damit beschäftigt, die sich bildenden Wasserlachen aufzuwischen. Die Gänge des Colegios lagen im Halbdunkel.

Dann stand er in dem hohen Klassenraum vor den Schülern und führte das Präteritum der schwachen und starken Verben ein. Wenn er den Kopf zur Seite wandte, sah er auf die Rhododendronbüsche vor dem Fenster, die in der milchig-grauen Luft vor Nässe glänzten. Im Klassenzimmer breitete sich feuchte Kälte aus. Die Heizung bot eine Hintergrundtemperatur, die nur in unmittelbarer Nähe und mit viel gutem Willen als Wärme empfunden werden konnte.

Die Kinder taten sich schwer mit der Grammatik und machten es sich demzufolge leicht. Nachdem sie die Bildung des schwachen Präteritums begriffen hatten, entschieden sie sich grundsätzlich für diese einfachere Art der Vergangenheitsbewältigung und setzten neben »er lachte« und »wir sagten« »er kommte« und »wir singten«. Jeder versteht es, sagte Lambert, aber es ist falsch. Er erklärte die Sache mit der Präteritumbildung durch Ablaut noch einmal, mit dem Erfolg, dass die Fixesten ihm in den anschließenden Einsetzübungen »er kamte« und »wir sangten« »anboteten«. Oh Gott, womit hab ich das verdient! klagte Lambert theatralisch. Vielleicht geht es besser übers Ohr, dachte er. Sie müssen sich so an den Klang gewöhnen, dass ihnen falsche Formen vom Klang her unmöglich erscheinen. Es gibt ja tatsächlich ein Sprachgefühl auf akustischer Basis, so wie es eines gibt, das sich vom ästhetischen Geschmack leiten lässt. No me suena, sagten die Kinder manchmal, das klingt für mich nicht gut, und manchmal unterschieden sie so das Falsche vom Richtigen. Das musste allerdings nicht heißen, dass guter Klang und sprachliche Richtigkeit ohne Weiteres zusammenfanden. Aber jetzt wollte er den Zwang vom Klang methodisch nutzen.

Ich spreche vor, ihr sprecht nach, sagte er. Ich lachte, rief Lambert. Ich lachte, rief die Klasse, als er mit der Hand den Einsatz gab. Du lachtest, sagte er. Du lachtest, antwortete die Klasse. Er, sie, es lachte, konjugierte er weiter, und die Klasse wiederholte. Wir lachten und wir lachten, ihr lachtet und ihr lachtet, sie lachten und sie lachten. Selten so gelacht, sagte Lambert, und die Kinder lächelten in dem undeutlichen Gefühl, dass der Lehrer einen Witz gemacht habe.

Und jetzt ein starkes Verb, sagte er, wir nehmen das Verb »singen«. Die Klasse singsangte das Präteritum gehorsam nach. Toll! lobte Lambert die Klasse. Jetzt machen wir's auch und singen ein deutsches Liedchen. Kennt ihr eins? Ihr habt doch im Kindergarten sicher deutsche Lieder gelernt! »Alle meine Entchen« rief ein Mädchen. Wunderbar, das singen wir jetzt zusammen! rief Lambert und stimmte an.

Ja, rief Lambert der Klasse zu, als das Lied zu Ende war, ihr sangt schön!

Und Übung macht den Meister, sagte er, jetzt konjugieren wir schriftlich ein schwaches Verb im Präteritum und ein starkes Verb im Präteritum, jeder in seinem Heft. Er schrieb an die Tafel: Schwaches Präteritum: »fragen«, und daneben: Starkes Präteritum: »nehmen«. Er trennte das schwache von dem starken Verb durch einen vertikalen Kreidestrich bis zum unteren Rand der Tafel. Er unterstrich das schwache und das starke Verb durch einen horizontalen Kreidestrich. Die Kästchen unter den so entstandenen Überschriften waren für die Konjugation bestimmt. Er gliederte die Kästchen in die drei Personen im Singular und die drei Personen im Plural. So, sagte er, und jetzt schlagt ihr eure Hefte auf und zeichnet solche Kästchen wie an der Tafel. Und dann schreibt ihr die Personalformen der Verben hinein: die drei Personen im Singular und die drei Personen im Plural!

Regengeräusch und Schreibstille verbanden sich zu einer Stimmung, in der die Schulstunde sich dehnte wie ein ruhig dahinziehender Fluss.

# X

Dann war der erste Elternabend. Lambert stand neben dem Pult im Klassenzimmer und begrüßte die vollzählig erschienenen Mütter. Die Präsenz des einzigen Vaters ließ andeutungsweise erkennen, dass eigentlich ein Elternabend anberaumt war. Lambert versäumte nicht, ihn eigens zu begrüßen. Er gestand, er sei ja noch nicht lange im Land und an der Schule und daher mit vielen Dingen noch nicht recht vertraut. Man möge also Nachsicht üben. Die Mütter lächelten nachsichtig Die Leistungen der Klasse seien insgesamt zufriedenstellend, fuhr Lambert fort. Das stimmte auch, er hatte als Klassenlehrer eine recht gute Klasse erwischt, eine A-Klasse, in der die Schülerinnen und Schüler mit den besseren Leistungen zusammengefasst waren. Aber die Eltern waren durch solche Versicherungen nicht zu beruhigen. Sie hatten eine bestimmte Angst. Die sogenannte Vordiplomprüfung im Deutschen schwebte wie ein Damoklesschwert über ihren und ihrer Kinder Häuptern. Es ging dabei sozusagen um Sein oder Nichtsein an der Deutschen Schule. So hieß es jedenfalls.

Die Eltern, hatte Resch ihn bei einer Besprechung aufgeklärt, bringen ihr Kind mit vier Jahren in den »Kinder«, wie sie hier zum Kindergarten sagen, und dann soll es bis zur Licenciatura, also bis zum Abschluss der Oberstufe, an der Deutschen Schule bleiben. Dafür sind sie bereit, alle möglichen Opfer zu bringen, die Schule ist ja nicht billig, sagte Resch. Und wenn's mit dem Deutschen nicht klappt? fragte Lambert. Tja, wenn's mit dem Deutschen nicht klappt…

Resch verlagerte das Problem aus der Unentschiedenheit des verneinten Konditionalsatzes in die Klarheit eines negativen Glaubensartikels. Glauben Sie bloß nicht, dass die Eltern dann sagen: Gut, es klappt nicht, also tun wir unser Kind an eine andere Schule! Das kommt überhaupt nicht infrage. Das ist eine Prestigesache, die setzen Himmel und Hölle in Bewegung. Die Deutsche Schule hat den besten Ruf in der Stadt, da kommt für bestimmte Familien und vor allem für die deutschstämmigen nur die Deutsche Schule in Betracht, basta. Ganz wichtig ist nämlich auch, sagte Resch, das Bestehen der Zulassungsprüfung für die Universität kann nur von einer guten Schule gewährleistet werden. Man muss ganz bestimmte Punktzahlen für die einzelnen Fachrichtungen haben, und die Deutsche Schule hat seit Jahren die besten Ergebnisse in der Stadt. Ja, mein lieber Herr Lambert, hatte Resch hinter seinem Schreibtisch in kollegialer Offenheit ausgerufen, die deutsche Sprache nimmt man hier nur in Kauf, das ist alles, machen Sie sich keine Illusionen! Lambert nickte bedenklich und wandte sich zum Gehen. Resch kam hinter seinem Schreibtisch hervor und legte Lambert den Arm um die Schulter. Man muss flexibel sein, sagte er freundschaftlich. Sie werden das lernen, Herr Lambert. Aber auch nicht immer nachgeben!

Er hatte den Arm rhetorisch in die Höhe gereckt und mit der Hand skandierend ausgerufen: Flexibilität und Härte! Das ist die Kunst!

Die Eltern schwiegen zunächst, als Lambert seinen weitgehend positiven Bericht über den Klassenstand beendet hatte. Eine Señora aus der ersten Reihe, deren Augenmakeup geschmackvoll auf die Farbe ihres weinroten Mohairpullovers abgestimmt war, meldete sich zu Wort. Sie freue sich sehr, dass Lambert einen so günstigen Eindruck von der Klasse habe, aber nun stehe ja doch in diesem Jahr das Vordiplom an, und sie könne einfach nicht verstehen, verzeihen Sie, warum eine Schülerin, die das Vordiplom nicht bestehe, die Schule verlassen müsse. Zustimmendes Gemurmel rings, das die Dame ermunterte, mit dezent gemalten, den Farbton des Pullovers ebenfalls nachempfindenden Lippen fortzufahren: Die Kinder hätten doch jetzt acht Jahre Deutsch gelernt – und schon vorher zwei Jahre im Kinder, rief eine andere Mutter dazwischen – die könnten doch ganz nett Deutsch sprechen, ihre Tochter sage vor jeder Mahlzeit: Guten Appetit! – ja, fiel eine andere Mutter ein, und die vielen deutschen Lieder, die sie können – also ihre Tochter, die Dame aus der vorderen Bank ließ sich nicht beirren, liebe die deutsche Sprache sehr, le gusta mucho el idioma, und sicher sei es bei den meisten so, nicht wahr, und sie schaute rings in beipflichtende Gesichter. Warum müssten nun die Kinderchen, sie fand zur Kernfrage zurück, los chiquillos, sagte sie kosend, eine solche Prüfung machen, die sie nur in Angst und Schrecken versetze, so dass sie möglicherweise alles vergäßen, was sie gelernt hätten? Ich verstehe das nicht, sagte sie und schüttelte in anmutiger Verständnislosigkeit ihre frischen Dauerwellen. Zu Hause, sekundierte eine betont jugendliche Dame, wisse ihr Sohn immer alles, sie frage ihn selbst ab, er wisse alles, todo, sagte sie, aber in der Prueba falle es ihm nicht mehr ein, das sei nur die Angst, das müsse man doch berücksichtigen.

Da saßen die Mütter und klagten die Ungerechtigkeit der Welt und der Schule an und forderten von Lambert unausgesprochen Verständnis für ihr Anliegen und die Bereitschaft sich dafür einzusetzen. Die Mütter, die Begabung, Fleiß und Wissen ihrer Kinder täglich zu Hause feststellen konnten, mussten schmerzlich erfahren, dass die Schulwelt da draußen eine andere Einschätzung ihrer Kinder vornahm, als sie den Tatsachen entsprach. Sie wussten auch, wie es dazu kam. Man brachte die Kinder in Situationen, die ihnen Angst machten, Prüfungen genannt, und fragte sie dann nach Dingen, die sie zwar genau wussten, die aber von der Angst verhüllt wurden wie von einer dichten Decke, die alles verbarg, was tatsächlich vorhanden war, wie man merken konnte, wenn man die Decke behutsam wegzog, wie es zu Hause geschah. Angst, das war die Ungerechtigkeit. Die Mütter schauten ihn vorwurfsvoll an, als sei er der Erfinder des Vordiploms oder zumindest der Regisseur des Horrorfilms, in dem ihre Kinder demnächst mitwirken mussten.

Der Schulvorstand, versuchte Lambert verwirrt das Vordiplom zu verteidigen, habe das so entschieden. Bevor die wachsamen Mütter seine Verwirrung zu einer neuen Attacke nutzen konnten, sprang ihm der Elternsprecher, jener einzige Mann in der Phalanx der Mütter, geschlechtsgenossenschaftlich bei. An einer deutschen Schule habe die deutsche Sprache, sprach er mit fester Stimme, die keinen Zweifel zuließ, eine so große Bedeutung, dass man das Vordiplom eingerichtet habe, um wirklich klar festzustellen, wer für die Oberstufe genug Deutsch könne. Denn die Hilfe der Bundesrepublik Deutschland, er erhob die Stimme, hänge entscheidend von den Deutschleistungen der Schüler in der Oberstufe ab. Die Bundesrepublik unterstütze nur Schulen, deren Schüler in den Sprachdiplomen eins und zwei, die im Verlauf der Oberstufe abzulegen seien, gute Leistungen zeigten. Außerdem, sagte er in einem Ton, der den Überdruss an Wiederholungen deutlich machte, sei das alles in früheren Elternversammlungen des Langen und Breiten besprochen worden, das sei doch wirklich kein Thema mehr.

Die Mütter schwiegen. Sie dachten über die Hilfe der Bundesrepublik nach. Dass deutsches Geld und deutsche Sprache zusammenhingen, schien ihnen einzuleuchten. Außerdem hatte jede die Hoffnung, dass gerade ihr Kind die Prüfung irgendwie bestehen werde. Und dann müsste man schon anerkennen, dass das Vordiplom seinen Sinn gehabt habe, denn schließlich könnte nicht jeder in die Oberstufe der Deutschen Schule kommen, man müsse schon gute Deutschkenntnisse vorweisen.

Ja, so ist das. Missstände sind Wohlstände, an deren Vorzügen wir keinen Anteil haben. Sie verdienen so lange abgeschafft zu werden, bis ein glücklicher Umstand oder auch eigene Leistung uns in den Besitz dessen setzt, was sie an Erfreulichem bieten. Dann sind wir empört, wenn getadelt wird, was den objektiven Tatbestand werthaltigen Seins erfüllt. Pure Missgunst mäkelt an den schönen Dingen herum, bloß weil sie ihr nicht zuteil werden. Das ist der Neid der Besitzlosen, sagen wir.

Aber diese flexible philosophische Betrachtung wird mir nicht weiterhelfen, sagte sich Lambert, wenn die Härte der Tatbestände eine freundlichere Sicht der Dinge nicht erlaubt.

# XI

Resch hatte Lambert gebeten oder eher beauftragt, in seiner Vertretung zu einer Tagung in die Hauptstadt zu fahren. Er trat noch einmal zu einer kurzen Besprechung ins Direktorzimmer. Resch kam ihm gut gelaunt entgegen. Ich glaube, rief er, ich habe da ein Haus für sie. Einer meiner Freunde im Club, ein deutschstämmiger Arzt namens Hofmann, der geht in die Hauptstadt, wo er einen Posten im Gesundheitsministerium bekommt. Er hat zwar gesagt, er wolle sein Haus verkaufen, aber ich bin sicher, er vermietet es auch.

Der Wind trieb an diesem Nachmittag den Regen mit einer Macht dahin, dass Lambert den Schirm fast waagerecht halten musste. Dann stand er vor dem Haus, das Resch ihm bezeichnet hatte, einem ansprechenden, weißgestrichenen Holzhaus auf einem Steinsockel. Lambert klingelte an einem Tor, das auf einen schmalen, überdachten Vorplatz führte. Eine Frau erschien an der Haustür, offenbar das Hausmädchen. Er rief ihr zu, dass die Señora ihn erwarte. Sie kam ans Tor und ließ ihn ein. Er trat in die Küche, im Herd brannte ein Holzfeuer, an einem kleinen Tisch saß eine ältere, ärmlich gekleidete Frau mit einem Kind. Sie waren offenbar mit der Once beschäftigt, die Frau tat Pulverkaffee aus einer Dose in ihre Kaffeetasse und trat zum Herd, um einen Kessel mit heißem Wasser zu holen. Das Kind, das an einem Stück Brot nagte, war von der Abwechslung, die Lamberts Eintreten bot, einigermaßen angetan und schaute ihn mit großen Augen an. Lambert merkte, dass er am Dienstboteneingang geklingelt hatte. Das Mädchen führte ihn durch einen dunklen Flur zum »Living«, wie sie sagte. Ein beißender Geruch nach Holzrauch schlug ihm entgegen. Beim Eintreten ins Wohnzimmer sah er gegen das Licht des Fensters eine dichte blaue Schicht schweben. Die Dame des Hauses war mit der Kontrolle des Kaminfeuers beschäftigt, die sie offenbar überforderte. Auf beiden Seiten des aus hellem Bruchstein gemauerten Kamins boten in schwerem dunkelrotem Holz gefertigte Regale einmal Raum für die aufgestapelten Holzscheite und auf der Deckplatte in Brusthöhe Platz für allerlei Zierrat. Die Wände des Zimmers waren mit gelackten Holzlatten bekleidet, vor dem großen, tief herabreichenden Fenster stand eine Blumenbank mit üppig wuchernden Gewächsen. Die Hausfrau erhob sich seufzend aus ihrer knienden Haltung und reichte ihm die Hand. Das sei der Wind heute, sagte sie, sonst rauche der Kamin nie. Sie stieß das Holz, das mehr schwelte als brannte, mit einem langen Schürhaken tiefer in den offenen Kamin. Ob sie ihm einen Tee anbieten könne. Sie klingelte dem Mädchen. Ihr Dienstmädchen, sagte sie, nähmen sie mit, wenn sie umzögen. Du lieber Gott, was solle das arme Ding sonst machen. Zu ihrer Mutter könne sie nicht zurückgehen, die habe selbst nichts. Das Mädchen sei jetzt schon so lange im Haus. Eines Tages sei sie weinend gekommen, sie bekomme ein Kind. Sie hat natürlich damit gerechnet, dass sie rausgeschmissen wird, sagte Frau Hofmann. Ich hab dann mit meinem Mann gesprochen, und wir haben sie in Gottes Namen behalten. Wo hätte sie auch hingehen sollen! Aber ich hab ihr ganz klar gesagt: Deine Arbeit musst du machen wie vorher, da gibt's nichts. Wissen Sie, sagte sie, man darf die Leute nicht verwöhnen. Das danken sie einem nicht. Sie war dann auch ganz glücklich, dass sie mit ihrem Kind bleiben durfte. Heute ist ihre Mutter noch da, die haben Sie ja gesehen. Frau Hofmann seufzte. Der Wind im Kamin seufzte mit.

Lambert kam auf das Haus zu sprechen. Haben Sie schon immer hier gewohnt? Sie erzählte ihm die Geschichte des Hauses, welchen Teil die Eltern ihres Mannes gebaut hätten und dass das Haus dann zu klein gewesen sei, als sie es übernahmen und die Kinder kamen, und dann hätten sie das Haus ausgebaut. Ihr Mann sei ja Arzt und habe ja auch seine Praxis hier gehabt. Der Kamin entließ eine Rauchwolke ins Zimmer. Frau Hofmann griff nach dem Schürhaken, kniete nieder und stocherte im Feuer. Sie stand wieder auf und seufzte.

Schöne große Fenster haben Sie da, sagte Lambert. Vor allem sind sie gut gesichert, sagte Frau Hofmann. Die schmiedeeisernen Gitter davor haben wir in der UP-Zeit anbringen lassen. Man musste ja Angst haben. Sie können sich nicht vorstellen, wie das war. Man war seines Lebens nicht mehr sicher. Zu mir hat mal einer gesagt: Dich kriegen wir auch noch und dann hängen wir dich auf. Stellen Sie sich das mal vor! Es habe einen Plan der Stadt gegeben, sagte sie, ihr Mann habe ihn selbst gesehen, darauf seien bestimmte Häuser angekreuzt gewesen, ihres auch. Die hätten uns alle umgebracht, sagte sie schaudernd. Glücklicherweise sei das Heer ihnen zuvorgekommen.

Lambert hielt es für an der Zeit, sein Anliegen konkret zur Sprache zu bringen. Ja, antwortete Frau Hofmann, vermieten hätten sie eigentlich nicht wollen, eigentlich wollten sie das Haus verkaufen, es gebe auch Interessenten. Der Wind stieg seufzend durch den Kamin herab und sendete Rauchzeichen. Frau Hofmann beugte das Knie und stieß das schwelende Holz mit dem Schürhaken hin und her. Lambert wartete ihr Seufzen beim Aufstehen ab und fragte, wie hoch denn der Mietpreis sein solle, wenn sie es vermieten würden. Es sei ein großes Haus, er könne es sich ruhig einmal ansehen, sagte sie mit zögernder Bereitwilligkeit.

Unter dreißigtausend Pesos könnten sie es nicht vermieten, sagte sie auf einmal entschlossen, sie müssten ja auch daran denken, sich an ihrem neuen Wohnort ein Haus zu bauen oder zu kaufen.

Sie glauben ja nicht, wie die Preise in der Hauptstadt sind!

Als Lambert bei der Nennung des Mietpreises kein Erschrecken zeigte, wiederholte sie mit fester Stimme ihre Forderung, schien aber auch geneigter, das Haus überhaupt zu vermieten. Zur Miete, sagte sie, komme natürlich noch der Ausgleich für den Geldwertschwund, der monatlich berechnet werde. Der Wertverlust müsse ja aufgefangen werden, das sei auch so üblich, dass das zur Miete hinzukomme. Lambert, der endlich ein Haus haben wollte, war zu allem bereit. Er wusste, dass Ausländer mit hohen Mieten rechnen mussten, den Vermietern war klar, dass Ausländer hohe Mieten zahlen konnten.

Frau Hofmann wurde unter Lamberts Zustimmungsbereitschaft geradezu fröhlich und vergaß ihre anfangs geäußerte Absicht, eigentlich nicht vermieten zu wollen, fast gänzlich. An einer direkten Zusage hinderte sie wohl nur der vorher von ihr geäußerte Hinweis auf interessierte Käufer. Nein, beruhigte sie ihn, wahrscheinlich komme nichts mehr dazwischen, sie sei fast sicher, dass nichts mehr dazwischen komme. Sie müsse nur das Ganze noch mit ihrem Mann besprechen, der am Wochenende herkomme. Aber machen Sie sich keine Sorgen!

Sie führte ihn durchs Haus und erläuterte seine Vorzüge. Es hatte nun wirklich den Anschein, dass sie ihn als zukünftigen Mieter betrachtete. Sie brachte ihn zur Tür, diesmal zum Haupteingang, und verabschiedete ihn fast wie einen alten Bekannten.

Lambert ging in seine Pension und packte einen Koffer und eine Tasche. Er bestellte ein Taxi und fuhr zum

Bahnhof. Er stellte fest, dass er für den Nachtzug noch eine Menge Zeit hatte. Er trat in eine kleine Bar und verlangte einen Pisco Sour. Der Wirt schüttelte die Mischung aus Traubenschnaps, Zitronensaft, Zucker, Eiweiß und Eiswürfeln in einem verbeulten Mixer und goss die gelbliche Flüssigkeit in das bereit stehende Glas. Flockiger Schaum blieb im Schnurrbart hängen, als Lambert das kühle, süß-herbe Nationalgetränk schlürfte. Er wischte sich mit dem Handrücken behaglich über den Mund. Das war der richtige Start für die Reise.

In einem Nebenzimmer war eine kleine Hochzeitsgesellschaft versammelt. Der braunhäutige Bräutigam in schwarzem Anzug, die breitgesichtige, backenknochige Braut in Weiß blickten stumm und regungslos in den Raum, als erwarteten sie jeden Augenblick, dass ein Fotograf sie auf die Platte banne. Sie waren bereits gebannt, sie waren bereits ein Hochzeitsbild. Sie bildeten eines von jenen altertümlichen Hochzeitsbildern, wie sie auf den Dörfern in den Wohnzimmern hängen. In einer Art natürlicher Erstarrung saß das Brautpaar mitsamt seiner kleinen Hochzeitsgesellschaft hinter dem langen Tisch, sonntäglich gekleidete Menschen, die die Feierlichkeit des Augenblicks nicht durch eine Bewegung zu stören wagten. Aus dunklem Hintergrund blickten sie ernst und dumpf in den helleren Teil des Barraumes und des Lebens, ohne die Augen auf einen bestimmten Gegenstand zu heften. Jetzt aber griff einer nach dem Rotweinglas und führte es langsam zum Mund und nahm einen Schluck und setzte es wieder auf den Tisch und fand in die Unbeweglichkeit der Komposition zurück.

Als Lambert wieder auf den Bahnhof kam, war der Zug da. Dichter, schwarz-grauer Rauch stieg aus dem hohen, schlanken Schornstein der Lokomotive, die in einen Western gepasst hätte. Der Schlafwagenschaffner nahm Lambert den Koffer ab und wies ihm seinen Platz an. Unter durchdringendem Läuten setzte der Zug sich in Bewegung. Im letzten Abendlicht durchfuhren sie die Außenbezirke der Stadt, an kleinen, graugrünen Hütten vorbei, vor denen braune Kinder spielten und struppige Hunde bellten.

Lambert hatte sich für die erste Tour des Abendessens im Speisewagen angemeldet. An einem der Tische wurde ihm ein Platz zugewiesen, einem älteren Herrn gegenüber. Er bestellte eine halbe Flasche Rotwein und ein Lomo. Er hatte etwas Schwierigkeiten, den Kellner zu verstehen, der ihn fragte, ob er das Steak bien hecho oder a punto haben wolle. Durch oder medium, half der ältere Herr freundlich.

Sind Sie Reichsdeutscher? fragte er, als der Kellner gegangen war. Ja, sagte Lambert. Er musste lächeln. »Reich«- auch dort, wo er zu Hause war, wurde das Wort noch zur Bezeichnung Deutschlands gebraucht. Die ist aus dem Reich, sagten die alten Leute von einer Frau, die nicht aus der Gegend stammte, sondern durch Heirat hierher gekommen war. Das Grenzland, von Deutschland durch Kriege und die Entscheidungen der Sieger mehrmals abgetrennt, hielt im Wort »Reich« die Erinnerung daran wach. Der Tischgefährte stellte sich vor. Er hieß Schilling und hatte ein Fundo mit dem schönen Namen »Buen Retiro« im Süden. In »der schönen Zurückgezogenheit« seines Landgutes schrieb er jetzt seine Lebenserinnerungen nieder. 1938, erzählte er, habe er einer Organisation von Studenten angehört, die zusammen mit der Armee die Regierung stürzen wollte. Aber als wir dann losschlugen, sagte er, machte die Armee nicht mit, sondern stand plötzlich aufseiten der Regierung. Alle meine Freunde wurden erschossen, wie durch ein Wunder bin ich davongekommen.

Lambert dachte, dass es ein nationalsozialistischer Putsch gewesen sein müsse, die Nazis hatten damals eine Menge Anhänger unter den Deutschstämmigen im Land. Da wurden Gauleiter ernannt, man baute Organisationen ähnlich wie in Deutschland auf, man plante wohl die »Machtergreifung«. Aber es blieb dann anders als in Deutschland eine kurze Episode der Geschichte.

Arbeit, sagte der alte Herr, das ist das Wichtigste. Die Leute wollen heute ja alle nicht mehr arbeiten. Er habe eine Reise durch Japan gemacht, es habe ihn sehr beeindruckt, wie die Leute dort arbeiteten.

Ich habe immer gearbeitet, sagte er, immer. Ganz gleich, was mir auch angeboten wurde. Ich bin mir für keine Arbeit je zu schade gewesen. Das könnten seine Nachkommen von ihm lernen. Und deswegen schreibe er jetzt seine Lebensgeschichte auf.

Als Lambert in den Schlafwagen zurückkehrte, hatte der Schlafwagenschaffner die Sitze in Betten verwandelt. Die Betten lagen zu beiden Seiten des Mittelganges, den ganzen langen Wagen entlang, immer eins unten und eins oben. Man zog die Schuhe aus und kroch in sein Bett. Dem oberen Bettinhaber stand eine Leiter zur Verfügung. Nachdem man den Vorhang vorgezogen hatte, entledigte man sich im Liegen oder Kauern der Kleider und schlüpfte unter Leintuch und Wolldecke. Die Betten waren breit, sie erweckten mit ihrem rötlichen Edelholz die Vorstellung von guter alter Zeit, wo es noch solide und großzügig zuging. Verblichener Glanz. Ehemalige Reichsbahnwagen, hatte Resch gesagt, es sind Wagen der Deutschen Reichsbahn, die man dem Land geschenkt hat, als sie ausgemustert wurden. Lambert hatte das Gefühl, dass hier die Dinge noch nicht so vergangen waren wie in Deutschland. Es schien alles noch nicht so lange her zu sein. Dinge, Einrichtungen, Meinungen, Wörter, Gefühle, die es sonstwo nicht mehr gab, waren hier noch lebendig. Man trat zum Beispiel in ein Lebensmittelgeschäft, wo auf einer hölzernen Ladentheke ein Turm von Gläsern mit verschiedenfarbigen Bonbons stand, große, alte Glasbehälter, in die man mit einem Schippchen hineinfuhr, um die gewünschte Menge Bonbons herauszuholen und in ein Tütchen abzufüllen, das man auf einer Waage mit zwei Messingschalen abwog.

Das pochende Geräusch der Räder und Schienen wurde zu einem eintönigen Rhythmus, der einschläferte. Der Zug fuhr durch die weite südamerikanische Nacht. Beim Hinübergleiten in den Schlaf in diesem breiten, bequemen Bett, das unter der dröhnenden Fahrt sanft vibrierte, kam Lambert alles unwirklich vor. Diese Reise durch die Nacht, das Gespräch mit dem alten Mann gehörten in eine Erzählung, die er einmal gelesen hatte. Oder in einen Traum. Es war völlig unwirklich, dass er so dahinfuhr, es war so märchenhaft wie die Fahrt des kleinen Häwelmanns, es war weder zu verstehen aus dem, was bisher in seinem Leben passiert war, noch verfolgte es irgendein Ziel, das man hätte ahnen können. Zu seinem wirklichen Leben gehörten die Dinge, die immer dazu gehört hatten, die dadurch, dass sie immer da waren und sich wiederholten, seinem Leben die Zuverlässigkeit und die Gewöhnlichkeit mitteilten, die nach seiner Ansicht die Wirklichkeit des Lebens überhaupt ausmachten. Das gewöhnliche Leben ist das wirkliche Leben. Abweichungen davon sind pure Angabe und grenzen an Hochstapelei. Die Redlichkeit geht verloren. Üb immer Treu und Redlichkeit! Bleib' im Land und nähr' dich redlich! So war das immer gewesen. Am Nachmittag sah er aus dem Fenster seines Arbeitszimmers auf die Stadt, auf die er schon als Kind geschaut hatte, am Abend waren er und seine Frau mit den Freunden zusammen, mit denen sie schon immer zusammen gewesen waren, am Morgen bewegte er sich nach einem festen Plan durch die Schule und sprach von denselben Dingen zum wievielten Mal mit immer geläufigerer Routine. Die Kinder waren allmählich größer geworden, das war eine Veränderung, aber sie vollzog sich nach festen Gesetzen und so langsam und unmerklich, dass man sich ihrer nur als Ergebnis dann und wann bewusst wurde.

Er hatte vor dem Neuem, vor etwas, was nicht zu seinem Leben und Umfeld gehörte, allmählich Misstrauen und Abwehr aufgebaut. Er vertrat zwar gelegentlich vor den Kollegen noch abweichende Ansichten und Positionen, so dass sie manchmal den Kopf schüttelten, aber auch die Kollegen merkten, dass das rein verbale Ausbrüche waren, die sie ihm zugestanden, so lange sein tatsächliches Verhalten sich von dem ihren nicht auffällig unterschied und im Rahmen dessen blieb, was üblich war.

Jetzt, bei der rasenden, ratternden Fahrt des Zuges durch das fremde, nächtliche Land dachte Lambert an die Samstagnachmittage mit den Kollegen in der »Letzten Träne«. Hesse, der alles wusste, was in der Schule passierte, fragte: Habt ihr schon gehört...? Und dann erzählte er, dass der Sohn des Internisten Dr. West im Biologieunterricht die Kollegin Blum, die den Schülern der sechsten Klasse die Zeugungsvorgänge zu erklären versuchte, gefragt habe, ob sie beim Orgasmus schreie. Schuhmacher sah Hesse fragend an: Und? Schreit sie? Hesse hatte mehr Empörung erwartet. Die Blum sei ganz rot geworden, fuhr er fort, und habe zunächst einmal nicht gewusst, was sie sagen solle. Die Wahrheit, rief der Kollege Meyer dazwischen. Dann habe sie gesagt, das sei eine Sache der Intimsphäre und dass man so etwas nicht frage. Der feinsinnige Kollege Riegeler hatte mit Kopfschütteln fast nicht mehr aufgehört. Also er finte tas un-er-hört. Da stelle sich so ein kleiner Rotzpengel hin, was man sich tenn als Lehrer alles noch gefallen lassen müsse! Nichtsdestotrotzquam, meinte der Kollege Meyer, es würde mich schon auch interessieren, ob die Blum beim Orgasmus schreit. Wahrscheinlich hat der Sohn von dem Dr. West von dem ganzen Zeug mehr Ahnung wie die Blum, brummte Beck an seiner ausgegangenen Pfeife suckelnd.

Die Zeit des Mittagessens war längst vorüber, die Kollegen, die auf Ordnung hielten oder die Vorwürfe ihrer Frau scheuten, waren gegangen, das gelbe Bier erleuchtete den sich senkenden Nachmittag und die von der langen Schulwoche verfinsterten Gemüter. Die Freunde um einen her, es waren noch zwei oder drei, waren echte Freunde und wurden von Minute zu Minute echtere Freunde. Die Welt draußen und drum herum verblasste, Friedhof, Gymnasium und was es sonst noch gab, verloren zunehmend an Realität. Hier war gut sein, wo Worte und Biere und Gefühle wohltuend durch Leib und Seele flossen.

Schuhmacher brachte die Rede auf den »Gantenbein«, der auf dem Programm der zwölften Klasse stand. Das Buch sei gut angekommen in der Klasse. Du machst das ja auch gut, lobte ihn Lambert, der gelegentlich in Schuhmachers Deutschunterricht hospitiert hatte. Du bringst das den Schülern wirklich nahe.

Sie saßen da in der Kneipe wie in dem Buch, wo einer in der Kneipe sitzt oder in der Bar, es ist Nachmittag, und er ist allein mit dem Barmann, der ihm sein Leben erzählt. Er erzählt ihm die Geschichte seines Lebens, aber es ist eine vorgestellte Geschichte, es sind lauter vorgestellte Geschichten, die da erzählt werden, jemand probiert Geschichten an wie Kleider, heißt es da. Und so sitzen auch diese Männer in der Kneipe und sprechen über eine Geschichte, die sie nicht direkt angeht oder vielleicht doch, denn sie kommen auf ihre eigene Geschichte zu sprechen, und sie erzählen ihre eigenen Geschichten, die wirklichen und die vorgestellten, das kann man nicht immer so genau unterscheiden.

Schuhmacher stellte sich die Geschichte eines Jägers vor, der in seiner Hütte draußen im Wald allein ist. Ich mache die Tür der Hütte auf, sagte er, draußen regnet es leicht, und ich schaue zum Waldrand hinüber, wo gerade ein Bock heraustritt. Wenn es dunkel wird, mache ich Feuer an, und dann sitze ich am flackernden Kamin mit einem Buch und einem Glas Wein. Ja, sagte Schuhmacher und nickte sich und den andern zu, schön wär's.

Warum soll es denn nicht möglich sein? fragte Lambert.

Es geht nicht, sagte Schuhmacher, ich kann es Lisa nicht klarmachen. Sie versteht nicht, dass ich das brauche, vielleicht versteht sie's auch, ich weiß ja auch nicht. Lambert sagte, das verstehe er nicht. Wenn du mit ihr darüber sprichst, sagte er, also ich kann mir nicht vorstellen, dass sie was dagegen hat, dass sie nicht einsieht, dass du das brauchst. Ich kenne doch Lisa. Die versteht das. Sie liebt den Wald und die Hütte und draußen sein genau so wie ich, sagte Schuhmacher, wie kann ich da allein hingehen.

Der Gantenbein, sagte Beck und stopfte sich eine neue Pfeife, habe ihm imponiert, ein klasse Buch, ihm als Mathematiker sage vor allem diese durchdachte Konstruktion zu, das Werk habe eine eindeutige Affinität zur Mathematik. Schuhmacher nickte ihm anerkennend zu, er möchte mal noch einen Mathematiker sehen, der das Buch überhaupt gelesen habe. Frisch, sagte Lambert, rücke die Literatur und die Liebe auch gern in die Nähe der Mathematik, er erinnere nur an »Don Juan oder die Liebe zur Geometrie«, das wäre mal eine Untersuchung wert.

Er hatte sich vorgestellt, wie er, in seinem Arbeitszimmer sitzend, ohne jegliche andere Verpflichtung eine Arbeit über literarische Annäherungen an die Mathematik verfasse und welche Rolle die Liebe dabei spiele. Und wie dann diese Arbeit in einer literaturwissenschaftlichen Zeitschrift publiziert werde. Prost! rief Lambert, vor Perspektiven schwellend, auf die Liebe zur Geometrie und zur Literatur! Wo eine Liebe ist, da ist auch ein Flugzeug nach Uruguay, zitierte Schuhmacher. Auf das Flugzeug! stimmte Lambert bei. Auf Uruguay! schloss sich Beck an. Sie erhoben ihre Gläser und tranken sie ex. Ach damals, ach diese mythischen Nachmittage junger »Faune« in der »Letzten Träne«!

Eine Gruppe schwarz gekleideter Männer und Frauen hatte im Nebenraum an einer langen Kaffeetafel Platz genommen. Die Wirtin, die eine Runde Bier brachte, die Beck bestellt hatte, damit keiner auf den Gedanken komme, jetzt aufzubrechen, erzählte, wer gestorben war. Ach Gott, sagte sie, es war ja eine Erlösung für ihn. Wer weiß, wann die Reihe an uns kommt, sagte sie philosophisch. Einmal muss jeder dran glauben, sagte Beck und erhob sein Glas. Lambert breitete die Arme aus. Wir sind so kurz lebendig und so lange tot, sagte er. Amen, liebes Kind! bekräftigte Schuhmacher mit pastoraler Verve. Darauf ließen sie das lebendige, sumpfdotterblumengelbe Bier im letzten Nachmittagslicht leuchten und spürten den bitteren, frischen Geschmack mit größerer Intensität. Die Trauergemeinde, die zunächst in begräbnisfeierlicher Haltung und mit gedämpftem Gemurmel dem Verstorbenen und dem Dahinschwinden alles Irdischen angemessen Rechnung getragen hatte, wurde, nachdem sie von Kaffee und Kuchen zu Bier und Schnaps übergegangen war, zusehends und zuhörends gesprächiger und lauter, und schickte sich schließlich mit gelockerten Schlipsen und Reden an, dem geheiligten Brauch, die Haut zu versaufen, hemmungslos zu obliegen und in der »Letzten Träne«, wie das Lokal im Volksmund genannt wurde, selbige definitiv für vergossen zu halten.

Schuhmacher musste zu einer Sitzung der Jäger. Beck und Lambert besprachen jetzt die Dinge, die nur zur Sprache kommen, wenn das Ambiente bedingungsloser Vertraulichkeit entstanden ist, das langes gemeinsames Trinken erzeugt. Wie die Schatten der Unterwelt sich der mit Blut gefüllten Opfergrube nähern, um zu trinken und kurzfristig Leben zu gewinnen, so bildeten die von Bier und Steinhäger beschworenen Personen Konturen und Züge aus, die ihnen

im alltäglichen Leben, wo sie gleich Schatten an einem vor-
beiglitten, völlig abgingen. Redend und trinkend fanden Beck
und Lambert in eine hic et nunc existierende Wirklichkeit,
bis kaum mehr vorstellbar war, dass es eine andere Realität
gebe als die in dieser verräucherten Kneipe sich bildende,
wo im gedämpften Licht der Lampen, in dem die Schwaden
des Tabakrauchs wallten, die Wirtin den lebenspendenden
Saft hin und her trug. Lambert hätte ewig so sitzen können und mit Beck und den anderen Kollegen über Dinge
und Vorstellungen und Menschen reden und philosophieren
können, denn reden und trinken waren die Gestaltungskräf-
te des Daseins und verliehen ihm bare Existenz. Erst wenn
man eine Nacht geschlafen hatte, war das alternative Leben,
das als das wirkliche bezeichnet zu werden pflegte, wieder
da. Im Prinzip waren sowohl das Leben, das seine realen
Ansprüche stellte, in dem man handelte und Vater und Gatte
und Lehrer war, als auch jenes Leben, in dem man unter der
Macht der Gedanken und Getränke vergangene Zeiten und
verstorbene Menschen aufrief, so wirklich und echt und zuverlässig, als könne sich nie etwas daran ändern.

# XII

Der Zug kam ziemlich pünktlich an. Lambert drückte dem Schlafwagenschaffner ein Trinkgeld in die Hand und stieg aus. Er stand in einer großen, gewölbten Bahnhofshalle, deren geschwärzte Architektur aus Stahl und Glas den Jugendstil-Charme alter Pariser Bahnhöfe vermittelte. Am Ausgang erwehrte er sich der anstürmenden Taxifahrer und stieg zur U-Bahn hinab. Seine Freunde, in deren Haus er während der Dauer der Tagung nächtigen sollte, wohnten in Las Conchas, dem hochgelegenen Stadtviertel, wo die frischere Luft, die der Wind aus der Kordillere brachte, die geringeren Verkehrsgeräusche und die dünnere Besiedlung den Bewohnern die äußeren Bedingungen boten, unter denen sie in geräumigen Bungalows, auf gepflegtem Rasen, im Schatten alter Bäume und bunter Sonnenschirme, an blaufarbenen Swimmingpools das Leben führen konnten, das ihnen zustand, wie sie überzeugt waren. Hier wohnten hohe Offiziere und wohlhabende einheimische Geschäftsleute, hier wohnten neben deutschen Firmenvertretern und Botschaftsangehörigen auch die vermittelten deutschen Lehrer.

Die Frauen der deutschen Lehrer verbringen ihre ganze Zeit im Deutschen Club, erzählte Maria, die Frau seines Freundes Josef. Der war ja auch deutscher Lehrer, aber offenbar war das nicht ihre Art zu leben. Morgens spielen sie im Club Tennis, erzählte Maria weiter, am Nachmittag sitzen sie mit ihren Freundinnen dort beim Tee, und abends, wenn die Männer Zeit haben, laden sie sich gegenseitig dorthin zum Essen ein. Die Kinder sind auch ganz auf den Club fixiert, die können dort Sport treiben und spielen, auf die ganz Kleinen passt die Chica, das Hausmädchen, auf, während die Damen plaudern. Die Frau des Schulleiters, sagte Maria, hat jetzt schon Angst, wenn sie wieder nach Deutschland zurück muss. Ich weiß gar nicht, wie ich ohne den Club in Deutschland leben soll, hat sie zu mir gesagt.

Las-Conchas-Ziegen! kommentierte Josef trocken.

Ich weiß nicht, wie man so leben kann, Maria schüttelte den Kopf.

Sie saßen draußen im Garten. Die Backsteinarchitektur des Hauses bildete einen geschützten Winkel, den die vom blauen, winterlichen Himmel strahlende Sonne so erwärmte, dass man mit bloßen Armen da sitzen konnte.

Bei uns im Süden drängt man sich jetzt um den Kamin, sagte Lambert. Nachts wird es auch ganz schön kalt hier, sagte Maria.

Die Freunde wussten eine Menge zu erzählen. In der Hauptstadt war man sensibler für die politische Situation im Land. Man erfuhr mehr, was wirklich passierte.

Du stellst dir nicht vor, was hier alles los ist, sagte Josef. Und die Deutschstämmigen haben immer die Hand mit im Spiel. Der Schulvorstand lädt die Generale der Militärregierung ein, die halten dann an nationalen Feiertagen in der Schule große Reden vor den Schülern. Und von den Lehrern, die aus Deutschland kommen, erwartet man, dass sie allem zustimmen und mitmachen. Meinen Freund Herbert, sagte Josef, haben sie an eine andere Schule versetzt, regelrecht strafversetzt, weil er bei einem sogenannten Acto civico nicht mitmachen wollte.

In Deutschland haben sie mir gesagt, ich müsse mich jeder politischen Tätigkeit enthalten, hat Herbert gesagt. Das ist keine politische Tätigkeit, das ist eine zivile Feierlichkeit, ein Acto civico, hat der Schulleiter gesagt. Das ist eine politische Tätigkeit, ein Acto politico, hat Herbert gesagt. Oder

wie man es nennen solle, wenn die Fahne aufgezogen werde, die Nationalhymne gesungen werde und die Militärs Reden hielten? Daraufhin hat man ihn an eine andere Schule
des Schulverbandes versetzt, was für ihn mit erheblichen
Nachteilen verbunden ist.

Am Abend besuchten sie ein kleines Theater. Der Saal
war voll mit jungen Leuten. Das Stück hieß »Tres Marias y
una Rosa« und stellte ohne große dramatische Effekte das
Leben in den Poblaciones vor, also in den Vierteln, wo die
einfachen Leute wohnen. Die Frauen tragen die Last des Lebens. Da sind drei Frauen mit Namen Maria, und eine andere heißt Rosa. Sie arbeiten als Haushaltsangestellte oder
Kindermädchen in mittelständischen Haushalten, sie verdienen das Geld für ihre Familie. Die Männer haben keine Arbeit, sie stehen an der Ecke zusammen und reden. Wenn die
Frau abends heimkommt, wollen sie Geld haben, um in die
Kneipe zu gehen. Die Frauen machen abends den Haushalt
und kümmern sich um die Schulaufgaben der Kinder. Sie
gehen zur Nachbarin rüber und sprechen mit ihr über die
kleinen und großen Sorgen. Eine der drei Marias hat keinen
Mann mehr, er ist einfach weggegangen, se fué, heißt es
ganz lakonisch hier. Maria steht mit zwei kleinen Kindern
allein da. Auf die Kinder passt die Nachbarin auf, wenn sie
putzen geht. Die andern trösten sie: Das ist doch viel besser,
wenn Sie ihr Geld allein behalten können, Señora Maria. Die
Señora Rosa ist stolz auf ihren Negro, ihren schwarzhaari-
gen Mann, dem sie ein neues Hemd gekauft hat, das ihm gut
steht. Er dreht sich vor dem kleinen Küchenspiegel hin und
her, dann gibt er seiner Frau einen Klaps auf den Hintern
und zieht ab, ins Café zu den Freunden.

Nach dem Theater saßen sie im Haus von Josef und
Maria bei einer Flasche Wein zusammen. Ihr Freund Her-
bert war mit seiner blonden Frau Birgit herübergekommen.
Ich überlege mir, sagte Herbert, ob ich meinen Vertrag ver-

längern soll. Wir machen doch hier nichts anderes als den Reichen zu helfen, noch reicher zu werden. Wir geben den Kindern der Reichen eine Ausbildung, wie sie sie sonst an keiner Schule bekommen. An der Deutschen Schule werden die Chancen für die Universität verteilt, an der Universität werden die Weichen fürs Leben gestellt. So geht das immer weiter. Wir stabilisieren das System nur.

Und profitieren leider davon, sagte seine blonde Frau mit dem »diskreten Charme der Bourgeoisie«, die daran leidet, dass sie die schlechten Verhältnisse, die ihr zugute kommen, nicht ändern kann. Sie war dieser fein geschnittene, norddeutsche Typ, blasshäutig und blond, den man eher mit kalorienarmem Joghurt und Besuch der Kieler Segelwoche als mit politischem Engagement und Einsatz in Hilfskomitees assoziieren würde. Es war irgendwie aufregend, sie reden zu hören. Es war der Kontrast. Ich wüsste nicht, klagte sie, wie ich meine Existenzberechtigung hier nachweisen sollte, wenn ich nicht unten im Casuca-Viertel beim Kindermittagstisch mitarbeiten würde. Sie strich sich mit der Hand durchs lorealgepflegte Blondhaar.

Es gebe auch andere Nachweise der Existenzberechtigung, warf Lambert ein, es sei doch auch eine sinnvolle Sache, zur Verbreitung der deutschen Sprache und Kultur beizutragen. Aber darum geht's doch gar nicht, empörte sich Herbert, das ist doch nur ein Alibi. Man muss sich doch überlegen, wem das nützt, und es nützt nur denen, die das Geld und das Sagen haben. Und mit dem, was die bei uns hier lernen, bleiben die weiter oben und unterdrücken weiter das Volk. Wir sind die Helfershelfer der Unterdrücker, wir sind die Steigbügelhalter der Ausbeuter, wir sind die Mozos der herrschenden Klasse.

Lambert ließ sich vom Pathos der Philippika, die Herbert losließ, nicht beeindrucken. Wir sind, entgegnete er gelassen, nicht in politischer Mission hier, wir können die Verhältnisse nicht ändern, das ist eine Anmaßung, das können wir nicht, und das ist auch nicht unsere Aufgabe. Aber wir können unserer Tätigkeit hier einen Sinn geben, und ich bin der Ansicht, wenn man für geistige Belange, Sprache, Kultur, Wissen eintritt, wenn man den Kindern Bildung vermittelt, dann ist das per se sinnvoll, wo auch immer man es tut.

Nicht mehr, wenn diese Bildungsvermittlung den Militärs und Folterern nützt, ereiferte sich Herbert. Und die Generation ihrer Kinder macht dann so weiter.

Aber wir helfen doch auch viel, begütigte Maria, wenn wir das nicht täten, wenn wir nicht hier wären, wäre alles noch schlimmer.

Dadurch wird nichts verändert, Herbert schüttelte entschieden den Kopf, im Gegenteil, die Verhältnisse verfestigen sich, die Armut wird institutionalisiert und die Herrschenden können sich alles erlauben.

Maria erzählte. Eine Gruppe von deutschen Lehrerfrauen organisierte eine Olla comun, einen Mittagstisch für Kinder, in Casuca, einem der schlimmsten Viertel der Stadt. Die Frauen kauften dreimal in der Woche Lebensmittel ein und bereiteten ein Mittagessen im Haus des katholischen Pfarrers. Das ist natürlich längst nicht genug, sagte Maria, wir haben etwa fünfzig Kinder, aber es gibt viel mehr, die das brauchten. Herbert blieb dabei: Nichts ändert sich, alles bleibt beim Alten, für die Herrschenden seid ihr nützliche Idioten.

Immerhin, sagte Lambert, wenn ein Kind gegessen hat, ist es nicht mehr hungrig. Wenn fünfzig Kinder gegessen haben, sind 50 Kinder nicht mehr hungrig. Es gibt in diesem Moment weniger Hunger auf der Welt, der Hunger ist um die Zahl fünfzig reduziert.

Josef warf sein Glas mit Rotwein um, der Wein floss über das Tischtuch und auf den Boden. Maria ging in die Küche einen Lappen holen. Das macht der dauernd, sagte sie ohne großen Vorwurf, dauernd wirft der Gläser um. Das bringt ein bisschen Farbe ins Leben, sagte Josef lachend.

Er wandte sich an Herbert und Birgit: Erzählt mal von eurer Bolivienreise!

Am nächsten Tag begann die Tagung. Sie saßen im Tagungsraum der Deutschen Schule und diskutierten über die Form der zentralen Deutschprüfungen, die an den deutschen Schulen des Landes durchgeführt wurden. Den Kollegen, der das Grundsatzreferat hielt, kannte Lambert von einem Vorbereitungslehrgang in Valencia. Er hieß Zander und hatte sich schon damals als Fachdidaktiker profiliert. Die Thesen, die er jetzt vortrug und mit vielen Zitaten aus der Fachliteratur absicherte, waren die gleichen wie damals. Sie strukturierten ein methodisch-didaktisches Konzept, das als Grundlage aller zentralen Deutschprüfungen gelten müsse. Die gesamte Fachliteratur stimme darin überein, dass die abzuprüfenden Fertigkeiten situativ-kommunikativ einzubetten seien, d. h. ganz gleich, ob man grammatische Kenntnisse teste oder sprachliche Ausdrucksfähigkeit prüfe, alles müsse in einem Rahmen geschehen, der einerseits eine kohärente Situation zu bieten und andererseits der Anschauungswelt des Lerners zu entsprechen habe. Er führte an Beispielen vor, was bisher alles falsch gemacht worden sei. Dem getrommelten Beifall folgte eine flaue Diskussion. Keiner traute sich etwas zu sagen, Zander hatte sie mit seinen vielen Zitaten aus der Fachliteratur eingeschüchtert. Eine sogenannte Ortskraft, eine im hiesigen Schuldienst ergraute Dame, meinte, das sei doch alles sehr theoretisch, sie brauchten aber etwas für den Schulalltag, ihr sei nicht recht klar, wie das, was er da vorgetragen habe, nun umzusetzen sei. Wir müssen natürlich, entgegnete Zander, Kommissionen bilden, die auf dieser Grundlage das entsprechende Material erarbeiten, das ist ja auch der Zweck dieser Tagung.

Nach der Pause, in der man sich an Pulverkaffee und pappdeckelhaften Keks gelabt hatte, bewegte sich die Aussprache immer mehr von dem Referat weg. Die Fronterfahrung kam zu Wort. Die alten Hasen hoppelten über die pädagogischen Felder. Wir sollten uns der motivierenden Kraft der Noten bedienen, forderte eine der einheimischen Damen. Was kann man bei den Schülern nicht alles erreichen, wenn man ihnen eine gute Note gibt! Ich lasse zum Beispiel, wenn jemand eine schlechte Arbeit geschrieben hat, ihn diese Arbeit noch einmal schreiben, nach Besprechung der Fehler, versteht sich, damit er die Chance hat, eine bessere Note zu bekommen, und ich habe sehr gute Erfahrungen damit gemacht. Wir müssen den Schülern immer wieder Hoffnung geben, wir müssen ihnen immer wieder Mut machen. Und sie danken es uns. Die nette alte Dame hatte im pädagogischen Eifer richtig rote Backen bekommen.

Der neben Lambert sitzende Kollege flüsterte: Wo soll denn die Motivation für Deutsch herkommen? Die leben auf einem Kontinent, wo im Süden, Norden, Osten, Westen nur Spanisch gesprochen wird! Wozu braucht man da Deutsch? Aber sagen Sie's nicht weiter, lachte er, sonst werden wir arbeitslos.

Lambert lächelte und nickte ihm Beifall zu. Er hatte ja wohl recht, zumindest teilweise.

Die Lehrer, vor allem die einheimischen deutschen Lehrerinnen, kamen in Fahrt und berichteten von ihren Motivationserfolgen. Was machten sie nicht alles für Verrenkungen, um die Motivation zu steigern! Zauberwort »Motivation«, Sesam-öffne-dich der kindlichen Herzen, Stein der Weisen, der alle Lernmaterie in glänzendes Gold verwandelt, süße Droge der Pädagogie.

Ja, die reine Pädagogie ist das, dachte Lambert. Pädagogik, also richtige, entschiedene Führung der Kinder gibt's längst nicht mehr. Man muss nur die richtige Motivation finden, und schon läuft alles. Der Griff in die Trickkiste. Der Lehrer als Unterhaltungskünstler und Süßwarenhersteller. Begabung spielt keine Rolle mehr. Jeder ist begabt. Begabung muss nur geweckt werden. Interesse spielt keine Rolle mehr. Jeder ist interessiert. Interesse muss nur geweckt werden. Es muss einfach Spaß machen, das ist das Entscheidende. Der Mensch lernt nur, wenn es ihm Spaß macht. Und deswegen muss der Lehrer der große Spaßmacher und Moderator sein. Wenn es dem Lehrer gelingt, die deutsche Grammatik so richtig fetzig aufzubereiten, dass der Punk abgeht, dann drückt der Schüler das rockige Personalpronomen ans Herz und umarmt seine innige Freundin, die indirekte Rede, und aus dem Klassenraum wird die Disco, wo alle nach den Klängen der Grammatik tanzen und feiern und glücklich sind. So muss Pädagogik!

Wenn ich jetzt, dachte Lambert, auf einer Versammlung einheimischer Lehrkräfte wäre, wo in spanischer Sprache gefühlt und argumentiert würde, hätte bestimmt längst eine Lehrerin reiferen Alters, aus deren freundlichen Zügen und liebevollen Worten eine eingefleischte Verbindung von pädagogischem Eros und sanfter Mütterlichkeit spräche, ein süßes Wort gesummt, welches das Ambiente benennte, in dem die schönsten Blumen und Früchte der Erziehung gediehen, dieses halb gestöhnte, halb gehauchte Wort, dessen Klang Ohr und Herz gleichermaßen umkoste: »Cariño.«

Cariño war weder ins Deutsche korrekt zu übersetzen, noch gab es zu der dadurch bezeichneten Gefühlsaufwallung überhaupt eine reale deutsche Entsprechung. Das Wort »Liebe« ließe sich nur in den Grundschulbereich bedingt integrieren, wo es vergangene Zeiten beschwören würde, als es noch Abc-Schützen gab und Volksschullehrer, die Bienen züchteten. Sagte man dagegen »Zuwendung«, würde der Eindruck erweckt, dass hier jemand den Schülern in wohlüberlegter Dosierung so viel Gefühl und Aufmerksamkeit schenken wolle, wie sie nach den letzten Erkenntnissen der Pädagogik beanspruchen könnten, es klänge nach tariflicher Vereinbarung. Von pädagogischem Eros zu sprechen, hätte den Sachverhalt auch nicht getroffen, da diese Bezeichnung einerseits ironischem Gebrauch diente, um nämlich ein Verhalten abschwächend zu benennen, das tatsächlicher Erotik sehr nahekam, andererseits den echten Eifer meinte, der den Pädagogen antrieb, wenn er in der Liebe zu seinem Fach dem Zauber einer Klasse wohlgestalteter und interessierter Knaben und Mädchen erlag.

Ja, das gab es! Es gab diesen pädagogischen Eros. War das schlecht? Was hatte sie damals beseelt, als sie an den Abenden zusammensaßen, Wein trinkend, rauchend und stundenlang über die Schule redend? Sie redeten eigentlich nicht über die Schule, sondern über die Schüler und auch nicht über die Schüler, sondern über die jungen Menschen, die da morgens vor ihnen saßen. Und über Literatur, immer wieder über Literatur, als gehörten Literatur und Jugend zusammen.

Sie saßen im Wohnzimmer Lamberts, Rolf und Lisa Schumacher waren rübergekommen. Die Fenster der ländlichen Wohnung standen offen, ein Geruch von Heu drang herein, sie tranken Wein, und Rolf notierte die Einfälle für seinen Unterricht am nächsten Morgen auf der Rückseite seiner Lassoschachtel. Oder Lambert stieg mit Karin zu dem Haus der Freunde hinauf, das jenseits des Tales auf einer Höhe lag. Sie saßen auf der Gartenterrasse, und Rolf schenkte einen weißen, fruchtigen Bordeaux aus, der »entre deux mers« gewachsen war und so hieß. Er setzte sich zwischen Karin und Lisa, hob sein Glas, nickte nach beiden Seiten und sprach: Entre deux mers mundet mir einfach mehr entre deux mères. Subtil!, nickte Lambert anerkennend.

Rolf nahm die Gitarre und präludierte, und dann sangen sie »Jenseits des Tales«. Tatsächlich stieg im Nachbargarten der »Rauch zum roten Abendhimmel«. Und bei den Erdbeeren stand jemand, es war wohl der junge König, und »griff die kühle Erde aus dem Grund«. Aber »sie kühlte nicht die Glut« der heißen Birne, wie Rolf immer statt »der heißen Stirne« sang, und während ein »Lachen in dem ganzen Heere« war, lächelten sie singend einander zu. Die Nachbarin kam mit einer Schüssel Erdbeeren herüber. Weil ihr so schön gesungen habt.

Ein andermal las Rolf Schüleraufsätze vor. Er pflegte Themen zu stellen, die der Fantasie der Schüler alles überließen, wie »Netze« oder »Wolken« oder »Nebel«. Heraus kamen Texte voller Poesie, lyrische Prosa, die vage Stimmungen beschwor, oft auch hart am Rande des Kitsches oder ihm hemmungslos verfallen. Lisa aß ein großes Eis, das sie kaum bewältigte. »Natürlich waren sie nicht in der Lage, Essen wegzuschütten«, sagte sie entschuldigend und lächelte. Die andern verstanden die Anspielung, wenn einer von ihnen eine Tagessituation literarisch überhöhte.

Sie mochten die Schüler, die sie unterrichteten, und waren sich mit ihren Schülern in der Liebe zur Literatur einig. Sie waren sich sicher, dass Literatur- und Sprachunterricht per se Erziehung sei, dass durch die Interpretation der Texte und die Diskussion darüber Erziehung geschehe, und dass man Erziehung nicht als ein eigenständiges Unternehmen betreiben solle. Wann hört ihr endlich auf zu erziehen?, sagte Rolf zu Kollegen, die sich über zu ergreifende pädagogische Maßnahmen ereiferten.

Wenn Lambert in der Oberprima Cicero las, ging es ihm primär darum, Cicero gerecht zu werden, nicht den Schülern. Es kam nicht darauf an, dass die Schüler ihren Spaß hätten, auch nicht darauf, dass bestimmte Erziehungsziele erreicht würden, sondern darauf, dass Cicero sich nicht im Grab umdrehe, dass er korrekt übersetzt und verstanden werde. Respekt vor den Worten der großen Toten, die lebendiger waren als alles, was in den Zeitungen stand. Und die Schüler gingen mit. Sie wurden vom Engagement der Lehrer für die Dichter und Philosophen mitgerissen. Sie nahmen die Mühe des Übersetzens aus einer alten Sprache auf sich. Die gute Formulierung eines Gedankens, der zum Leben überhaupt und so auch zum eigenen Leben Bezug hatte, wirkte auf Kopf und Herz und Lebensführung. Es war ein Geschehen, an dem Schüler und Lehrer gleichermaßen Anteil hatten.

Vorm Schlafengehen saß Lambert in dem kleinen Zimmer, das ihm Josef und Maria für die Zeit der Tagung angeboten hatten, und schrieb in sein Tagebuch. Nach diesem Tag, der von Pädagogik, Methodik, Didaktik nur so troff, kam sich Lambert gar nicht mehr wie ein Lehrer vor. Was diese Kollegen alles machten, was sie alles genau wussten, wie toll sie waren – jedenfalls in ihren eigenen Augen. Perfekte Pädagogen, die offenbar einen Unterricht wie aus dem Bilderbuch hinlegten. Es war entsetzlich. Da konnte er nicht mithalten. Er musste es niederschreiben, um sich davon zu lösen und sich bewusst zu machen, dass noch andere Dinge existierten. Aus dem Fenster blickend, sehe ich in der Ferne die in rötlichem Blau verdämmernde Kordillere. Ewiger Schnee. Allein das Wort »ewig« übte eine stärkende Wirkung aus. Es tat der Seele gut. Es traf wohl ihre göttliche Provenienz.

»Sub specie aeternitatis«, »unter der Perspektive der Ewigkeit« schlief er ein.

Am nächsten Tag wurden Arbeitsgruppen gebildet, die Empfehlungen und Muster für die zentralen Deutschprüfungen erstellen sollten. Damit waren sie dann auch die folgenden Tage beschäftigt. Sie kramten in alten und neuen Lesebüchern, Konzepten, Lehrplänen, Arbeitsblättern. Sie erstellten Texte und bereiteten sie methodisch-didaktisch auf. Sie formulierten Lernziele in Soll-Form. Der Schüler soll, nachdem der Text gelesen und besprochen ist, in der Lage sein, in sprachlich korrekter Form über den Inhalt des Textes Auskunft zu geben. Der Schüler soll erkennen, dass die in diesem Text dargestellten Lebensformen korrekturbedürftig sind und soll sich in sprachlich angemessener Form kritisch dazu äußern können. Sie entwarfen einen wunderschönen Soll-Schüler, der allen Anforderungen entsprach, ein Science-Fiction-Wesen, das gute Chancen hatte, einst auf einem fernen pädagogischen Planeten in ein von der Sonne der Didaktik erhelltes Dasein zu treten.

An einem Abend waren die Tagungsteilnehmer ins Haus eines der Direktoren des Schulverbandes eingeladen. Man stand mit dem Weinglas in der Hand herum und machte Konversation. Hübsche Mädchen der Oberstufe trugen Platten mit Häppchen oder Petits fours unter die plaudernden Grüppchen. Lambert hörte gebannt einer Dame vom Goetheinstitut zu, die die Arbeitsbedingungen für Deutschlehrer in Singapur erläuterte.

Ich hatte mich sofort in ihn verliebt, sagte eine andere weibliche Stimme schwärmerisch. Lambert wandte sich um und sah eine knackige Enddreißigerin in Chanel-Kostüm mit verzücktem Gesichtsausdruck neben Zander stehen. Das Objekt ihrer Verliebtheit hing an der Wand, es war ein gequälter Gekreuzigter mit blutrotem, offenem Herzen. Quito, siebzehntes Jahrhundert, sagte sie. Andere Gäste traten hinzu. Am Abend, sagte die Dame – offenbar die Gastgeberin – in einem naturbelassenen Bayrisch, dem man eher die Würdigung eines Oberammergauer Herrgottswinkels zugetraut hätte, am Abend, wenn die untergehende Sonne drüben durchs Fenster fällt, treten die Körperformen, in einem gewissermaßen transzendenten Licht leuchtend, wunderschön hervor. Sie fuhr mit der Hand in der Luft den Körperformen des Gemarterten nach, ihre goldenen Armreifen klingelten. Die Gäste schwiegen ergriffen oder ergriffen schweigend eines der Gläser, die gerade klingelnd auf einem Tablett vorbeigetragen wurden. Für so etwas könne sie auf alles Mögliche verzichten, sagte sie. In Brasilien habe sie einmal für drei Madonnen eine Reise in den Sertao sausen lassen.

Und dann war die Tagung zu Ende, und Lambert erlebte wieder die lange Fahrt durch die Nacht und das rhythmische metallene Schlagen der Wagenräder an die Fugen der Schienen. Der dahingetragene Schlaf im breiten Bett des alten Schlafwagens der deutschen Reichsbahn, die Träume, die die Wirklichkeit dieser Fahrt mit Bildern von zu Hause verbanden. Und am Morgen der Gang in den Speisewagen, um zu frühstücken, und wenn man zurückkam, hatte der Schlafwagenschaffner die Betten in bequeme Sitze zurückverwandelt, und man sah durch die Fenster in den frühen Morgen und die veränderte Landschaft hinaus.

Es war nicht mehr die Zona central mit ihren braunen Farben, den Adobe-Häusern und der Mittelmeervegetation, der Zug fuhr einen Fluss entlang, über dem dünner Nebel hing, auf den Wiesen grasten weißbraune Rinder, ein Gehölz tauchte auf und dann ein kleines Dorf mit Holzhäusern, deren Wände von Wind und Regen grün und grau eingefärbt waren, aus den Ofenrohren, die statt eines Kamins direkt aus dem Dach ragten, stieg Rauch, der die Zubereitung der Morgensuppe anzeigte. Das war der Süden und Lambert fühlte so etwas wie Heimat.

# XIII

Das inzwischen angemietete Haus stand bereit. Es war alles telefonisch geregelt worden. Die Schlüssel holte er bei der Nachbarin ab. Der Maler hatte Tapeten angeklebt, es roch nach Leim und Farbe. Die Räume waren leer, mit Ausnahme der Küche, deren verbrauchte Schleif-Lack-Möbel Lambert übernommen hatte. Auch die Regale des Wohnzimmers, die aus schwerem, rötlichen Holz gefertigt waren, waren geblieben. In dem Zimmer, das er als Wohnschlafarbeitszimmer vorgesehen hatte, bis die Möbel aus Deutschland kämen, standen die Koffer, die aus seiner Pension hierhergeschafft worden waren. In einer Ecke kauerte der graue Stein des Chiloe-Ofens, der ihm schon bei seinem ersten Gang durchs Haus aufgefallen war. Was ist denn das? hatte er gefragt. Das ist ein Ofen aus Chiloe, hatte Frau Hofmann geantwortet. Der heizt wunderbar.

Jetzt nicht. Kein Feuer brannte. Er zog die Jalousie hoch. Durch das gardinenlose Fenster sah er auf die kleine Straße, die vor dem Haus vorbeiführte. Der Bürgersteig war durch einen schmalen Rasenstreifen von der Straße getrennt. Auf dem Rasen erhoben sich zwei Bäume etwa bis zur Höhe des Fensters, der eine war eine Tanne.

Lambert ging in die Stadt, um etwas zu essen, und legte sich dann zu einem Mittagsschlaf hin. Ein Bett war natürlich noch nicht da. Seine Pensionswirtin hatte Wolldecken und Kissen hergebracht. Das reichte ihm.

Als er erwachte, dämmerte es schon. Es hatte zu regnen begonnen. Er trat ans Fenster und schaute auf die in Regen und Dämmerung versinkende Straße hinaus, die nicht den geringsten Anlass bot, der Stunde etwas Erfreuliches abzugewinnen. Der Regen, der ans Fenster klatschte, weckte das Bedürfnis nach einem menschlichen Laut, der gegen den trostlosen Monolog der Natur ankäme. Lambert zog den Mantel an, setzte den Hut auf und trat aus seinem leeren Haus auf die regendurchwehte Straße. Im gelben Schein der Straßenlampen hingen die dichten, silbrigen Perlenschnüre des Regens vor der graublauen Höhle der Nacht, vom Wind immer wieder auseinandergerissen.

Lambert schritt die breite Avenida Picarte hinunter, die Blechplatten der Dächer klapperten im Wind. Ab und zu musste er vom Bürgersteig auf die Straße treten, weil sich zwischen den zerbrochenen Betonplatten kleine Gruben auftaten. Manchmal trat er auf eine lockere Platte, und aus den Fugen spritzte eine schmutzige Fontäne auf. Er kam an den Ruinen der früheren Deutschen Schule vorbei, die beim Erdbeben 1960 zerstört worden war. Aus den öden Fensterhöhlen blickte das Grauen und regennasses Gebüsch. Er passierte die verlassene Plaza, wo die Blätter der rings stehenden Linden unter den Windstößen wie nasse, tote Vögel zu Boden torkelten. Er schritt eine Seitenstraße hinunter, in der die Reihe der Häuser immer wieder mal durch Gärten unterbrochen wurde. Er klingelte am Gartentor der Kindergärtnerin. Nach kurzer Zeit näherten sich durchs Gras patschende Schritte. Die Freundin Ankes, ebenfalls Kindergärtnerin, machte auf. Sie lächelte und hielt ihm die Wange zur Begrüßung hin. Er ging hinter ihr durch den triefenden Garten auf das kleine Holzhaus zu. Er trat in die behagliche Wärme des kleinen Raumes, wo ein paar Leute zusammensaßen, die er inzwischen alle kennengelernt hatte: das Zahnarztehepaar, ein Bankangestellter mit seiner Frau, der Freund der anderen Kindergärtnerin und Anke, wegen der Lambert eigentlich gekommen war. Man empfing ihn geradezu herzlich, wie einen alten Bekannten, fragte ihn, was sein Haus mache, wie es in der Hauptstadt gewesen sei, was er von daheim höre. Die Anteilnahme tat ihm gut. Es war schön zu merken, dass Menschen sich für einen interessierten. Die freundliche Begrüßung, die dargebotenen Wangen der Damen, die Fragen, das Glas Wein, das vor ihn hingestellt wurde, das waren alles Dinge, die zeigten, dass er dazugehöre. Man bot ihm an, Geschirr oder Stühle oder Decken zu bringen oder was er sonst noch brauche, bis sein Hausrat aus Deutschland eingetroffen sei. Anke wich seinen Blicken aus, sie schien etwas gegen ihn zu haben, aber was? Es war nichts zwischen ihnen gewesen, vielleicht hatte sie etwas erwartet, vielleicht hätte er sich wieder melden sollen. Vor einer halben Stunde, als er durch den Regen stapfte, hatte er sich vorgestellt, den Arm um sie zu legen. Ihre Freundin goss ihm lächelnd Wein nach und reichte ihm die Schale mit Oliven. Liliana, die Frau des Zahnarztes, erinnerte sich an frühere Kollegen. Dem einen sei nicht beizubringen gewesen, dass es la radio heiße, er habe immer el radio gesagt, erzählte sie lachend. Erzähl mal die Geschichte von Roberto!, sagte ihr Mann. Roberto, lachte sie, ja wirklich. Eines Abends hätten sie bei dem Vorgänger Lamberts zusammengesessen und geplaudert und Wein getrunken, da hätten sie draußen aus dem kleinen Park, der das Haus umgab, ein verdächtiges Geräusch gehört. Sie seien vorsichtig hinausgegangen, und da hätten sie unter den Bäumen einen Mann angetroffen. Der sei sehr erschrocken gewesen und habe versucht sich herauszureden. Er heiße Roberto und sei auf dem Weg nach Haus, er habe hier nur sein Geschäft verrichten wollen, er habe plötzlich ganz dringend gemusst. Ruf die Polizei!, habe ihr Mann zu Dietmar, dem Vorgänger Lamberts, gesagt, du wirst doch das nicht glauben. Die Carabineros seien auch gleich gekommen, die hätten Roberto ganz gemütlich ein paar saftige Ohrfeigen verabreicht, piff, paff, und dann habe er auch gleich gestanden, dass er habe einbrechen wollen. Und was haben sie dann mit ihm gemacht?, fragte Lambert. Nun, die Carabineros hätten ihm Handschellen angelegt und ihn mitgenommen. Er habe ihnen allen ja ein bisschen leidgetan, Dietmar habe auch keine Anzeige erstatten wollen. Du lieber Gott, sagte der Zahnarzt, man kann die Typen aber auch nicht einfach laufen lassen, die werden immer frecher. Dietmar habe sich dann einen Hund zugelegt, vor Hunden hätten sie Angst. Seien Sie froh, sagte der Mann von der Bank, dass Sie im Zentrum wohnen, da brauchen Sie keine Angst zu haben. Außerdem, sagte Liliana, ist das Quartier der Carabineros in der Straße hinter Ihrem Haus, das ist ein zuverlässiger Schutz, da traut sich so schnell keiner einzubrechen. Es tat Lambert gut, dass sie sich Sorgen machten und gute Ratschläge gaben. Er gehörte dazu. Er konnte sich auf diese Stadt einlassen, er war auch ein Bürger dieser Stadt, der wie andere Bürger Gefahren ausgesetzt war und sich davor schützen musste. Er hatte ein Haus in dieser Stadt und war damit einer der ihren. Er konnte nicht länger an Deutschland denken und sich hier nur als Durchreisender fühlen. Das war keine Zwischenstation. Er musste sich dazu entschließen, ganz hier zu sein und hier zu leben, nachdem er nun einmal hier war. Nach der körperlichen Anwesenheit galt es, die Seele nachzuholen. Es galt, die Mitte des Lebens nach vierzig Jahren neu zu definieren. Nach 40 Jahren Sankt Vahlen, wo die einhellige, wenn auch unausgesprochene Meinung geherrscht hatte, dass Sankt Vahlen das Zentrum des Universums sei, war es nun am Platz, sich der ebenso einmütigen Überzeugung der Bürger von Valverde anzuschließen, dass Valverde der Nabel der Welt sei. Was von allen gemeinsam geglaubt wird, ist unmöglich total falsch, sagt der heilige Thomas von Aquin. Das Zahnarztehepaar nahm Lambert im Auto mit und setzte ihn unter Gutenachtwünschen und Einladungen, sie zu besuchen, und Aufforderungen, nur zu sagen, wenn er etwas brauche, vor der Haustür ab, so dass Lambert ein warmes Gefühl von Willkommensein und Freundschaft in seine leeren und kalten Zimmer mit hineinnahm.

# XIV

In seinem Fach lag Post. Er kam aus dem Unterricht ins Lehrerzimmer und sah, dass Post in seinem Fach lag. Oh, Post aus Deutschland! Da freut sich aber jemand, sagte Erna, als er drei Briefe neben seine Kaffeetasse legte. Lambert war gar nicht so sicher, dass ihn die Lektüre freuen würde. Er machte die Briefe erst zu Hause auf. Karin schrieb von den Schwierigkeiten, die sich in den letzten Wochen vor der Abreise allenthalben auftaten: Wohnungsauflösung, Organisation von Möbeltransport und Flug, finanzielle Probleme im Zusammenhang mit Umzug und Autokauf. Das musste sie alles allein bewältigen. Sie konnte mit niemand darüber sprechen. Wenn sie sich einmal bei Lamberts Mutter beklagte, erhielt sie zur Antwort: Ihr habt es ja so gewollt. Der Mutter war es eine unerträgliche Vorstellung, dass ihr Sohn und seine Familie so weit fort gingen, »ans Ende der Welt«. Sie wollte es sich nicht vorstellen. Sie wollte gar nicht daran denken. Sie erzählte in ihrem Brief von den alltäglichen Dingen, die dieselben blieben, auf deren beruhigende Unveränderlichkeit sie vertrauen konnte. Sie sprach von den Beschwerlichkeiten des Alters, die ihr zu schaffen machten. Sie berichtete, wer aus dem Kreis der Nachbarn oder Bekannten gestorben war. Die allmähliche Befreundung mit dem Tod, wenn man sieht, wie er langsam die Dorfstraße hochkommt. Die alte Frau Fuhr ist gestorben, schrieb sie, es war eine kleine Beerdigung. Geh sonntags in deine Kirche, schrieb sie, wir brauchen den Herrgott, der braucht uns ja nicht.

Die Kinder hatten geschrieben. Seine Tochter hatte mit ihrem Freund gebrochen, in der Schule lief vieles nicht nach Wunsch, auf die Freundinnen war kein Verlass. Sie schrieb: Ich wünschte, ich könnte über alles mit dir reden. Seine Söhne, die mit herüberkommen sollten, bedrückte die Ungewissheit, was sie drüben alles erwarte. Sie erkundigten sich, wie die Schule sei, was man von den Klassenkameraden zu erwarten habe, welchen Sport man treiben könne.

Lambert saß am Schreibtisch in seinem kalten Zimmer und war fertig. Für alles, was in Deutschland passierte, war er verantwortlich. Er hatte eine Entscheidung getroffen, die eine Reihe von Leben betraf. Er hatte viel zu wenig darüber nachgedacht, welche Folgen seine Entscheidung für andere habe.

Quidquid agis, prudenter agas et respice finem! Was du auch tust, handle vernünftig und bedenke den Ausgang! Das hättest du dir mal früher klarmachen sollen, sagte er laut zu sich. Die Kinder hatten ihm gleich vorgeworfen, er gehe das alles zu leichtfertig an. Er hatte Zuversicht und Optimismus dagegengesetzt. Stellt euch vor, eine ganz neue Welt tut sich vor uns auf! Wir werden gemeinsam mit allem fertig werden. Ich werde ein schönes Haus finden. Ihr werdet alle nachkommen. Wir werden eine Menge neuer Erfahrungen machen. Wir werden reisen. Es wird schön werden, ihr werdet sehen.

Das hatte er geglaubt. Er hatte auf seinen guten Stern vertraut. Es war alles nicht wahr. Er hatte das Gefühl, dass ihm alles entglitten sei. Er war nicht mehr der Lenker des Geschehens, das Geschehen entwickelte seine eigene Gesetzmäßigkeit.

Es war jetzt keine Zeit, lange darüber nachzudenken. Er hatte keine Zeit, durch Nachdenken die Nachrichten aus Deutschland in ein freundlicheres Licht zu rücken. Er musste gleich wieder in die Schule, für den Nachmittag war eine

Konferenz mit der neuen Schulpsychologin angesetzt. Resch war stolz darauf, dass er für die Schule eine eigene Psychologin verpflichtet hatte. Das sollen uns die anderen mal nachmachen, hatte er triumphierend zu Lambert gesagt. Die anderen, das waren die anderen Colegios der Stadt, die sich keine Psychologin leisten konnten. Der Propagandaeffekt war bedacht. Die Eltern würden ihr Kind lieber auf eine Schule schicken, an der eine Psychologin eine professionelle Aura seelischer Betreuung und Geborgenheit garantieren und jedes auftauchende Problem mit den zuverlässigen Mitteln der Wissenschaft angehen würde. Man wäre auf der Höhe der Zeit. Man würde, wie in den Vereinigten Staaten, Schulprobleme der Kinder mit dem Instrumentarium der Psychologie analysieren und würde die Niederungen eines pädagogischen Entwicklungslandes weit unter sich lassen.

Die einheimischen Lehrer misstrauten der Psychologin von vornherein, da sie in ihr die Konkurrentin witterten. Sie hielten sich selbst für kompetent genug und argwöhnten, dass die Psychologin pädagogische Fürsorge und Herzlichkeit durch psychologische Analyse und therapeutische Maßnahmen ersetzen wolle. Leistungsdefizite und Fehlverhalten würden kalt und sachlich auf seelische Störungen zurückgeführt und damit einer liebevollen pädagogischen Behandlung entzogen. Eine Schwächung der Position der Lehrer sei dabei die unvermeidliche Folge. Außerdem wäre damit eine neue Stelle geschaffen, und Schulgelder, die eigentlich dem Lehrpersonal zugutekommen könnten, würden für etwas verwandt, ohne das man bisher sehr gut ausgekommen sei.

Die Psychologin enttäuschte das in sie gesetzte Misstrauen nicht. Sie war eine junge Frau, die man hauptsächlich auf Grund ihrer Jugend als nett aussehend bezeichnet hätte. Sie trat mit einer Selbstsicherheit auf, die zu ostentativ war, um natürlich zu wirken. Dahinter war die Unsicherheit einer Frau erkennbar, die über keine Erfahrung im Auftreten vor größeren Versammlungen verfügte und instinktiv wohl die Vorbehalte spürte, die man ihr gegenüber hatte. Die zur Schau getragene Überlegenheit der Psychologin provozierte im Verlauf der Konferenz die Lehrer zu mehr Ablehnung, als sie bereits mitgebracht hatten.

Angst, so begann sie ihr Grundsatzreferat, sei eines der wesentlichen Hemmnisse dabei, dass ein Kind sich in seinem Colegio wohl fühle und natürlich entwickle. Die angstfreie Entwicklung der Persönlichkeit müsse daher das Anliegen der Schule sein. Bei der Erfüllung dieser Aufgabe wolle sie den Lehrern helfen. Die Lehrer, sagte sie, forderten Leistung, zu Recht natürlich, aber Leistung sei nicht alles. Oder anders gesagt, wenn man Leistung wolle, müsse man die Bedingungen dafür schaffen. Die Lehrer machten sich oft nicht klar, dass gerade die Situation, in der sie Leistung verlangten, also die Prüfungssituation, Angst erzeuge und damit Leistung verhindere. Wenn man also bessere Leistungen wolle, müsse man behutsam ein Klima des Vertrauens und Zutrauens schaffen, in dem das Kind ohne Leistungsdruck seine Fähigkeiten entwickeln und darstellen könne. Die Lehrer, sagte sie, seien oft damit überfordert, die psychische Situation des Kindes richtig einzuschätzen und die äußeren Bedingungen dafür herzustellen, dass in einem Ambiente des cariño die zarte Pflanze der kindlichen Seele sich natürlich entfalten könne. Dabei nun wolle sie als Psychologin helfen und mitwirken, das betrachte sie als ihre Aufgabe in diesem Colegio, für die sie ebenso um die Unterstützung der Lehrer bitte, wie sie auch ihrerseits bereit sei, den Lehrern mit Rat und Tat zur Seite zu stehen.

Das anschließende Schweigen verlautbarte, wenn man genau hinhörte bzw. es interpretieren wollte, dass sie die Lehrer insgesamt gegen sich aufgebracht hatte. Die einen ärgerten sich, weil sie als professionelle Angstmacher angeprangert worden seien, die anderen glaubten, dass ihnen auf dem Feld des cariño niemand etwas vormachen könne und wollten daher diese ureigene Domäne keinesfalls kampflos räumen.

Die Schüler, wagte sich ein Mathematiklehrer vor, freuten sich doch eigentlich, wenn sie das, was sie gelernt hätten, auch zeigen könnten. Sie hätten keine Angst davor, gefragt zu werden. Angst habe nur, wer nichts gelernt habe und faul sei.

Sie seien, sagte Frau Digna, eine in Ehren ergraute und pädagogische Würde ausstrahlende Geschichtslehrerin, sie seien, sagte Frau Digna mit vor Indignation zitternder Stimme, allesamt profesionales, Fachleute, die eine langjährige Universitätsausbildung genossen und reiche Erfahrung in vielen Schuljahren gesammelt hätten, sie könnten durchaus beurteilen, wie die psychische Situation eines Kindes sei und welche Probleme es habe, sie wüssten durchaus, was man zu tun habe, um einen Entwicklungsprozess gedeihlich zu gestalten. Ihre Stimme brach aus der Monotonie aus, die sie im Laufe eines langen Unterrichtslebens gewonnen hatte, und gewann mit der höheren Tonlage an Schärfe: Es sei das tägliche Brot der Lehrer, man solle doch nicht so tun, als seien sie alle Anfänger, das seien doch die pädagogischen Aufgaben, die sie jeden Tag zu lösen hätten und die sie bisher auch gelöst hätten.

Die Psychologin wollte darauf antworten, aber die Lehrer waren noch nicht fertig. Die Psychologin habe sicher recht, gestand die Grundschullehrerin Frau Martinez scheinbar sanftmütig zu, wenn sie bemerke, dass die Liebe das wesentliche Erziehungsprinzip sei, aber, fuhr sie in verletzter Mütterlichkeit fort, in diesem Colegio sei der cariño längst zu Hause, die Kinder wüssten sich geliebt und liebten ihre Lehrer. Jeden Morgen, sagte sie mit zitternder Stimme und ihre Augen füllten sich mit Tränen der Rührung, kämen die Kinder ihrer Klasse sie ans Lehrerzimmer abholen.

Hand in Hand und umringt von ihnen gehe sie mit ihnen zum Klassenzimmer und in den Unterricht, in dem sich alle wohlfühlten.

Die Psychologin versuchte sich zu verteidigen. Sie war sichtlich erschrocken. Natürlich habe sie nicht sagen wollen, dass kein cariño im Colegio sei, auf keinen Fall habe sie das andeuten wollen, und sicher müsse auch in den Fächern etwas geleistet werden, und sie habe auch nicht die pädagogischen Fähigkeiten der Lehrer in irgendeiner Weise infrage stellen wollen, aber man könne doch gemeinsam mehr erreichen und sicher gebe es Fälle, in denen psychologischer Rat gefragt sei und dabei wolle sie ihre Hilfe anbieten. Resch versuchte ihr beizustehen, aber viel mehr als die wiederholte Bekundung von Stolz auf die neue Errungenschaft einer Psychologin, worum uns die andern Colegios beneiden werden, wurde es nicht. Die feindselige Stimmung war da. Sie würde sich bei den Gesprächen der Lehrer auf dem Nachhauseweg noch verfestigen.

Machen Sie sich nichts draus!, versuchte Resch die junge Frau, die dem Weinen nahe war, nachher im Direktorzimmer zu trösten, das ist am Anfang immer so, die Lehrer wollen aus ihrer gewohnten Ordnung nicht heraus, sie haben Angst vor dem Neuen. Sie werden schon sehen, das gibt sich alles, und die Eltern, das weiß ich, sind begeistert, dass die Schule eine Psychologin eingestellt hat.

Sie redeten noch eine Zeitlang darüber, was nun praktisch zu tun sei, wie man vorgehen müsse, wie die Zusammenarbeit mit den Lehrern gestaltet werden könne. Lambert hörte zu und nickte gelegentlich zustimmend, konnte aber nicht viel Interesse aufbringen, er hatte andere Dinge im Kopf.

# XV

Liebe Karin, schrieb Lambert, am Abend in seinem kalten Zimmer sitzend, auf das vor ihm liegende Blatt blauen Luftpostpapiers und hielt inne. Es drängte ihn, vom Nachmittag der Psychologin zu erzählen, aber es wäre, dachte er, so unpassend wie nur was, Karin die hiesigen Probleme aufzutischen. Sie hatte selbst genug am Hals. Die vielen Dinge, die zu erledigen waren, die Verunsicherung der Kinder angesichts des Bevorstehenden, das Unverständnis der Familie und der Freunde, finanzielle Sorgen. Er stellte sich vor, wie jeden Tag neue Schwierigkeiten auftauchten und wie Karin abends erschöpft ins Bett sank. Traurigkeit und Tränen, und er weit weg, am Ende der Welt, mit Situationen konfrontiert, die ihm absurd vorkamen, die ihn absolut nicht interessierten, solange die Menschen, die er liebte, litten. Er dachte wieder an den Nachmittag. Es ist absurd, dachte er. Kindern, denen es blendend geht, die liebevoll umsorgt werden, dichtet man Psychosen an, um dann selbst als wundertätige Fee zu erscheinen. Die Frau spinnt doch. Eine spinnende Fee! Na ja, Feen haben oft gesponnen, spinnen war ja mal eine höchst ehrbare Tätigkeit. Spinnende Frauen konnten zu Königinnen aufsteigen. Obwohl, dachte er, das gibt's ja heute auch noch.

Er stand auf und wanderte im Haus umher. Er ging durch die leeren, hallenden Zimmer seines Hauses und fluchte. Wenn man die Dinge nicht verändern kann, kann man sie zumindest verfluchen. Fluchen reinigt die Seele. Es ist die reinste Katharsis, wenn man fluchend durch die Räume wandert. Es tut ausgesprochen gut. Das war die Psychologie, die er brauchte. Er wies die Psychologin mitsamt den Lehrern und Schülern aus dem Haus. Sie hatten heute Abend hier nichts zu suchen. Es galt, »an Deutschland in der Nacht« zu denken. Aber dann ist man natürlich auch leicht um den Schlaf gebracht. War früher auch schon so.

Ach, Europa! Es waren gute Zeiten gewesen, als sie zusammen waren, Karin, die Kinder, seine Eltern. Es war einmal. Ich war, dachte er, einer von den märchenhaften Typen, die mit Weib und Kind glücklich und in Freuden dahinlebten. Und wenn sie nicht gestorben sind, leben sie noch heute. Und wenn sie nicht ausgewandert wären, lebten sie noch heute dort. Ich bin ein Familienmensch, dachte er, Vertreter einer aussterbenden Gattung, die nicht unter den Artenschutz fällt. Das gibt's ja fast nicht mehr. Familienglück gibt es nur auf Biedermeierbildern, die in alten Alben auf dem Speicher verstauben. Familienglück, das klingt wie Almenrausch und Edelweiß und Zitterklänge im Herrgottswinkel. Oder es ist ein Sommermorgen auf der Gartenterrasse, wenn die gesunde Frühstücksmargarine auf die frischen Brötchen gestrichen wird in der schönen Werbewelt. Wer auf solchem Glück besteht, ist entweder mit Rosen bedacht oder mit Konsumgütern. Auch eine gewisse Dummheit ist nach weit verbreiteter Ansicht Voraussetzung für ein glückliches Leben. Nicht umsonst wird den Dummen im Märchen das Glück zuteil. Hans im Glück. Wer anfängt zu denken, wird melancholisch. Der glückliche Dumme strahlt blindlings in die Welt, der Denkende kultiviert seine Fähigkeit zu trauern. Er verabscheut die Wonnen der Gewöhnlichkeit und legt Trauer an. »Trauer muss Elektra tragen«, nicht Rosemarie. Lambert erinnerte sich, wie vor einigen Jahren eine frisch geschiedene Freundin ihnen vorgeworfen hatte, dass sie in einer »heilen Welt« lebten, und sie damit sozusagen der Beschränktheit oder Unwahrhaftigkeit geziehen hatte, als seien sie Lügner, die sich und die Welt über den wahren

Zustand ihres Zusammenlebens täuschten. Oder eben Trottel, die einfach die Probleme nicht hätten, die aufgeschlossene, moderne Menschen nun mal haben.

Die heile Welt hat ja nun aufgehört, dachte Lambert. Also vergessen wir Schlagworte und Schlagsahne und nehmen die Schläge hin, ohne uns geschlagen zu geben. Tun wir das, was getan werden muss. Ich bin hier und sie sind dort. Jetzt wird sich zeigen, was Bestand hat. Omnia vincit amor, die Liebe siegt über alles, nicht wahr!

Er setzte sich wieder an den Schreibtisch. Liebe Karin. Tröstungen. Ermutigungen. Versicherungen. Ich denke viel an dich. Wir werden es schon schaffen. Liebe Kinder. Ich habe ein schönes Haus gefunden. Jeder wird sein eigenes Zimmer haben. Die Schule wird euch keine Schwierigkeiten machen.

Venceremos! rief er laut und kampflustig. Wir werden siegen!

Als er am nächsten Tag zur Plaza ging, boten da die fliegenden Händler mit lauten Rufen Muttertagsutensilien feil. Un diploma de amor, riefen sie, 20 Pesos, und sie hoben urkundenhaft gestaltete Blätter hoch, auf denen der Mutter in Vers oder Prosa blumenreich bescheinigt wurde, dass sie geliebt werde. Gedichte, von Vergissmeinnicht umrankt, farbige Darstellungen, die die Mutter am Krankenbett des Kindes oder bei der Hausarbeit tief in der Nacht zeigten, lagen auf den Tüchern aus, die die Händler am Straßenrand ausgebreitet hatten.

Lambert rief nach Deutschland an, um seiner Mutter und seiner Frau Glückwünsche zum Muttertag zu übermitteln. Die Familie saß beim Kaffee, seine Mutter erzählte, sie hätten Marmorkuchen und »Apfelkuchen sehr fein«, da könntest du jetzt mitessen, sagte sie. Karin sagte, es sei ein schöner Maitag, am Abend gingen sie alle zusammen in den Posthof essen, sie vermisse ihn sehr.

Als er aus der Telefonica kam, hatte es angefangen, leicht zu regnen. Er suchte ein Lokal auf, zur Feier des Tages, sagte er sich. Das Lokal hieß »El Conquistador«, der Eroberer, es war ein hoher, kahler Raum, der mit billigen Tischen und Stühlen aus Kunststoff und Metall möbliert war, in einer Ecke züngelten die Lichter von Spielautomaten. Es war schon beruhigend zu wissen, dass es ihnen in Deutschland gut ging. Sie sitzen froh zusammen, es ist Mai, die Bäume stehen in voller Blüte. Deutschland im Mai, dachte er, wohin man blickt, Blütenpracht, schöne Natur, gepflegte Häuser, saubere Straßen, gut angezogene Menschen, nicht infrage gestellte Segnungen der Zivilisation.

Ich habe hier nichts verloren, murmelte Lambert, über den Plastiktisch hinaus auf die Plaza blickend, wo der Regen in die kahler werdenden Linden fiel, das ist nicht mein Land. Hier sitzt ein von allen guten Geistern verlassener Glücksritter, ein abgehalfteter Conquistador, der vergeblich El Dorado suchte. Er hätte sich weiter halblaut beschimpft, wenn nicht sein Steak gekommen wäre. Das Steak war zart und saftig und bewirkte, im Verein mit einer Flasche Gato negro, an deren Hals eine schwarze Katze baumelte, dass er gelassener ins graue Licht der verödeten Plaza hinausblickte. Als die Flasche leer war, löste er die schwarze Katze vom Hals der Flasche und befestigte sie an einem Knopf seines Sakkos.

Zu Hause ließ er die Jalousien herunter und legte sich zu einem ausgedehnten Mittagsschlaf nieder. Gegen Abend klingelte es an der Gartentür. Lambert sah durch das Fenster neben der Haustür zwei schwarzhaarige Mädchen draußen stehen. Er ging durch den kleinen Garten und öffnete die Tür und ließ sie ein. Das eine der beiden Mädchen kannte er, sie hieß Carmen und war das Hausmädchen seines Kollegen Volkert. Das sei ihre Schwester, sagte sie, er brauche doch auch ein Hausmädchen. Lambert erinnerte sich, mit Volkert darüber gesprochen zu haben, er hatte es total vergessen, wahrscheinlich war auch dieser Termin ausgemacht worden. Ja, sagte er, er brauche jemand fürs Haus, und solange seine Frau nicht da sei, brauche er auch jemand für die Küche. Ob sie kochen könne. Ja, entgegnete das Mädchen zögernd, wenn Sie nicht zu anspruchsvoll sind. Sie hieß Mirta und war nicht unhübsch, wenn auch ihre kompakte und bäuerliche Figur ihn nicht gerade entzückte. Sollte sie ja auch nicht. Das dichte, schwarze Haar umrahmte ein etwas zu breites Gesicht von bräunlicher Hautfarbe. Sie war einfach, aber geschmackvoll gekleidet. Eigentlich, sagte sie, sei sie ja Kindermädchen. Meine Kinder sind aber schon groß, sagte Lambert. Vielleicht kommt noch eins nach, ermunterte sie ihn lächelnd. Er zeigte ihr das Zimmer, wo sie wohnen sollte. Er schämte sich ein wenig, als sie die Holztreppe in den Keller hinabstiegen, wo das Zimmer lag. Ein dunkles Loch eigentlich, das von dem überdachten Seitenhof des Hauses durch ein schmales Oberfenster spärliches Licht empfing. Ein winziges Bad, das eine Kaltwasserdusche, WC und Waschbecken enthielt, war durch einen Vorhang abgetrennt.

Wer weiß, wie es bei denen zu Hause aussieht!, sagte sich Lambert, zu seiner Entschuldigung das bequeme Argument heranziehend, dessen man sich in Deutschland im Hinblick auf einfache Leute gern bediente. Zudem, argumentierte er zu seinen Gunsten weiter, hatte der Hausbesitzer, der immerhin Arzt ist und weiß, was sich gehört, es für seine empleada eingerichtet. Es ist also nicht meine Schuld. So ist es halt hier. Er war sich schon darüber im Klaren, dass seine Argumentation moralisch bedenklich war. Aber was sollte er tun? Er war nicht in der Lage, große Veränderungen für das Mädchen treffen zu lassen, Das hätte so viel gekostet, dass er lieber auf sie verzichtet hätte. Dann hätte sie keine Arbeit gehabt. Ist es nicht besser, ein schlechtes Zimmer zu haben und Arbeit, als kein schlechtes Zimmer zu haben und keine

Arbeit? Also! Sie hat auch, sagte er sich zu seiner weiteren Beruhigung, schließlich hervorragende Arbeitsbedingungen. Zunächst bin ich allein da, und auch später ist der Haushalt nicht allzu groß. Es wird also sicher nicht so viel von ihr verlangt wie in einem einheimischen Haushalt. Und ihr Essen bekommt sie auch. Außerdem bezahlen die Deutschen besser. Bezahlen Sie bloß nicht so viel!, hatte ihn Resch ermahnt und ihm erzählt, was seine empleada bekommt. Das ist schon mehr, als sie hier normalerweise bekommen, hatte er gesagt, also verderben Sie nicht die Preise! Mirta war mit Logis und Lohn einverstanden. Sie sollte gleich am nächsten Montag anfangen.

# XVI

Die Schule forderte ihn. Lambert hatte nicht nur einen Stundenplan mit zwanzig Stunden Deutsch zu absolvieren, auch seine Pflichten als stellvertretender Schulleiter waren zahlreich und erhöhten sich in dem Maße, wie der Direktor, der zum Schuljahresende scheiden würde, sich aus dem schulischen Geschehen zurückzog und Aufgaben an ihn delegierte.

Jede Woche begann mit einem acto. Bei einigermaßen gutem Wetter versammelten sich die Schüler auf dem Hof, an dem durch ein Vordach geschützten Eingang zur Grundschule, einem sozusagen sakralen Ort, wo die Büste des Schulgründers in weihevollem Halbdämmer wachte. Wenn kein besonderer Anlass vorlag, wenn also nicht der Jahrestag einer großen Schlacht oder sonst ein vaterländisches Fest erhöhte Feierlichkeit erforderte, traten nur die Klassen an, die der Inspector general zur Teilnahme bzw. Gestaltung der Feier verpflichtet hatte. Er hatte zu Beginn des Schuljahres einen Plan ausgehängt, der für die Klassen Teilnahme und Gestaltung der actos regelte.

An diesem Montagmorgen zogen niedere, graue Wolken dahin, die der feuchte Wind ab und zu auseinanderriss, so dass ein wenig fahles Blau aufschimmerte. Der Wind rauschte in den hohen Bäumen des an den Schulhof angrenzenden Friedhofs, wo der Schulgründer mit seiner Familie ruhte. Ein Schüler der Klasse, der die Gestaltung des acto turnusgemäß oblag, trat an das dafür vorgesehene Stehpult und begrüßte Lehrer und Schüler. Die Schüler standen in einem Halbkreis, der von der ordnenden Hand und den ästhetischen Vorstellungen des Inspector general so arrangiert war, dass die Größeren die hinteren Reihen bildeten und die Öffnung des Halbkreises den Blick auf den Rasen freiließ, wo der Flaggenmast aufragte, an dessen Fuß ein Junge und ein Mädchen der Waltung ihres Amtes harrten. Der Inspector general suchte die mit diesem Ehrenamt zu Betrauenden jeweils eigenhändig aus. Sie mussten frei von Verstößen gegen die Schulordnung sein und hatten sich in tadelloser Schuluniform zu präsentieren. »Ta-del-los« müsse die Uniform sein, hatte er im Vorgespräch mit ihnen gefordert und hatte sich an diesem Morgen auch von der genauen Einhaltung der Bekleidungsvorschriften überzeugt. Er hatte das Mädchen sogar den Schuh heben lassen, um sich der zulässigen Höhe des Absatzes zu vergewissern. Der Inspector general stand hinter der letzten Reihe der Schüler im Halbdunkel des Vordachs. Neben den ehernen Zügen des Schulgründers starrte sein bleiches Pferdegesicht verantwortungsbewusst in den regnerischen Morgen.

Während die Schüler die Nationalhymne sangen, die den reinen, azurenen Himmel des Landes pries, ging ein kurzer Schauer nieder. Unverdrossen zog der Schüler die Fahne am Mast hoch, standhaft sekundiert von dem Mädchen in seiner weißen Bluse, das seine Aufgabe, neben dem tätigen Kameraden zu stehen und schön zu sein, aufopferungsvoll erfüllte. Wie gewünscht erreichte die Flagge die Spitze des Mastes genau in dem Augenblick, da die Zeile des Schlussrefrains »El asilo contra la opresión« verklang.

Als Lambert das Lied zum ersten Mal hörte, hatte er geglaubt, er habe den Refrain nicht richtig verstanden. Wie war es möglich, dass man in Zeiten einer Militärdiktatur lauthals singen konnte, dieses Land solle entweder »ein Grab der Freien« werden oder ein »Asyl gegen die Unterdrückung«? Auch wenn der Unabhängigkeitskampf gegen die Spanier gemeint war, merkte denn niemand darin den Aufruf zur Freiheit und zum Widerstand? Was dachten sich die Militärs dabei, wenn sie das Lied singen ließen? War es ihnen im Bewusstsein ihrer unerschütterlichen Machtposition völlig gleich, was für ein neuer Sprengstoff in dem alten Text steckte? Hielten sie dafür, das seien nur Worte, bei denen sich niemand etwas Besonderes denke, in denen sich aber traditionellerweise ein allgemeines patriotisches Gefühl ausspreche, das sie für ihre Zwecke nutzen könnten? Denn es war ja deutlich, dass eine Vaterlandsliebe, die sich gerade aus vergangenen glorreichen Kriegstaten speiste, von offizieller Seite angelegentlich gefördert wurde.

Später stellte Lambert zu seiner Überraschung fest, dass die amtliche Interpretation den Text durchaus auf die Gegenwart bezog. Die Militärs waren der Meinung, dass sie die Freiheit vor der Repression, die von der sozialistischen Regierung des Landes ausgegangen sei, gerettet hätten, und dass der Militärputsch das Land von einer fremden Macht, den Russen und Kommunisten nämlich, befreit habe und somit dem Befreiungskampf gegen die Spanier von damals ebenbürtig an die Seite zu stellen sei. So gehörte denn auch aus dem umfangreichen Text der alten Hymne eine Strophe zu den offiziellen Anlässen, in der die tapferen Soldaten besungen wurden, die das Land befreit hatten. Die erste Strophe, die das Vaterland pries, wurde durch die zweite in den gewünschten Kontext gerückt: Vaterland und Soldaten waren eine untrennbare Einheit. Oppositionelle Gruppen ließen dagegen, wenn sie bei ihren Veranstaltungen, bei denen sie auf Bekundung der Vaterlandsliebe auch nicht verzichten wollten, die Nationalhymne sangen, die zweite Strophe weg und demonstrierten so sang- und klanglos für ein Vaterland ohne die Herrschaft der »tapferen Soldaten«.

Der Himmel war dunkler geworden, es fing an stärker zu regnen. Die Schüler drängten sich unterm Vordach zusammen. Aus dem Hintergrund blickten Inspector general und Schulgründer gemeinsam und mit angemessenem Ernst in den verhangenen Morgen. Der Sprecher trat ans Pult und verkündete, seine Klasse werde jetzt das Lied von Manuel Rodriguez singen.

Sie sangen die traurige Ballade von Manuel Rodriguez, der mit seinen Gefährten über das Land reitet. Er reitet durch den Tag, durch die Nacht, durch den Tag, er reitet, er reitet. Er reitet durch Vallenar und Curico und San Roque, er reitet durch Chillan und Concepcion und Rancagua, er reitet, er reitet. Der Guerillero, der Krieger, reitet mit seinen Getreuen durch das Land, die Leute winken ihm zu, das Volk liebt Manuel Rodriguez. Und dann der Hinterhalt, und das Blut von Manuel Rodriguez netzt die Erde des Vaterlandes. Wer waren die Mörder? Waren sie von einem Bischof gedungen? Tot ist Manuel Rodriguez, sangen die Schüler, er, der unsere Hoffnung war.

Das Gesicht des Inspector general hatte sich verdüstert. Aber nicht der Tod des Manuel Rodriguez ging ihm nahe, sondern die vor seinen Augen und Ohren sich ereignende Besingung des Guerillero, der damals gegen den Vater des Vaterlandes aufgestanden war und heute von denen gefeiert wurde, die sich gegen Recht und Ordnung erhoben. War der Mann schon ein Rebell, dessen Namen in einem vaterländischen Acto keine Erwähnung hätte finden dürfen, noch schlimmer war, dass dieser hiesige Dichter ihn besungen hatte, dass das Lied aus der Feder dieses deklarierten Kommunisten stammte, den seine bedingungslose Moskautreue als Verräter des Vaterlandes brandmarkte. Vor Augen und Ohren des Inspector general spielte sich ein doppelter Verrat am Vaterland ab, ohne dass er eingreifen konnte. Aber er wusste, wer die Kinder aufgehetzt hatte, er wusste, welche Lehrerin die Ballade mit der Klasse eingeübt hatte, und er würde es nicht vergessen.

Jetzt singen sie schon die Lieder von Kommunisten in der Deutschen Schule, murrte Marion, die neben Lambert stand.

Der Acto endete versöhnlich, die Miene des Inspector general entspannte sich. Wie am Schluss jedes Acto wurde die Schulhymne gesungen, deren Text Frau Garcia verfasst hatte, die anerkanntermaßen das erlesenste Spanisch an der Schule sprach und schrieb und lehrte. Lambert, der die Hymne inzwischen ja schon einige Male gehört hatte, bewunderte wieder, wie die Autorin deutsches und einheimisches Kulturgut zu einem Text von hochrangiger Symbolik verwoben hatte, die weniger verstanden als erfühlt werden musste.

»Diese Wasser, die ohne Geräusch dahinströmen mit den Worten von Goethe oder Mistral, sind aus dem Rhein oder dem Cruces aufgestiegen und befruchten unser südliches Land.« Es gelang ihm auch diesmal wieder nicht, den genauen Sinn des Textes zu erfassen, der ohne Zweifel sehr poetisch war. Wahrscheinlich lag der Sinn in der metaphorischen Verbindung kultureller und geografischer Eigenheiten zu einem anrührenden poetischen Text. Die Hymne klang mit dem klaren Gelöbnis der Schüler aus, »die Erinnerung an dich, Instituto, in der Seele zu bewahren und die Erziehung, die du uns hast angedeihen lassen, im Leben zu verwirklichen«.

Am Abend saß Lambert in seinem kahlen Zimmer und schrieb. Durch das vorhanglose Fenster fiel der Blick auf die kleine Tanne und den Arrayanbaum, die auf dem Grünstreifen am Rande der Fahrbahn wuchsen. Auf der anderen Straßenseite standen zwei kleine eingeschossige Holzhäuser. In dem einen wohnte Señor Perruzzo mit seiner Familie, ein älterer Kollege, der an der Schule Biologieunterricht erteilte. Nebenbei oder in erster Linie betrieb er einen kleinen Fotoladen. Wenn er morgens gelegentlich mit Lambert zur

Schule ging, zitierte er lateinische Sätze und Wendungen, die den Lauf der Welt beschrieben. Den nervus rerum, den Nerv, der die Dinge bewegt, nannte er, ironisch auf seine Lebensumstände anspielend, das Geld. Suum cuique, lachte er, jedem das Seine, aber es könnte schon ein bisschen mehr sein. Er hatte nur wenige Stunden zu unterrichten, da an der Schule nur wenig Biologieunterricht vorgesehen war. Es war Lambert ein Rätsel, wie Herr Perruzzo seine Frau und seine drei Kinder ernährte.

Lambert ließ die Jalousie herunter, der Gedanke an Perruzzo stimmte ihn trübsinnig. Mirta hatte Feuer gemacht, der steinerne Ofen strahlte Wärme aus, die dem kahlen Zimmer eine gewisse Behaglichkeit mitteilte. Er hörte Mirta mit ihren Clogs die hölzerne Stiege zu ihrem Kellergemach hinunterpoltern. Was wird sie da unten machen? In diesem finsteren Loch, gegen das dieses Zimmer eine wahre Pracht ist? Lambert verbot sich alle weiteren melancholischen und sozialkritischen Anwandlungen, denn was nutzte es? Er konnte das Elend dieser Welt nicht ändern. Außerdem brauchte er seine ganze Kraft, um sich selbst zu behaupten.

Liebe Karin. Es gab Menschen auf dieser Erde, die zu ihm gehörten, denen er sich anvertrauen konnte, die ein Interesse an ihm hatten, die ihn liebten. Der Gedanke tat gut, das Licht der Schreibtischlampe schien heller und die kahlen Wände wurden freundlicher. Ihre Briefe sprachen von den Schwierigkeiten der letzten Wochen in Deutschland, aber auch von der Sehnsucht, zu kommen und ihn wiederzusehen. Abends, schrieb sie, lege ich manchmal Dvořák auf und träume von der Neuen Welt. Auch die Kinder gewannen dem Aufbruch allmählich eine positive Seite ab, bei aller Ängstlichkeit vor dem Neuen und allem Schmerz, Freunde und Vertrautes aufzugeben. Lambert erzählte von der Schule, von den Kollegen, von dem Haus, dessen Zimmer »deiner verschönernden Hand harren«. Aber dann befielen ihn wieder die Zweifel. Ein Satz im Brief seiner Tochter, der Verlassenheit andeutete, genügte, um alles, was er hier machte, um sein ganzes Hiersein und Dasein infrage zu stellen. Seine Mutter schrieb: Und jetzt geht ihr alle in die Welt hinaus. Er sah sie vor sich, wie sie im Wohnzimmer saß und sich freute, wenn er hereintrat. Sie wurde älter, der Trost des Gebets blieb, die Perlen des Rosenkranzes glitten durch ihre Finger in der Dämmerung in dem stillen Wohnzimmer, in dem sie niemanden mehr erwarten konnte. Das Kinderlied fiel ihm ein, das er von seiner Mutter gelernt hatte, das alte Lied vom Hänschen klein, das allein und wohlgemut in die weite Welt hineinging. »Aber Mama weinet sehr, hat ja nun kein Hänschen mehr, da besinnt, sich das Kind, kehrt nach Haus geschwind.«

Zum Besinnen war es zu spät, hier waren Verträge unterzeichnet. Pacta sunt servanda! Er hätte plötzlich viel darum gegeben, wenn die drei Jahre um gewesen wären. Man dreht einen Wunschring und drei Jahre sind um. Noch nie hatte er sich so sehr das Vergehen, das Vergangensein von Zeit gewünscht. Er beneidete Resch, der am Ende des Jahres nach Deutschland zurückkehren würde. Drei Jahre! Eine lange Zeit! Eine lange Zeit, die vorbeigehen würde, tröstete er sich. Er würde ins Wohnzimmer treten, und die Mutter würde in ihrem Sessel dasitzen. Sie würde sagen: Gut, dass ihr das alles jetzt hinter euch habt. Ja, würde er antworten, es war nicht immer leicht. Die Hauptsache ist, würde die Mutter sagen, dass ihr alle wieder gesund zurückgekommen seid.

So, würde sie sagen, und jetzt mache ich euch etwas zu essen, ihr müsst doch Hunger haben.

# XVII

Resch meinte es ohne Zweifel gut mit ihm. Er sah Lamberts Schwierigkeiten sich einzuleben und wusste Rat. Kommen Sie in den Club! Sie werden sich wohlfühlen. Sie werden echte Freundschaft erfahren. Niveau! sagte er. Die Creme der Stadt! rief er aus und stieß einen Kreis aus Daumen und Mittelfinger bedeutungsvoll in die Luft.

Er lud Lambert zu einer Clubsitzung ein. Sehen Sie es sich mal an! Die eigentliche Aufnahme in den Club sei nur in einem genau einzuhaltenden modus procedendi zu erwirken. Es sei nicht so leicht.

Lambert war sich nicht sicher, ob er überhaupt in den Club wolle, aber Resch erzählte ihm, dass er selbst durch den Club die Möglichkeit gehabt habe, hier notleidenden Kindern in Schulen und Heimen vielfältige Hilfe zukommen zu lassen. Lambert müsse das weiterführen. Der Partnerclub in Deutschland brauche hier einen Vertrauensmann, der die Hilfsgüter in Empfang nehme und ihrer Bestimmung zuführe. Das könne doch auch ein einheimisches Clubmitglied machen, meinte Lambert. Resch winkte ab. Viel Vertrauen schien er zu den hiesigen Clubfreunden nicht zu haben.

Also am Mittwochabend um viertel vor acht hole ich Sie ab, einverstanden?

Okay, nickte Lambert.

Sie fuhren über die Flussbrücke, die nach Norden aus der Stadt hinausführte. Das Viertel hieß Las Animas, die toten Seelen. Früher lag hier nur der Friedhof der Stadt, jetzt war daneben eine población, ein belebtes Armeleuteviertel entstanden. Auf den Straßen und vor den Hütten herrschte reges Leben und Treiben. Kinder spielten, Hunde bellten, Frauen standen plaudernd und lachend zusammen, zweirädrige Maultierkarren transportierten Holz, Männer traten schwankend aus den Bars. Reschs Mercedes bog in eine Seitenstraße ein. An einer Ecke stand ein blau gemaltes Haus, hinter dessen staubigen Fensterscheiben schmutzigweiße Gardinen hernieder hingen.

Hier hat mein Vorgänger viele schöne Stunden verbracht, sagte Resch andeutungsvoll lächelnd. Sie fuhren am Fluss entlang, auf den die Abendsonne roten Glanz warf. Der Wagen fuhr knirschend auf einen Kiesweg, der in eine große, gepflegte Parkanlage führte. Das Hotel Villa del Rio lag direkt am Fluss. Für Gäste, die übernachten wollten, stand eine Reihe von Bungalows bereit. Zum Hauptgebäude, einem großen, pavillonartigen Bau, stieg man auf einer breiten Holztreppe hinauf.

An der Bar standen einige alte Männer, die Resch ihm als Clubfreunde vorstellte. Wie gefällt es Ihnen in Valverde? Warten Sie nur, wenn der Regen anfängt! Lambert kannte das ja schon. Sie tranken einen Pisco Sour und gingen dann in den angrenzenden Saal hinüber, wo lange, weiß gedeckte Tische für das Abendessen vorbereitet waren. Lambert ließ sich neben Resch nieder, der als Sekretär des Clubs am Vorstandstisch Platz nahm. Langsam füllte sich der Saal mit alten Männern. Faltige Gesichter, die schwer an ihren Tränensäcken trugen. Teure, maßgeschneiderte Anzüge um greisenhafte Körper.

Jüngere Offiziere traten ein, die ihre Uniformen prall bis zu den Kragen ausfüllten, über die rosige Fleischwülste quollen. Das war also die Creme der Stadt. Das waren die Männer, deren Gesellschaft Freundschaft, Würde und Niveau bedeutete. Das waren die Männer, die hohes Ansehen genossen. Es war kein hoher Genuss, sie anzusehen.

Für jedes Anliegen, flüsterte Resch, das man in dieser Stadt haben kann, ist hier der zuständige Chef. Der Präsident läutete mit einer kleinen Tischglocke den Abend ein, das Gemurmel der Greise und Grenadiere verstummte. Der Präsident verkündete, dass er im Namen des Welt-Club-Gründers – er nannte den Namen – und der Freundschaft die Sitzung eröffne und klopfte zum Zeichen dessen mit einem Hämmerchen leicht auf den Tisch. Daraufhin erhob sich ein blau uniformierter Offizier, dessen gesunde, rote Backen Lambert die Redewendung in Erinnerung brachten, mit der man zu Hause wohlgenährte Menschen bedachte: Der sieht aus wie's blühende Leben. Das ist der Macero, flüsterte Resch ehrfurchtsvoll Lambert zu, Oberstleutnant Neuner. Es war wohl eine Art Sprecheramt, das der Offizier ausübte, indem er die Gäste des Abends, unter ihnen den Subdirector des traditionsreichen Instituto Alemán, begrüßte und die Clubfreunde aufforderte, ihre Gläser auf das Wohl der Gäste zu erheben und sie damit herzlich willkommen zu heißen.

Und schon trugen die Kellner Tassen mit dampfender Suppe auf. Resch löffelte seine Suppe nur zur Hälfte aus, um noch während des ersten Ganges das Protokoll der letzten Sitzung verlesen zu können. Auf das Läuten des Präsidenten hin schnellte sein gestraffter Körper empor, mit schnarrender Stimme trug er vor, was alles sich im Verlauf der letzten Sitzung ereignet hatte oder besprochen worden war. Er war sichtlich stolz darauf, vor einem so erlesenen Publikum so Bedeutendes zu verkünden.

Das Essen nahm seinen Verlauf. Lambert aß und trank, sprach ab und zu ein die Güte der aufgetragenen Speisen betreffendes Wort mit seinen Nachbarn und hörte sich an, was Vorstand und Clubfreunde über ihr reiches Clubleben zu berichten hatten. Der Club nahm in ihrem Leben die zentrale Stelle ein. Als Mitglieder des Clubs waren sie höhere Mitglieder der menschlichen Gesellschaft, die der Club zu fördern sich offenbar angelegen sein ließ. Einen großen Teil des Abends nahm die Diskussion der Frage ein, ob man der städtischen Schule, die man schon immer unterstützt hatte, eine neue Fahne schenken solle, oder ob man das zur Verfügung stehende Geld in einige Löcher des Schuldaches stopfen müsse. Die Direktorin habe sich beklagt, dass es hereinregne. Andererseits brauche man aber nur an die letzte Parade zu denken, um sich des jämmerlichen Zustandes der vorangetragenen Fahne zu erinnern. Den Ausschlag gab das Wort des Kommandanten der Garnison, der befand, das Dach sehe so schlecht schließlich nicht aus, aber mit einer derartigen Fahne an den Autoridades, den Autoritäten der Stadt, vorbeizudefilieren, das sei geradezu unwürdig. Nach dem Hauptgericht war Zeit für den Vortrag des Abends, den einer der Clubfreunde über das Thema halten sollte, was der Club für die Gesellschaft leiste. Klaus Schorr, raunte Resch Lambert zu, Besitzer mehrerer Sägewerke.

Das oberste Gebot, erklärte der Sägewerksbesitzer, der weltweiten Organisation, zu der auch dieser Club zu gehören die Ehre habe, sei bekanntlich: »Mehr von sich zu geben als an sich zu denken«. Gerade in unserer heutigen Welt, wo jeder nur an sich denke, sei daher eine Gemeinschaft von diesem Ideal verpflichteten Menschen ein Bollwerk gegen den von allen Seiten anbrandenden Egoismus. Dienen, servir, das sei es, was man mit gemeinsamen Kräften, mit den Kräften einer Gemeinschaft verwirklichen wolle, die Menschen ganz verschiedener Berufsgruppen vereine, die nur das eine Ziel hätten: zu dienen. Lambert fiel der König ein, der von sich behauptet hatte, er sei der erste Diener des Staates. Solche Worte schmücken immer, ja, »sie putzen ganz ungemein«, und werden durch die Zeiten hindurch überliefert.

Die Verwirklichung dieses Ideals, sprach der Holzhändler mit der sanften und sicheren Stimme eines Sonntagspredigers, der weiß, dass er ab Montag wieder Sägewerksbesitzer ist, sei auch im Berufs- und Geschäftsleben die Navigationskarte der Mutigen, die nach neuen Horizonten segelten, die eine Welt der Freundschaft versprächen, die der Würde und dem Wert jedes einzelnen Menschen gerecht werde. Edle und wohltuende Worte, die zum edlen und wohlschmeckenden Pudding passten, der inzwischen vorgesetzt worden war. Es tat den Clubfreunden gut zu hören, dass ihre beruflichen und geschäftlichen Tätigkeiten gar nicht dem Erwerb von Macht, Einfluss oder gar Geld dienten, sondern dem Ideal des Dienens unterworfen seien. Eventuelle Tücken, die im Geschäftsleben nun einmal unvermeidlich sind, wie jeder weiß, bekamen so ihren Sinn im Großenganzen, nein, sie waren keine Tücken, sondern Härten, die dem hehren Ziel dienten. Dienen kann eben manchmal ganz schön hart sein. Die knittrigen Züge der Alten entspannten sich, die scharf rasierten Gesichter der Offiziere glänzten vor Zufriedenheit. Zwischen wabbelnden Wülsten und welkenden Falten, zwischen prallen Backen und weingeröteter Haut öffnete der Mund sich genüsslich für den Löffel mit Karamellcreme, während Ohr und Herz sich an den Worten des Redners labten. Da würde man gestärkt ins raue Leben zum Dienst am Nächsten zurückkehren können.

Nachdem der Beifall verrauscht war, bot der Präsident, wie vereinbart, Lambert dass Wort an: Se ofrece la palabra al Subdirector del Instituto Alemán!

Lambert gestand der ehrwürdigen Sitzgruppe hässlicher alter Männer und dem erlesenen Kreis fetter Offiziere, dass ihn ihr schönes Ideal des selbstlosen Dienens zutiefst beeindruckt habe. Man spüre, dass hier ein Ambiente echter Freundschaft die Grundlage des Dienstes in und an der Gesellschaft sei. Und Tucholskys eingedenk, der dem Lobredner rät, das Lob mindestens zwei Nummern größer zu wählen, als er meint, der Gelobte könne es gerade noch vertragen, fügte er hinzu, dass die Stadt sich glücklich schätzen dürfe, wenn ein Kreis so illustrer Männer sich für ihr Wohlergehen so tatkräftig einsetze. Für die Auszeichnung, unter ihnen weilen zu dürfen, bedanke er sich aufs Herzlichste.

Gut gesprochen, rief Resch und eröffnete den Applaus. Eine Menge unbekannter Männer gratulierte ihm nach der Sitzung zu seiner schönen Rede. Resch trat zu ihm.

Perfekt!, sagte er strahlend und legte ihm den Arm um die Schulter. Damit sind Sie praktisch in unseren Kreis aufgenommen.

In der Nacht begann dann der Regen, der so lange drohend angekündigt worden war, der auch einige Präludien bereits geboten hatte, endlich seinem Ruf Ehre zu machen. Er sprang mit krachenden Sätzen in die Stadt, warf sich auf Straßen und Dächer, dass es nur so prasselte, er keuchte ums Haus und rüttelte an den Fenstern, er seufzte und stöhnte lustvoll unter den zuckenden Stößen des Windes. Eine andere Zeit begann, la lluvia, der Regen, la novia del viento, die Windsbraut, hatte ihren Honigmond, und in der Morgendämmerung hingen ihre Brautschleier vom Himmel und verfingen sich in den Bäumen, und die Wolkenfetzen trieben über den Fluss und in die Wälder, und der Fluss schäumte, als sei das Meer selbst von der Küste her schnaubend heraufgezogen.

Der Radiowecker behauptete, er sei die technische Universität, der Lärm draußen übertönte die Nachrichten, die Luft im Zimmer war kühl und feucht. Lambert wickelte sich fester in die Decken. Was kann man sagen oder denken, um eine Messerspitze Aufheiterung in den zähen Teig aus Dämmerung und Kälte und Unlust zu mischen? Die Clogs des Mädchens polterten die Holztreppe herauf, es klopfte, sie trat mit dem Frühstückstablett herein, das schwarze Haar hing wirr herunter, schleierige Augen, sie wünschte Guten Morgen, stellte das Tablett auf den Schreibtisch und clogte die Treppe hinunter. Lambert setzte sich, in die Wolldecke gehüllt, an den Tisch. Er tat sich Kaffeepulver in die Tasse und goss heißes Wasser aus der Kanne drauf. Er strich sich ein Toastbrot mit Butter und Marmelade. Dann die Wärme der Dusche, der dicke Pullover, die Regenjacke – und er war einigermaßen für den Tag gerüstet.

Er trat hinaus, die Sträucher des Gartens verneigten sich bis zur Erde. Es war unmöglich, den Schirm aufgespannt zu halten. Abgesplitterte Äste lagen auf der Straße. In den Löchern des Gehweges stand Wasser. Wo die Straße sich senkte, um dann zur Plaza anzusteigen, wellte ein kleiner See, den die Autos vorsichtig kreuzten. Er musste einen Umweg machen. Über die Brücke, die hoch über dem Fluss zur Insel führte, brauste der Regenwind. Er drängte einen regelrecht gegen das Brückengeländer. Der Fluss unten leckte mit hundert weißen Zungen die salzigen Füße der Windsbraut. So schrieb Lambert am Nachmittag in sein Tagebuch. Das war natürlich nicht die Wahrheit, aber es war ein schöner Satz, fand Lambert, und die schönen Sätze helfen immer ein bisschen im Leben. Der Fluss, schrieb er, hatte jede Orientierung verloren und trieb unter dem wütenden Wehen des Sturms seiner eigenen Strömung entgegen flussaufwärts. Dort, wo der Fluss auf seinem gebremsten Weg zum Meer einen Bogen beschrieb, hingen schwarzdunkle Tücher herunter, die jegliche Ferne verhüllten. Diese Ferne, die mir auf meinem Weg zur Schule so oft tröstlich schien. Und jetzt als sei die Welt hier zu Ende. Als gehe es hier nicht mehr weiter. Auf dieses Land und diese Stadt verwiesen wie die ersten Pioniere. Sieh zu, wie du fertig wirst!

Der Temporal nahm im Laufe des Morgens noch an Stärke zu. Man konnte kaum unterrichten. In den hohen Klassenräumen kam die Stimme des Lehrers gegen das Heulen und Prasseln der Elemente nicht an. Der Regen klatschte und drückte gegen die großen Glasfenster. Die Aufmerksamkeit der Schüler war ganz von dem Geschehen draußen beansprucht, sie schauten ängstlich auf die Fenster, wenn eine besonders heftige Bö dagegen prallte oder die Rhododendronbüsche aufgeregt an die Scheiben klopften. Es sieht aus, als würden sie um Einlass bitten, sagte ein Mädchen. Von den hohen Bäumen des nahen Anwandter'schen Friedhofs brach ein gewaltiger Ast ab und krachte auf die Hütte des Hausmeisters. Was für ein Sturm!, sagten die Lehrer in der großen Pause, was für eine Art und Weise zu regnen! Sie hatten die Windgeschwindigkeit aus dem Radio erfahren. Sie drängten sich um den Ofen in der Ecke, in den einer der Schuldiener große Scheite schob. Eine Lehrerin sei in die Klinik gebracht worden, wurde erzählt. Der Sturm habe ein Fenster des Klassenzimmers eingedrückt und sie sei von den herabfallenden Glasscherben verletzt worden. In der letzten Stunde klopfte es dauernd an die Tür, die Eltern kamen ihre Kinder abholen. Vor sich leerenden Bänken las Lambert die Geschichte vom tapferen Schneiderlein weiter. Nach dem Unterricht drängten sich die restlichen Schüler am Schultor. Sie warteten auf ihre Eltern, die sie mit dem Auto abholen kamen. Für die Kleineren wäre es unmöglich gewesen, gegen den Sturm anzugehen, sie wären von der Brücke in den Fluss geweht worden.

Der Fluss, schrieb Lambert später in sein Tagebuch, hat seinen schönen, blauen Sommermantel mit einer grauen Büßerkutte vertauscht. Unter den geißelnden Schlägen des Sturms windet er sich und schäumt und stöhnt.

Lambert wurde von seinem Kollegen Volkert im Auto mitgenommen. Der Regen war so dicht und knallte mit solcher Wucht auf die Windschutzscheibe, dass man ganz langsam fahren musste. In vielen Straßen stand Wasser, an der Plaza war die Fahrbahn mit Ästen und Zweigen besät, die der Wind von den Linden gerissen hatte.

Sein Haus ächzte und rasselte und knirschte, aber der Chiloeofen, den das Mädchen geheizt hatte, verbreitete Wärme im Zimmer, die allerdings mit Rauch versetzt wurde, wenn der Wind sich im Kamin verfing. Das Haus schien auf hoher See dahinzutreiben, die dünnen Holzwände knackten und schienen bersten zu wollen, ein Gefühl der Bedrohung, der Gefahr stellte sich ein wie vor einem Schiffbruch. Dann dampften Reis und Spiegeleier auf dem Teller, den das Mädchen hereintrug. An einem solchen Tag ist ein Teller mit warmem Essen etwas Großes. Er ist eine Behauptung des Menschlichen gegen das Wüten der Natur. Er ist ein Versprechen, dass es weitergeht. Solange noch Essen serviert wird, geht die Welt nicht unter.

Am Nachmittag ließ der Sturm nach, der Regen rauschte gleichförmig. Noch einzelne Stöße des Windes gegen das Fenster, aber seine Kraft war gebrochen. Lambert erwachte vom Mittagsschlaf, in den er geflüchtet war. Das Feuer im Ofen war erloschen. Er hatte nicht die geringste Lust aufzustehen. In seinem warmen und festgefügten Bett, das der Kollege Horst Fronzek mit gutem Holz und eigener Hand für ihn angefertigt hatte, fühlte er sich geborgen. Alles, was er sich für diesen Nachmittag vorstellen konnte, war nicht geeignet, den Wunsch zu wecken aufzustehen, um es zu erleben. Der Regen hatte jegliche Sinnhaftigkeit fortgespült. Alles, was auf ihn zukommen würde, wäre nicht mit so etwas wie Freude verbunden. Der Gang durch die regendurchpeitschte Stadt, die Besprechung mit Resch und den Kollegen über Dinge, die ihn nicht interessierten, spät am Abend dann wieder das einsame Sitzen hier im Zimmer bei den Unterrichtsvorbereitungen für einen weiteren Tag, der nichts Besseres zu bieten hätte. Er war einer Wirklichkeit preisgegeben, die allen Glanz verloren hatte, die nichts von dem aufwies, was er im Leben schätzte. Es gab niemanden, mit dem er über die Dinge hätte reden können, die für ihn Bedeutung hatten. Was soll ich, sagte er, die Hände unterm Kopf verschränkend und an die Zimmerdecke blickend, wo ein feuchter Fleck sich auszubreiten begann, hier in diesem skythischen Land, wo raue Pioniere gefragt sind, keine lieben Leser? Hier ist Härte und Tatkraft vonnöten, nicht Empfindung und Lust an der Betrachtung der Dinge. Deine Kunstwelten versinken, mein Lieber, sagte er zu sich, du kannst sie nicht retten. Der Regen wird alles fortschwemmen. Du musst dich ändern oder untergehen.

Er begann laut mit sich zu reden. Was macht einer, der Worte liebt und Witz, mein lieber Fritz – blöd – nein, einer der blühende Aphorismenhänge, epische Zauberberge und lyrische Parklandschaften schätzt, einer, der Bücher und kunsthistorische Kirchgänge sammelt, ein Liebhaber des 18. Jahrhunderts und Freund der Antike, einer, der ganze Tage in Museen zuzubringen imstande ist, einer, der hingeht, wo Kultur ihre Spuren hinterlassen hat, einer, rief er aus, der das Artifizielle und Gepflegte schätzt, ein Ambiente, wo schöne Dinge herumstehen, die freundliche Stimmungen erzeugen und ein götterleichtes Leben fördern, ach, er sah zur Decke, wo sich jetzt ein Tropfen von dem nassen Fleck löste und mit schwachem Klatschen auf die Dielen traf, was soll so einer, rief er pathetisch, als sei er der untergehende Held einer barocken Tragödie, unter den geöffneten Schleusen des Himmels, in dieser australen Entlegenheit am Rande der Welt, wo jeder damit beschäftigt ist, in irgendeiner Form zu überleben, wo abgerissene Kinder vor windschiefen Hütten stehen, wo du mit jedem Schritt auf Armut, Unbildung und Ausweglosigkeit stößt, so dass dich ein Grauen erfasst, wo der rauschende Regen alles überkommt, als sei das Ende der Welt örtlich und zeitlich und endgültig da!

Und dann kommst du hierher mit deinen verschrobenen Vorstellungen und willst Deutsch lehren, die überflüssigste Sache von der Welt! Es gibt nichts, dachte er, was sie weniger hier brauchen als Deutsch. Es ist ein absoluter Luxus in einem Land, wo es an allem fehlt, die deutsche Sprache zu lehren und zu lernen. Er lachte, es schien ihm plötzlich eine Vorstellung von absoluter Komik, Deutsch zu lehren in einem Land, wo es derart regnete.

Ich muss aufstehen, dachte er, Resch wird schon in der Schule auf mich warten. Er setzte sich auf den Bettrand. Er musste den Gedanken weiterverfolgen. Vielleicht ist es aber auch gerade notwendig, sich einer so unnützen Sache wie der deutschen Sprache hier zu widmen. Man negiert den harten Zwang der Wirklichkeit, man sinkt nicht aufs Animalische hinab. Aber es sind ja unterschiedliche Leute. Die einen lernen Deutsch und den andern geht's animalisch. Die, denen es animalisch geht, haben keine Chance, Deutsch zu lernen, damit es ihnen weniger animalisch geht. Und für die Deutschlerner ist das Deutschlernen eine weitere Annehmlichkeit des Lebens zu den anderen Annehmlichkeiten, die sie schon besitzen, etwas, was sie auszeichnet und unterscheidet, ein Signal, dass es ihnen immer besser gehen wird als den anderen, die kein Deutsch lernen. Natürlich darf man die Annehmlichkeit des Deutschlernens nicht übertreiben, so dass sie unangenehm wird. Nicht zu viel Deutsch, bitte, nur so viel, dass man merkt, es geht einem gut und man gehört zu denen, denen es gut geht. Denn wer nicht Deutsch lernt, hat auch kein Fleisch im Topf. So ist das nun einmal in der Welt eingerichtet. Oh Gott!, sagte Lambert, und jetzt muss ich in die Schule und mit Resch übers Vordiplom sprechen. Das ist auch so ein Signal. Deutsch ja, aber nicht übertreiben!

Man müsste in der Tat, sagte er und stand auf, um in die Schule zu gehen, Deutsch verwerfen und sich alles bildungsbürgerlichen Zierrats entschlagen und müsste mit aller Kraft der Not zu Leibe rücken. Man müsste mit einem Bündel Holz und zwei Kilo Bohnen in die Hütten der Armen treten, um eine Suppe zu kochen, anstatt mit dem Deutschbuch in die Klasse zu treten, um die Präpositionen mit Dativ und Akkusativ schmackhaft aufzutischen, das heißt spielerisch, damit es den Kindern Spaß macht, das Leben ist ja bekanntlich ein Spiel.

Der Lehrer tritt gut gelaunt in die Klasse und setzt den Teddy auf die erste Bank.

Wo ist der Teddybär? Ist er unter der Bank?

Ein Mädchen meldet sich: Nein, er ist auf die Bank.

Fast! Der Teddy ist auf der Bank! Also wo ist der Teddy?

Das Mädchen wiederholt: Der Teddy ist auf der Bank.

Gut! Und wohin setze ich den Teddy jetzt? Setze ich ihn vor die Tafel?

Eine andere meldet sich: Nein, Sie setzt ihm vor die Schrank.

Ich setze ihn vor den Schrank. Also!

Das Mädchen gibt zu: Sie setzt ihn vor den Schrank.

Lambert seufzte bei der Vorstellung und stellte sich vor den fast kalte Ofen, um in einem Hauch von Wärme seine Kleider anzuziehen.

# XVIII

Lambert saß in seinem winzigen Dienstzimmer und blätterte in einem Buch, das Resch ihm überlassen hatte. Es war Lambert in der Reihe der Bücher, die Resch auf seinem Schreibtisch ostentativ mit dem Rücken zum Besucher angeordnet hatte, aufgefallen. Es hieß »Lehramt und Kind« und war von Gabriela Mistral, der großen Dichterin des Landes, verfasst, die lange Jahre als Lehrerin und Schulleiterin im Süden gewirkt hatte.

Nehmen Sie's ruhig mit, hatte Resch auf Lamberts Frage geantwortet, Sie können nur draus lernen. Lambert war sich sicher, dass Resch es nie gelesen und nie daraus gelernt hatte.

Alles für die Schule, las Lambert, nur ganz wenig für uns selbst. Immer lehren, auf dem Schulhof, auf der Straße ebenso wie im Klassenzimmer. Lehren durch Verhalten, durch Gestik und Wort. Unnötig die Kontrolle durch die Klassenlehrerin. Vertrauen statt dessen! Wen man nicht kontrolliert, auf den vertraut man.

Das hat der alte, spitzbärtige Russe aber anders gesehen, dachte Lambert. Dass Vertrauen gut, Kontrolle aber besser ist, schien Lambert eine zuverlässigere Regel zu sein, seit er als junger Studienrat mit seiner Vertrauensseligkeit voll auf die Schnauze gefallen war. Er hatte seinen Schülern zeigen wollen, dass er Vertrauen zu ihnen habe. Er glaubte, dass Schüler, denen man zeigt, dass man sich voll auf sie verlässt, voll verlässlich sind. Er ging während der Klassenarbeiten für kurze Zeit demonstrativ hinaus, um zu zeigen, dass er volles Vertrauen zu ihnen hatte. Und dann geschah es, dass ein Schüler, der früher recht schwach gewesen war, im Lauf der Zeit immer besser wurde. Lambert hielt das für einen Erfolg seines Unterrichts. Man kann nicht ein für allemal sagen, einer ist schlecht in Latein, hatte Lambert gesagt. Wenn sein Interesse geweckt wird, wächst seine Leistungsbereitschaft und seine Leistungsfähigkeit. Man muss ihm zeigen, dass man an ihn glaubt, dann bekommt er Selbstvertrauen und leistet etwas. Die Kollegen, denen er das im Lehrerzimmer vorgetragen hatte, blickten skeptisch drein. Ein guter Mathematiker fällt nicht vom Himmel, sagte der Mathematiklehrer, das heißt, eigentlich fällt er doch vom Himmel. Wenn einer in Mathematik gut ist, dann ist er gut, und wenn er schlecht ist, dann ist er schlecht. Da ändert sich nicht viel. Außerdem hab ich fast immer festgestellt, fuhr er fort, dass ein guter Lateiner auch ein guter Mathematiker ist. Und bei mir ist der Böhrisch fünf, hatte der Mathematiklehrer gesagt. Ach, das sind doch Vorurteile, hatte Lambert behauptet. Und dann hatte der Böhrisch, der in Latein als Vornote zwei hatte, sechs im Lateinabitur geschrieben, und es war klar geworden, dass er auf Grund des in ihn gesetzten Vertrauens jahrelang gefuscht hatte, und Lamberts Vertrauenstheorie war zusammengebrochen. Seit der Zeit bin ich Leninist, pflegte er zu sagen.

Da die Kinder keine Waren sind, las er weiter, sollte man sich schämen, über die Zeit zu feilschen, die man in der Schule verbringt. Wir haben den Auftrag, stundenweise zu lehren, aber immer zu erziehen. Also gehören wir der Schule in jedem Moment, wo sie uns braucht. Verehrte Dichterin, murmelte Lambert vor sich hin, das fehlte noch! Er hatte im Gegenteil das Bedürfnis, nach der Schule alles Schulische von sich abzuschütteln. Er musste dem Kleinlichen, Engen, Niederdrückenden entkommen, das in der Schulatmosphäre so prächtig gedieh.

Er ging der Stadt zu und der Regen fiel vor ihm dahin, von einem leichten Wind verschoben. Die Rinde der Bäume glänzte im Licht der Lampen an der Plaza. Die grüne Haut der Bäume wirkte seltsam lebendig, wie die Rücken alter Eidechsen. Ein Betrunkener sank torkelnd auf eine Bank, ein barfüßiger Junge in einer alten, viel zu großen Jacke überquerte den Platz, eine Mikro, einer von diesen kleinen, rappeligen Bussen, fuhr mit prasselnden Reifen eine Seitenstraße hinunter. Lambert ging auf ein großes Haus zu, dessen Noblesse von Verfall gezeichnet war. Neben der schweren, rissigen Holztür verkündete eine Bronzetafel: Club de la Unión. Die Tür führte in einen großzügig angelegten Flur, der nach ein paar Schritten ein Weitergehen in einen düsteren Hintergrund oder über eine breite Marmortreppe nach oben anbot. Lambert stieg die schadhaften Stufen empor, ein wackliges Holzgeländer leitete die Hand über Risse und Einkerbungen hinan. Die Wände waren aus weißen Latten, von denen die Farbe blätterte. Er trat in einen großen, hohen Saal, in dem eine weißgedeckte, gläserfunkelnde Tafel der Gäste harrte. In einiger Entfernung von den Wänden, sodass sie die Eckpunkte eines in den Saal eingelassenen imaginären Quadrates bildeten, strebten weißgestrichene Holzsäulen zur hohen Saaldecke auf. Vor den Fenstern draußen pendelten die silbrig schimmernden Schnüre des Regens. Lambert nahm in einem Nebenraum Platz, aus dem er in den Saal hineinblicken konnte. Der Kellner brachte ihm den gewünschten Pisco Sour und nahm die weitere Bestellung auf. Lambert hob das gelbliche Getränk mit der Schaumkappe gegen das Licht und sprach zu sich: Auf das Instituto Alemán! Auf dass es hic et nunc und für einige Stunden der Vergessenheit anheimfalle!

An der Bar hatten sich einige Gäste eingefunden, ein paar Kinder liefen tappend durch den Saal um den langen Tisch und zählten laut und gemeinsam die Stühle, die da

standen. Lambert fühlte Ruhe und Zuversicht in sich aufsteigen. Er war dem Instituto entronnen. Er hatte sich gerettet.
Niemand konnte über ihn verfügen und bestimmen, was er
zu denken habe. Denn das Denken war's ja. Das Instituto saß
wie eine Spinne im Kopf. Die Spinne knüpfte ihr Netz, in dem
sich jeder Gedanke verfing. Jeder Gedanke blieb in dem kleb-
rigen Schulspinnennetz hängen. Aber jetzt hatte er das Netz
zerrissen. Es würde neu gesponnen werden, das war sicher,
aber für den Augenblick war es zerrissen, und er taumel-
te wie ein trunkener Schmetterling in die Freiheit. Lambert
lachte nach dem zweiten Pisco vergnügt auf. Er schüttelte
die Sklavenketten ab. Er hatte dieses Gefühl in Deutschland
nie so gehabt. Nie hatte er dieses Gefühl der Versklavung
gehabt, nie hatte die Schule sich angemaßt, die Lehrer ganz
in Beschlag zu nehmen. Sie hatten ihren Unterricht gehalten,
und sie hatten ihn gut gehalten, sie hatten ihre Vorbereitungen gemacht, und sie hatten sie gut gemacht. Aber sie hatten
alles von sich aus gemacht, freiwillig, weil sie einen guten
Unterricht halten wollten. Rolf sagte, ich will mich doch in
meinem eigenen Unterricht nicht langweilen. Sie waren an
der Sache interessiert, nicht an der Schule. Sie diskutierten
am Abend beim Wein den »Mantel des Ketzers«, den sie am
nächsten Morgen im Unterricht lesen wollten. Sie unterhielten sich über das Schicksal jenes römischen Politikers, der
zwischen Politik und Philosophie hin- und hergerissen wurde, und trugen am nächsten Morgen in jener Stimmung einer
ambivalenten Feierlichkeit, die ihnen am Abend vorher im
Text begegnet war, den Schülern vor: »O vitae philosophia
dux!« »Oh Philosophie, du Führerin im Leben!«

Der Kellner servierte ihm ein dampfendes Consommé
mit Ei. Was ein gutes Gericht dem Menschen doch an seelischer Erquickung bietet! Die Freude blitzt vom Fleischbrühe
tragenden Silberlöffel, das Leben gewinnt an Leichtigkeit,
wo gute Speisen und Getränke walten. Er erhob sein Glas

mit dem fast ins Lilafarbene spielenden Rotwein wie einen Opferkelch, den man dem Leben darbringt, das zu leben sich lohnt. Ein gewaltiges Entrecote mit papas fritas, also mit pommes frites, steigerte die festliche Stimmung und weckte lauter gute Gefühle. Er fühlte sich als Herr dieses schlossähnlichen Gemäuers und wurde als solcher behandelt. Er war der Herr seiner Gedanken und konnte denken, was er wollte. Er konnte den Regen niedergehen lassen und dazu denken: Wie schön der Regen fällt! Er konnte ein großes, saftiges Stück Fleisch in den Mund schieben und dabei denken: »Das wird mir Kraft und Stärke geben.« Überall lagen gute Gedanken bereit, die man nur aufzugreifen brauchte. Er war in diesem anderen Teil der Welt, irgendwie kam ihm das bereits wie eine Leistung vor. Er würde mit allem fertig werden, er war gewappnet wie die Konquistadoren, die gesiegt hatten, er war stark wie die Pioniere, die dieses Land besiedelt hatten, weil sie stark und überlegen waren und sich nie aufgaben und sich durchsetzten.

Und jetzt kamen die Gäste, seine Gäste, die für ihn wie auf einer festlichen Bühne agierten. Sie nahmen an der großen Tafel im Saal Platz, die Herren in Abendanzügen, die Frauen in schimmernden Roben. Lachen, Stühlerücken, Klang von Gläsern und Geschirr. Holá tio, sagten die Kinder zu einem alten weißhaarigen Mann. Einer stand auf und klopfte an sein Glas und hielt eine Rede auf den Gastgeber: Este salud con todo cariño y afecto! Die Gespräche wurden lauter, je öfter die Gläser zum Zuprosten erhoben wurden, das Lachen der Frauen klang heller auf. Ein Mädchen mit langem, rotblondem Haar warf den Kopf zurück, eine Frau mit einer schweren Goldkette, in die Lapislazuliperlen eingefügt waren, neigte sich lachend zu ihrem Tischnachbarn, die Kellner trugen unentwegt beladene Tabletts durch den Raum. Und das milde, gelbe Licht der Lampen, als blicke man in ein altes Gemälde hinein.

Lambert erinnerte sich daran, was die munteren alten Damen, mit denen er seinen Geburtstag gefeiert hatte, erzählt hatten. Die Fundistas, die deutschen Landbesitzer, hatten das Clubhaus, wohl um die Jahrhundertwende, erbaut. Da saßen sie dann zusammen, redeten über Vieh und Ernte und tranken dazu das deutsche Bier, das aus der Bierbrauerei des Schulgründers kam, der seine Kenntnisse als Apotheker auch zum Bierbrauen nutzte. Es soll ein gutes Bier gewesen sein. Wenn sie einiges getrunken hatten, sangen sie »An der Saale hellem Strande«, und später gingen sie schwankend und lachend und redend hinaus, wo die Peones mit den Pferden warteten, und dann ritten sie zu einer der »casas« am Rande der Stadt, wo es Mädchen gab, und dann war Jubel, Trubel, Heiterkeit, wie Hartung es einmal euphemistisch genannt hatte. Und dann am frühen Morgen wieder aufs Pferd und die Wege aufgeweicht, der Poncho schwer vom Regen, aber die Nässe drang durch die fettige Wolle nicht durch, und der Ritt übers Land und daheim dann ein paar Stunden hingelegt und dann wieder Wochen harter Arbeit auf dem Campo.

Die Geschichten der Kolonisten. Der alte Prehn, der Schwiegervater Hartungs, hatte von den ganz frühen Jahren erzählt. Sie hatten auf der Terrasse hinter Hartungs Haus gesessen, draußen auf dem Land. Es war ein milder Spätherbstnachmittag, und der alte Prehn hatte erzählt. Sie hätten Kartoffeln geerntet und die hätten sie zum Verkauf in die nächste Stadt bringen wollen. Sie waren früh am Morgen aufgebrochen.

Die Karreten waren geschmiert, erzählte der alte Prehn, und jede war mit sechs Sack Kartoffeln beladen. Die Wege waren schlecht, es hatte viel geregnet. Dann ist an einer Karrete die Achse gebrochen. Aus einem Baumstamm machten wir eine neue. Am nächsten Tag kamen wir an den Fluss, da hätten wir durchfahren müssen. Aber der Regen hatte ihn in einen reißenden Strom verwandelt. Man musste über eine Cuesta einen langen Umweg machen. Dabei rutschten zwei Karreten mit den Ochsen den Steilhang hinunter. Zum Glück blieben sie an den Bäumen hängen. Wir mussten sie mit Stricken heraufziehen. Nach vier Tagen waren wir in San José de la Mariquina.

Es waren harte Zeiten, der alte Prehn hatte Lambert zugenickt, damals musste man noch selber zugreifen, nicht wie heute, er hatte mit dem Kopf zu seinem Schwiegersohn hinübergedeutet, wo sie für alles ihre Leute haben.

Lambert hatte reichlich Rotwein getrunken und fühlte sich so, dass er am liebsten aufgestanden wäre und sich zu den Feiernden gesetzt hätte, um mit ihnen, die mittlerweile immer fröhlicher geworden waren, fröhlich zu sein. Am liebsten hätte er sich neben das rotblonde Mädchen gesetzt, das ein ums andere Mal den Kopf zurückwarf, dass die ins Gesicht hängenden Haare zurückflogen.

Er schritt indessen die breite Treppe hinunter und trat vor die Tür.

Der Regen fiel in wallenden Schleiern. Er ging quer über die Plaza, dorthin, wo die Taxis standen. Er öffnete die hintere Tür eines Taxis, ließ sich auf den schadhaften Rücksitz fallen, rief Guten Abend und schüttelte den Schirm bei geöffneter Tür aus. Er schloss die Tür und sagte zu dem Fahrer, er solle ihn zu einer casa bringen. Zur Tante Fela? schlug der Fahrer vor. Einverstanden! sagte Lambert. Der Mann setzte ihn in einem Außenbezirk vor einem zweistöckigen Holzhaus ab, dessen Bemalung stark gelitten hatte. Auf Lamberts Klingeln öffnete eine ältere Frau. Sie führte ihn in einen recht großen Raum, von einem flackernden Kaminfeuer gingen Wärme und Behaglichkeit aus. An einem der Tische saß ein Mädchen mit einem Mann, sonst war niemand da. Lambert ließ sich in einem Sessel am Kamin nieder. Ich rufe Ihnen ein Mädchen, sagte die Alte. Wir haben ganz süße Mädchen, Sie werden sehen.

Guten Abend, sagte das Mädchen und setzt sich in den Sessel neben ihn. Sie war nicht auffallend ausgezogen. Über die leicht ausgeschnittene Bluse hatte sie eine Weste gehängt. Wahrscheinlich kam sie aus einem Zimmer, wo es nicht so warm war. Sie sah ganz nett aus, nicht sonderlich hübsch, aber noch jung, er schätzte sie auf Anfang zwanzig. Vielleicht war ihre Gestalt etwas zu bäuerlich breit nach seinem Geschmack, sie kam bestimmt vom Land. Die ungeschminkte Haut ihres Gesichts wirkte frisch. Es war nichts Verdorbenes in ihren Zügen, obwohl er natürlich nicht genau wusste, wie das Verdorbene hätte aussehen sollen. Sie wechselten einige Sätze über das schlechte Wetter. Lambert fragte, ob sie schon lange hier sei. Knapp ein Jahr, sagte sie. Verstehst du dich gut mit den anderen Mädchen? Es gibt viel Neid und Eifersucht, antwortete sie. Er hob sein Glas mit Pisco Sour und sagte Salud. Sie hob ihr Glas mit der milchartigen, süßen Vaina, die er ihr bestellt hatte, und antwortete ernsthaft Salud. Sie machte überhaupt keine Annäherungsversuche, und er hatte zu viel getrunken. Er suchte Gespräch und Behaglichkeit und fühlte sich wohl so, wie er mit ihr da saß. Das Holz knackte, die Glut leuchtete, die Flammen züngelten, es war schön, da zu sitzen, ohne dass etwas passierte. Er war in einer Szene, die vom Üblichen abwich und von daher ihren Reiz hatte, die sich aber abspielte, ohne dass er irgendwie gefordert war. Er musste sich nicht besonders um das Mädchen kümmern, er musste sich nicht krampfhaft um Konversation bemühen. Sie nippte an ihrer Vaina, wenn er sein Glas hob und Salud sagte. Sie sind superwarm angezogen, sagte sie. Lambert hing seine Jacke über die Sessellehne, es war wirklich warm. War das ein Annäherungsversuch gewesen? Das Gespräch machte keine großen Fortschritte, sie war wohl gewohnt, dass man nach ihr griff oder einfach mit ihr aufs Zimmer ging, ohne viel Worte zu machen. Er hatte nicht die geringste Lust, mit ihr aufs Zimmer zu gehen. Es war ihm gerade verrucht genug, dass er hier mit ihr saß. Mehr Verruchtheit wollte er gar nicht. Aber das Bewusstsein, dass er jederzeit sagen konnte: Komm, wir gehen auf dein Zimmer!, stimmte ihn froh. Die Güter dieser Welt lagen in Reichweite. Er hatte gut gegessen, er hatte gut getrunken, und hier war die feste, frische Haut einer jungen Frau, die man berühren konnte, wenn man nur wollte. Sie schaute gleichmütig ins Feuer. Sie saß bereitwillig bei ihm und wäre genauso bereitwillig mit ihm ins Bett gegangen. Er versuchte wieder ein Gespräch in Gang zu bringen. Sie war aus einem der Dörfer der Region. Sie hatte noch sechs Geschwister. Zuerst hatte sie beim Padron gearbeitet, dann war sie hierher gekommen. Julio comienza en Julio, dachte Lambert.

An einem Sonntagnachmittag war Lambert ins Universitätskino gegangen. Sonntagnachmittags wurden dort besondere Filme gezeigt. Die Vorführungen galten als kulturelle Ereignisse im Gesellschaftsleben der Stadt. Der Zahnarzt und seine Frau hatten ihn an jenem Sonntag zum Mittagessen zu sich nach Hause eingeladen, zusammen mit Anke, und am Spätnachmittag waren sie dann alle zusammen ins Kino gegangen. Der Film hieß »Julio comienza en Julio«, also »Julio fängt im Juli« an.

Die Landbesitzer reiten über ihr Land, über das sie herrschen wie die Könige. Ein schöner Sommertag, und das Land dehnt sich weit vor dem Hügel, wo sie die Pferde anhalten und übers Land schauen. Wiesen, Getreidefelder, Gehölz. Sie sehen in der Ferne ein Mädchen, sie sehen einander an und geben den Pferden die Sporen. Das Mädchen versucht wegzulaufen, aber sie fangen sie mit dem Lasso ein. Sie vergewaltigen sie, einer nach dem andern, das ist ihr gutes Recht hier, wo sie allein bestimmen, was gut und recht ist. Das Mädchen wehrt sich, aber sie sind zu viert. Sie bringen sie in ein entlegenes Landhaus, wo schon andere Mädchen sind und eine Frau, die auf sie aufpasst und ihnen zu essen gibt und sie kommandiert, und ein starker Knecht, der aufpasst, dass keine wegläuft. Es gibt Fesseln und Schläge und Hunger, bis ihr Widerstand gebrochen ist und sie macht, was man von ihr verlangt. Einer der Landbesitzer schenkt sie seinem Sohn Julio zum 16. Geburtstag, denn jetzt ist er ein Mann und soll tun, was Männer tun. Julio verliebt sich in das Mädchen und das Mädchen in ihn, und es ist Juli und sie sitzen am Bach und sehen einander in die Augen und umarmen sich und lieben sich.

Lambert versuchte seine Hand zu Anke, die neben ihm saß, hinübergleiten zu lassen, aber sie hatte sich ganz nach der anderen Seite gelehnt.

Und der Vater greift in diese Verliebtheit ein, denn so geht das ja nicht. Er lässt das Mädchen wieder in das Bordell der Landbesitzer zurückbringen und bringt sie selber zur Räson und zeigt ihr, was sie ist und wo ihr Platz ist. Als der Junge sie sucht, sieht er durch die halboffene Tür seinen Vater auf dem Mädchen. Die nackte Gestalt seines Vaters, sich hebend und senkend über der nackten Gestalt seines Mädchens, das Gesicht des Mädchens, zur Seite gekehrt, aus geöffneten Lippen lustvoll stöhnend. Und Julio läuft weg. Schreiend jagt er auf seinem Pferd übers Land, über das Land, das eines Tages ihm gehören wird.

Es ist Juli und er fängt an ein Mann zu werden und sie bleibt eine puta. Er wird die Dinge nehmen, wie sie nun einmal sind, und sie wird die Dinge ertragen, wie sie nun einmal sind.

Soll ich Ihnen ein anderes Mädchen holen gehen?, fragte das Mädchen den neben ihm sitzenden Lambert und riss ihn aus seinen Gedanken.

Nein, sagte er, es ist gut so. Ich muss jetzt gehen.

Er gab ihr zweihundert Peso und stand auf und ging.

# XIX

Am nächsten Tag war Sonntag und Lambert wachte mehrmals auf und schlief mehrmals wieder ein, weil er keine Lust hatte, endgültig wach zu werden. Durch die Spalten der herabgelassenen Jalousie kam graues Tageslicht herein, er hörte das Geräusch des Regens, der vom Dach auf die Platten des Hofes floss, ab und zu patschte ein Auto durch die Straße, im Zimmer war es kalt und feucht. Es gab überhaupt keinen Grund aufzustehen. Ein grauer Tag, der ein grauer Tag bleiben würde. Den ganzen Tag würde die Luft grau sein und der Himmel würde grau sein, und der aus dem grauen Himmel rinnende Regen würde mit schmatzendem Laut das graue Pflaster ablecken.

Vor ein paar Tagen war ihm im halbdunklen Schulflur Manuel entgegengekommen, der kleine, runde Schuldiener, aus dessen lustigen, schlauen Äuglein Lebensfreude leuchtete. Draußen raschelten die Büsche, die Fensterscheiben klirrten unter dem niedergehenden Regen, und Manuel hatte gelacht und gerufen: Valverde, la perla del sur! »Die Perle des Südens«, so wurde Valverde in den Werbeprospekten genannt, die Resch ihm damals nach Deutschland geschickt hatte, da blaute der Himmel über Stadt und Fluss und Uferstraße. Aber jetzt hatte die Perle ihren Glanz verloren und wurde weggeschwemmt.

»Die weiße Perle rollt zurück ins Meer«, sagt der Dichter.

Mirta hatte frei und war wohl bei ihrer Familie oder wo auch immer. Er machte mit einiger Mühe Feuer in dem kleinen Steinofen und zog sich mit einem Buch wieder ins Bett zurück. Wärme und Holzgeruch verbreiteten sich im Zimmer. Das war gut für die Seele. Die Seele fing an zu schnurren wie eine gestreichelte Katze. Es galt, einfach dazuliegen und das Wohlgefühl aus der Wärme des Zimmers, der Weichheit des Bettes und der Willkür des Buches aufsteigen zu lassen. Er musste sich gehen lassen, er musste von sich absehen. Er musste aus seiner Geschichte heraus. Nicht selbst etwas tun, nicht selbst etwas erleiden. Daliegen und lesen und sich vorstellen, was da geschieht, und in das Geschehen hineingeraten, ohne dass es einem schaden kann. Man konnte wie die Tropfen einer heilsamen Medizin das literarische Geschehen ein- und aufnehmen und wirken lassen, bis man selbst zum Handeln wieder fähig war, bis man selbst wieder Held seines Lebens sein konnte.

»Die Sturmfluten des Frühlings«. Irgendwie war die Erzählung krampfhaft, aber es passierte etwas, an dem er teilnehmen konnte. Sein stehengebliebenes Leben lief im Buch weiter. So geht das ja. Man hört, man liest, wie jemand etwas erzählt, und plötzlich bekommt alles einen Sinn, auch wenn das, was da erzählt wird, an sich nicht so besonders sinnvoll ist. Aber durch die Tatsache, dass es erzählt wird, wird auch das Unsinnige sinnvoll und ermutigend, und man sagt sich: Sieh mal, es lässt sich doch erzählen. Da ist doch was dran. Da ist doch was dahinter.

Da geht also ein Mann mit einem Vogel unterm Hemd durch die Winternacht, mit einem Vogel, den er unter seinem Hemd warm hält und vor der Kälte schützt. Der Mann geht durch die Winternacht, und er trifft auf eine Frau in dieser Nacht, die ihn mit zu sich nimmt. Später findet er Arbeit, und er bleibt bei der Frau. Aber dann verlässt er die Frau, und die Arbeit verlässt er auch. Das ist die ganze Geschichte, und zwischendurch passiert auch nichts Aufregendes. Irgendwann mischt sich der Autor ein und zieht den Leser ins Vertrauen und in die Geschichte. Er sagt, dass sich Scripps – so heißt der Mann – und die Frau auf dem Weg zu einer Gastwirtschaft mit Namen Bohnenstube befinden. Was ihnen dort passieren wird, weiß ich nicht, sagt der Autor. Ich wünschte nur, der Leser könnte mir helfen. Der Leser Lambert hatte keine Lust, dem Autor zu helfen. Ich kenn dich ja gar nicht, sagte Lambert.

Soll der Autor doch selbst seine Geschichte zu Ende erzählen. Aber dann ließ der Autor seine Geschichte fallen und brachte sich selbst ins Spiel und sagte, dass er jeden Nachmittag in Paris im Café du Dome sitze und dass ihn der Leser dort treffen könne. Das gefiel Lambert wiederum. Da war auf einmal ein Zusammenhang hergestellt. Da war auf einmal das wirkliche Leben da. Der Autor im Café, der Leser im Bett und der Held der Geschichte, der auf beide angewiesen ist.

Die Geschichte von Scripps ging dann irgendwie weiter, als der Autor im Café du Dome sich den fünften Daiquiri genehmigt hatte, so dass er weitererzählen konnte. Es war wirklich keine großartige Geschichte, der Vogel spielte eine Rolle und dann gab es noch zwei Indianer, die sich über etwas unterhielten, was keine große Bedeutung hatte, es riss einen alles nicht vom Hocker oder aus dem Bett. Aber gerade diese Normalität, dieses totale Fehlen einer unerhörten Begebenheit war es, was Lambert gefiel. Er hatte das Gefühl, genau in einer solchen Geschichte drinzustehen, die ohne besondere Ereignisse auskam, die total normal dahinging, die ohne jeden Höhepunkt und tieferen Sinn verlief, gerade so wie das Gespräch der beiden Indianer. Er merkte, dass er eine Beziehung zu seiner eigenen Geschichte gewann. Die eigene Geschichte ist die interessanteste, dachte er, eine Geschichte, die nicht nur erzählt werden will, sondern gelebt werden will. Interessant ist sie natürlich nur für einen selber, aber das genügt ja zunächst mal. Eine ereignislose eigene Geschichte, ja meinetwegen, aber eine eigene Geschichte, die den Anspruch an ihn stellte, gelebt zu werden. Er war der Held seiner Geschichte. Es machte ihn irgendwie froh, diesen Anspruch zu fühlen, der auf einmal da war an diesem trüben Tag, und ohne dass das gleichförmige Gurgeln des Regens im Hof verstummt wäre. An den Bedingungen rings um ihn her hatte sich nichts geändert, aber für ihn selbst hatte sich etwas geändert.

Gott mit dir, lieber Leser!, sagte der Erzähler im Café du Dome. Ich überlasse dich jetzt deinen eigenen Plänen. Da stand Lambert auf, kochte sich einen Tee und machte sich massig, wie der eine Indianer gesagt hatte, massig Wurstbrote, und dann legte er neues Holz auf und nahm ein kräftiges Frühstück in dem warmen Zimmer ein, das gut nach brennendem Ulmenholz roch. Er ging ins Bad und rasierte sich und sang dazu. Er sang »Gracias a la vida«, weil er lebte, weil er sein eigenes Leben lebte, für das er sich eigenhändig entschieden hatte. Er hatte dieses Leben gewählt und war zu diesem Leben aufgebrochen. Zu diesem Leben gehörten die Schimmelflecken an der Wand des Badezimmers und der Blick auf die nasse, verlassene Straße. Die Schimmelflecken an der Wand waren besser als alle möglichen aufregenden Geschichten in irgendwelchen Büchern, die er an diesem Tag hätte lesen können, um die Zeit totzuschlagen oder zu vertreiben. Die Schimmelflecken waren durch und durch authentisch und gehörten zu seinem Leben, dessen Zeit nicht totgeschlagen werden durfte, sondern mit aller Konsequenz gelebt werden musste. Er hatte plötzlich ein zärtliches Gefühl für sein eigenes Leben. Er trug sein Leben dahin wie der Mann den Vogel in der Geschichte dahintrug. Und wie der Mann den Vogel unter Hemd und Parka trug und schützte, so musste er sein Leben vor Nässe und Kälte und Zug- und Schulluft und Unbilden schützen.

Er trat ans Fenster und sah in den grauen Tag und den Regen hinaus, der durch die kleine Straße strich. Ein anderes Lied fiel ihm ein. Er sang gegen den Regen an und er sang gegen die Schule an. Er sang: Wer jetzig Zeiten leben will, muss haben ein tapfres Herze. So hatten sie damals in der Jugendgruppe gesungen. Das galt noch immer. Man durfte sich nicht hängenlassen, man durfte nichts aus sich machen lassen. Man musste selber etwas aus sich machen. Man musste ein tapfres Herz haben. Dem Regen trotzend, der Allmacht der Schule sich verweigernd, sang Lambert laut sein Lied. Es tat ihm gut, so dazustehen und zu singen. Es gab ihm Kraft. Da heißt es stehen ganz unverzagt in seiner blanken Wehre, sang er laut vor sich hin und stellte sich breitbeinig hin und nahm es mit allen und mit allem auf. Sie konnten ihn nicht unterkriegen. Er war stärker. Er würde siegen.

A man can be destroyed but not defeated. War das »Der alte Mann und das Meer« oder »Schnee am Kilimandscharo«? Egal, Lambert verbündete sich mit Hemingway und mit allen, die nicht klein beigegeben hatten. Man muss sein Leben in die Hand nehmen. Man muss nach seinen Vorstellungen leben. Und man kann nach seinen Vorstellungen nur leben, wenn man an sich glaubt. Man kann nur an sich glauben, wenn man der Mann danach ist. Und man muss alles tun, um der Mann danach zu sein. Caramba! Er lächelte sich zuversichtlich zu und mutig in den Regen und die graue Welt hinaus.

# XX

Lambert sah zur Büste des Schulgründers hinüber, neben der auf einer Marmorplatte der berühmte Schwur des Schulgründers in ehernen Lettern aufgeführt war, aber da war schon Montagmorgen und Lambert hatte den Sonntag gemeistert und die stand- und wehrhafte Haltung in die neue Woche hinübergerettet.

Der Schwur Anwandters, dem neuen Vaterland ein guter Bürger zu sein, schloss mit der Bekundung des festen Willens zur Verteidigung der eigenen Interessen.

Ein guter Spruch für diesen Montagmorgen, an dem die Woche mit einem Acto eröffnet wurde, zu dem sich die hierfür bestimmten Klassen unter dem Vordach am Eingang zur Grundschule versammelt hatten.

Nach den Tagen mit Regen und Sturm war eine Wetterberuhigung eingetreten, wie der Wetterbericht vorausgesagt hatte. Große, zerfetzte Wolken, zwischen denen ab und zu ein blaues Loch leuchtete, trieben über den Himmel. Die Luft war feucht und frisch, die Schüler schauderten in ihren dünnen Uniformen. Nach Hymne und Flaggenhissung sprang Resch regelrecht an das kleine Stehpult und verkündete mit einer Stimme, die gleichzeitig seiner Sympathie mit allem Militärischen und dem Bewusstsein seiner direktoralen Würde schmetternden Ausdruck verlieh, dass man diesen Monat traditionsgemäß als Monat des Meeres begehe, diesen Monat Mai, in dem das Land, dessen Geschichte innigst mit dem Meer verknüpft sei, der hervorragenden Taten gedenke, die seine glorreichen Helden zur See vollbracht hätten. Lambert dachte an die lange Reihe von Büsten ruhmbedeckter Helden am Saum des Meeres zurück, die ihn bei seinem ersten Gang in jener Stadt im Süden in Erstaunen versetzt hatte. Eure Namen, tapfere Soldaten, rief der Direktor in Anlehnung an den Text der Hymne, sind in unsere Herzen eingegraben, und unsere Kinder und Kindeskinder werden sie ehrfürchtig nennen.

Die Geschichte, die Lambert für den Unterricht im Tercero Medio, der dritten Oberschulklasse, ausgesucht hatte, ging in anderer Weise als Reschs Rede auf den Monat des Meeres ein. Es war Heinrich Bölls »Anekdote zur Senkung der Arbeitsmoral«. Der Wortschatz war schon vorher besprochen worden, diese Stunde war der Lektüre und der Interpretation vorbehalten. Lambert las den Text vor, wobei er versuchte, Situation und Gesprächspartner möglichst lebendig darzustellen. Er stellte den Touristen dynamisch, begeistert, fast missionarisch dar und ließ den Fischer erst schläfrig, dann gelassen und heiter reagieren. Er passte Stimme und Körper den Erfordernissen der Szene an, er gestikulierte erregt wie der Tourist und legte sich auf seinen Stuhl wie der Fischer in sein Boot, alle viere behaglich von sich streckend. Der Tourist war ein Prachtexemplar des Wirtschaftswunderknaben, er war die absolute Inkarnation des Deutschen der fünfziger Jahre. Er stellte sich dick und breitbeinig hin. Der Mann wusste, wo's langgeht und wie man zu was kommt. Der Fischer dagegen in seiner selbstverschuldeten Armut, so ganz die Dolce-far-niente-Mentalität der Nationen verkörpernd, die es nie zu etwas bringen.

Der Tourist hat zunächst nur die Absicht, ein schönes Urlaubsdia zu machen, das man zu Hause vorzeigen kann, ein prima Motiv, das blaue Meer, das alte Boot, ein dösender Fischer darin. Und seht mal, so verbringen die ihre Tage! Kein Wunder, würden die Freunde am Diaabend bei Wein und Salzstangen sagen, dass die es zu nichts bringen. Sie würden dem südlichen Menschen generell eine Arbeitsmoral bescheinigen, die unter aller Kanone ist. Das hatten sie schon immer gewusst, und hier sehe man es ja wieder.

Das Klicken des Fotoapparats weckt den Fischer und dann ergibt sich ein Gespräch, das heißt, es ist eigentlich kein Gespräch, sondern eher ein Vortrag des Touristen über den Weg zum Erfolg. Der Tourist gibt dem Fischer, der in seinem Boot in der Sonne döst und das am frühen Morgen, also in der besten Arbeitszeit, jede Menge guter Ratschläge, wie er durch entsprechenden Arbeitseinsatz mehr Fische fangen und damit seine Lebenssituation verbessern könne. Der Tourist gerät in regelrechte Begeisterung, wenn er sich vorstellt, was bei entsprechender Leistung im Lauf der Zeit alles möglich wäre: ein Kutter, zwei Kutter, eine ganze Fangflotte, eine Fischverarbeitungsfabrik... Und dann?, fragt der Fischer. Ja, dann könne er sich in die Sonne legen und sich Ruhe gönnen und den Tag genießen, ruft der Tourist voller Stolz über diese Erfolgsgeschichte aus. Aber das tue er doch jetzt schon, sagt der Fischer ganz gelassen und räkelt sich gemütlich in der Sonne.

Mit diesen Worten beendete Lambert die Geschichte. Er verschränkte die Arme hinter dem Kopf, streckte die Beine aus und blickte faul und heiter wie der Fischer in die Klasse.

Den Schülern gefiel die Geschichte nicht. Nein, die Schüler waren gar nicht einverstanden mit dem Fischer. Einfach da in der Sonne liegen und nichts tun, das geht nicht. Man muss arbeiten im Leben, man muss sehen, dass man es zu etwas bringt. Kein Wunder, dass man es zu nichts bringt, wenn man am frühen Morgen in der Sonne liegt, anstatt zu arbeiten. Den Schülern war klar, dass die armen Leute einfach nicht arbeiten wollen. Und deshalb sind sie auch arm. Sie sagten es nicht ganz so deutlich, aber dieser Glaube, der der Glaube ihrer Eltern war, stand dahinter. Lambert hörte ganz verblüfft zu, was die Schüler ihm vom Sinn des Lebens erzählten. Ja, wenn man etwas geleistet hat, dann darf man ausruhen. Aber in der Sonne dösen, anstatt zu arbeiten, das geht nicht. Alle standen auf Seiten des Touristen. Es war ihnen ganz klar, dass die Geschichte nur den Sinn haben konnte, dem Fischer wegen seiner Faulheit Vorhaltungen zu machen. Natürlich muss man es so machen, wie der Tourist sagt. Man muss immer ein Ziel haben, sagte Ingrid, die beste Schülerin der Klasse. Man musst für ihre Familie gearbeitet, sagte eine andere. Der Fischer musst nicht so faul sein, sagte einer. Der Tourist sagt, was der Fischer machen gemusst haben, sagte einer. Selbst der lustige Alejandro, der sich nicht besonders gern anstrengte, befand: Dem Tourist hat recht. Also es war ganz klar: Der Autor will uns mit dieser Geschichte sagen, dass wir mussten nicht so faul sein wie der Fischer. Sonst wir bleiben ohne nichts.

Böll und Lambert standen mit ihrer Kritik am Wohlstandsstreben der Deutschen mutterseelenallein am Meeresstrand. Tja, lieber Böll, sagte Lambert, das hat ja wohl nicht so ganz geklappt. Böll sah vor sich hin und sagte kein einziges Wort.

Die anschließenden Versuche Lamberts darauf hinzudeuten, dass man vielleicht doch nicht nur Arbeit und Wohlstand als Sinn des Lebens ansehen solle, stießen auf das Unverständnis der schweigenden Mehrheit.

Verstehst du das?, fragte Lambert seinen Kollegen Stefan Volkert in der nächsten Pause, nachdem er ihm von der Stunde erzählt hatte. Stefan lachte. Ich glaube, sagte er, die reden hier wie der Tourist und handeln wie der Fischer.

Zur offiziellen Feier des Monats des Meeres war eine Abend-
veranstaltung anberaumt. In der Turnhalle waren Stühle
und Bänke aufgestellt, die Bühne war mit Blumen und gelb
leuchtenden Aromos geschmückt, die einen starken Duft
verströmten, die Landesfahne war auf der einen Seite der
Bühne an einem kleinen Mast gehisst, der Schulchor stand
in tadelloser Uniform und leise tuschelnd und lachend bereit.

Resch und Lambert hatten am Eingang Position bezogen und begrüßten Eltern und Gäste. Der Inspector general
war allgegenwärtig und achtete darauf, dass alles korrekt
vor sich ging, dass die bedeutenderen Leute in den Stuhlreihen vorne Platz fanden und die anderen sich auf die Bänke
dahinter setzten, dass die Mädchen des Chors nicht zu laut
plauderten und kicherten und dass die zwei Schüler, die die
Programmpunkte ankündigen sollten, in vorschriftsmäßiger
Kleidung und Haltung an ihrem Platz standen. Den Anfang
machte ein blumenreiches Gedicht, das die Seeschlacht von
Iquique und den Heldentod des Arturo Prat verherrlichte.
Zwei Schüler trugen alternierend die einzelnen Passagen
vor, sie versuchten einander an heldenhaftem Ausdruck zu
überbieten, was auf ein relatives Geschrei hinauslief. Nachdem das heldenhafte Schiff mit seiner heldenmütigen Besat-
zung in den Fluten versunken war, stieg Alfonsina unter den
Gesängen des Chors an ganz anderer Stelle ins Meer.

Alfonsina und das Meer. Die Dichterin Alfonsina geht
aus verschmähter Liebe oder betrogener Liebe, jedenfalls

aus Liebe ins Wasser. Langsam geht sie ins Meer, ihr weißes Gewand einer Dichterin breitet sich auf dem Wasser wie ein Blütenblatt aus, dann sinkt sie hinab in die Tiefe. Muscheln und Korallen schmücken das Haar der Dichterin, liebliche Sirenen geleiten sie, wenn sie durch die blauen Hallen des Meeres schwebt. Alfonsina, vom Meer bekleidet. Wenn er nach mir fragt, sagt sie wem auch immer, teilt ihm nur mit, ich sei weggegangen. Der Chor wusste mehr: Du bist auf die Suche gegangen, sang der Chor, auf die Suche nach neuer Dichtung.

Nachdem die liebeskranke Dichterin Alfonsina ebenso wie die heldenmütigen Seeleute von Iquique in den Fluten des Pazifik versunken waren, trat der Biologielehrer Bruno Perruzzo auf dem festen Boden des realen Lebens ans Rednerpult.

Primum vivere, deinde philosophari, sagte Perruzzo. Er erzählte nicht von Muscheln, die Dichterinnen schmücken, er sprach von Muscheln, Tang und Algen, von Pflanzen und Tieren des Meeres, die man ansehen und anfassen und zuweilen auch essen kann. Lambert hörte dem alten Biologielehrer gern zu, wie er von Sachen erzählte, die im wirklichen Leben vorkommen. Er erzählte, wie man die Cochayuyus, eine Art Algen, erntet und zusammenschnürt und die dann auf dem Markt stehen wie kleine Brennholzbündel, und welches Essen die armen Leute sich daraus bereiten. Neben Lambert saß eine wohlriechende und schön gelockte junge Mutter, die das Gesicht verzog und ihrer Nachbarin zuraunte: Iiiih, die schmecken doch nicht die Cochayuyus und die Kinder mögen sie auch nicht.

Auf der Bühne begann der Tanz der Gaviotas, der Möwen. Eine Gruppe junger Mädchen mit kalkweiß geschminkten Gesichtern und Brillen mit dunkelroten Gläsern, in schwarzen, knapp sitzenden Turnanzügen kauerte am Boden. Aus dem Lautsprecher schallten Möwenschreie und drang das Rauschen des Meeres, begleitet von einer getragenen Musik, zu der die Mädchen sich am Boden bewegten. Sie schaukelten rhythmisch mit dem Oberkörper, sie ruckten vogelhaft die Köpfe. Aus dem Lautsprecher kam eine Stimme, die die Geschichte der Möwe Juana erzählte, wie sie zu fliegen versucht und es ihr nicht gelingt, sich in die Lüfte zu schwingen. Aber sie bemüht sich immer wieder, und dann erhebt sie sich und schwebt im Reigen ihrer Schwestern dahin. Die Mädchen hatten sich erhoben, sie breiteten die Arme aus, an denen schleierhafte Schwingen befestigt waren, sie tanzten leicht und anmutig dahin, die weißen Slips zeichneten sich unter den schwarzen Turnanzügen ab. Manche schienen nicht vom Boden hochzukommen, denn es ist schwer, in die Lüfte zu steigen, es ist schwer, zu seiner Bestimmung zu finden, es ist schwer, sich über die Niederungen des Daseins zu erheben, sagte die Stimme im Lautsprecher. Aber Juana schaffte es, sie machte es besser als alle anderen und tanzte und schwebte schwerelos dahin zu der himmlischen Musik der seligen Geister der Lüfte.

Lambert spannte den Schirm auf und trat in den Regen hinaus. Er hatte anschließend in seinem Dienstzimmer gesessen, bis das Publikum sich verlaufen hatte. Er ging über die Platten des Schulwegs, an den Rhododendronbüschen vorbei, deren nasse Blätter im Licht der Laternen glänzten. An der Pforte, wo man das Schulgelände verließ, stand einer der Schuldiener. Er öffnete ihm die Tür und wünschte Gute Nacht. Er schloss hinter ihm ab. Lambert ging über die Brücke, er sah in das dunkle, langsam dahinziehende Wasser hinab. Auf der anderen Seite lag im Licht der Straßenlampen der weißliche, von Regen und Zeit fleckig ausgewaschene Klotz der Markthalle. In den großen Rundbogenfenstern waren die Scheiben, in die Metallsprossen eingelassen waren, an einigen Stellen zerbrochen. Er ging die Costanera, die Uferstraße, entlang. Die Schwärze des Flusses wurde durch die Laternen aufgehellt, deren Lichter im Wasser zerflossen und zitterten. Auf der anderen Straßenseite stieg das Gelände an, da lagen die Häuser der Kaufleute, Ärzte und Rechtsanwälte. Vor dem Haus des Generals stand ein Soldat, die Maschinenpistole schussbereit unterm Arm.

Im Fluss trieben die Toten. Im träge fließenden Wasser trieben sie dem Meer zu. Ihre erstarrten Augen sahen in die Schwärze des Wassers hinab. Ihre erstarrten Augen sahen in die Schwärze des Himmels hinauf, aus dem unablässig der Regen rann. Nach dem Putsch hatten sie die erschossenen Kommunisten in den Fluss geworfen. Lambert sah auf den Fluss und dachte an die Geschichten, die man ihm erzählt hatte, er dachte an die Lieder, die er bei Jorge gehört hatte. Jorge hatte eine Platte aufgelegt und die Musik ganz leise gestellt. Der Sänger hatte von den toten Freunden gesungen, von den Toten, die der Fluss in der Nacht nach Corral trägt, wo das Meer sie aufnimmt, der Sänger hatte sich im Exil an die erschossenen Freunde erinnert, und er hatte von der Freiheit gesungen, die eines Tages kommen wird.

Lambert sperrte die Gartentür auf und ging durch den kleinen Vorgarten, dessen Büsche troffen, zu seinem Haus. Seine Schritte hallten durch die leeren Zimmer. Er trat in sein Arbeitszimmer und machte Licht. Das Feuer war ausgegangen. Er setzte sich an seinen Arbeitstisch. Erst jetzt kam er dazu, den Brief zu lesen, der am Morgen in seinem Fach im Lehrerzimmer gelegen hatte.

Karin hatte geschrieben. Es machte ihm immer wieder viel aus, von den Schwierigkeiten zu lesen, die mit den Vorbereitungen ihrer Abreise aus Deutschland verbunden waren. Immer wieder stiegen Schuldgefühle in ihm auf, wenn er die Briefe aus Deutschland las. An der weiteren Familie hatte Karin keine Stütze. Ihr habt es ja so gewollt, sagten sie. Was hat euch denn hier gefehlt? sagten sie. Lambert musste der Familie recht geben. Wahrscheinlich haben die Familien immer recht. Sie sind die Stätte der Geborgenheit und drau-ßen ist es kalt und unwirtlich. Sie wissen, dass man keine Schwierigkeiten suchen soll, wenn man keine hat. Sie wis-sen, dass man im Land bleiben und sich redlich nähren soll. Die Weggehenden neigen zur Unredlichkeit. Verlorene und Verirrte. Am Ende sitzen sie in einem kalten Zimmer und frieren. Kein Trost. Der Blick auf die gardinenlosen Fenster mit den herabgelassenen Jalousien war in gleicher Weise deprimierend wie die Aussicht auf die nächsten Tage. Das Raunen des Regens auf den Blechplatten des Daches und auf den Steinen im Hof würde die Tage und Nächte gleich-förmig begleiten. Dazu war er also ausgezogen. Er dachte auf einmal wieder an die Geschichte von dem kleinen Hund aus dem Lesebuch, die er zu Hause mit einer Klasse gelesen hatte. Der kleine Hund Jenny hatte alles. Er hatte ein schön gesticktes Kissen, auf dem er ruhte, er hatte einen Napf, der immer gefüllt war, er hatte eine freundliche Familie, die ihn streichelte und sich um ihn sorgte. Aber er sagte sich: Es muss doch mehr als alles geben! Und er ließ alles zurück und ging fort, es zu suchen.

Tja, sagte Lambert zu sich, so geht das. Und es fiel ihm wieder ein, was die Leute zu Hause sagten: Wenn es dem Esel zu wohl ist, geht er aufs Eis tanzen.

Liebe Karin, schrieb Lambert. Während es seit Tagen regnet und die ganze Welt nass und klamm ist... Der Fluss ist gewissermaßen über die Ufer getreten, er fließt durch die Luft. Alles ist im Fluss, schrieb er und lächelte sich dabei zu, weil sich hinter diesem Satz eine Philosophie verbarg, die eine Aufmunterung bieten konnte.

In der Schule geht alles seinen Gang, schrieb er. Die Kinder sind lieb. Weder sie noch ich wissen, warum sie Deutsch lernen sollen. Aber ich sage mir und ihnen einfach: Deutsch ist eine schöne Sprache. Dann stellen sie mir Blu-men auf den Tisch. Ich warte auf euch, schrieb er. Er erzählte von dem Land, wie er es in den letzten Herbsttagen kennengelernt hatte. Wir werden zusammen ans Meer fahren und an die Seen. Es ist schön hier, es wird euch gefallen.

Plötzlich fiel es ihm schwer weiterzuschreiben. Feuchte Kälte kroch aus allen Winkeln des Zimmers. Er fühlte sich so unbehaglich wie nur was. Wenn man sich unbehaglich fühlt, kann man nicht behaglich in die Zukunft schauen. Er müsste schreiben, wie es ihm jetzt ums Herz war. Aber das wäre auch nicht richtig. Man darf nicht blindlings seiner eigenen Niedergeschlagenheit die Zügel schießen lassen, so dass sie auch andere überfällt. Man muss ein Beispiel der Stärke und Zuversicht geben. Ganz davon abgesehen, dass sein Brief ankommen würde, wenn es ihm wieder besser ginge, und somit zum Zeitpunkt des Gelesenwerdens unwahr wäre.

Reiß dich zusammen, Mann!, sagte er laut.

Er stand auf und wandelte durchs Haus. Er wandelte durch die leeren Zimmer, er hörte das Seufzen der Dielen unter seinen Schritten und das Rascheln der Büsche draußen unter dem fallenden Regen, und er stellte sich allem entgegen, was das Herz verfinsterte. Ich muss fertig werden mit dem, was mich fertig macht, erklärte er sich mit lauter Stimme. Er sprach sich Mut und Trost zu. Nicht Trübsal blasen, nicht der Melancholie verfallen! Allem, was Kraft verspricht, Hand und Herz bieten! Hilfreiche Infinitive und Imperative an die Wände des Herzens schreiben! Sich nicht von des Gedankens Blässe ankränkeln lassen, sondern das tun, was getan werden muss! Sich dem Geist verpflichtet fühlen, dem Geist, der stärkt und lebendig macht!

»Allen Gewalten zum Trotz sich erhalten rufet die Arme der Götter herbei.«

»Wer spricht von Siegen? Überstehen ist alles!« Er war der Seefahrer, dem der Sturm nichts anhaben konnte. »Mit dem Schiffe spielen Wind und Wellen, Wind und Wellen nicht mit seinem Herzen.« Aus allen Winkeln des Hauses, aus allen gelesenen Büchern stiegen die guten Sprüche und die guten Geister herauf und redeten ihm zu und standen ihm bei. Alles wird gut werden. Der Tag würde kommen, an dem sich zeigen würde, dass es gut gewesen war, hierher zu kommen. Es würde gut sein, weil er mit dem, womit er fertig werden musste, fertig geworden wäre.

Es war tröstlich zu denken, dass er sich eines Tages all dessen hier erinnern würde. Die Erinnerung spätestens würde allem einen Sinn geben, sie ist die große Kraft, dachte er, die Dinge und Geschehnisse zusammenfügt und zurecht- rückt, sie gibt allem, was geschehen ist, einen Platz und einen Wert und einen Zauber.

»Forsan et haec olim meminisse iuvabit.« Eben. Es ist ja niemals etwas so, wie es geschieht, bereits am nächsten Tag beginnt die Erinnerung ihr Leben bewahrendes, Leben verwandelndes, sinnstiftendes, schöpferisches Werk. Sie ist den Tatsachen weit überlegen. Ich muss, sagte sich Lam- bert an diesem Abend, in der Lage sein, das alles als eine Geschichte anzusehen und zu erleben, als meine Lebensge- schichte. Ich werde mich daran erinnern und werde davon erzählen. Ich werde den Enkeln davon erzählen. Oder wem auch immer. Man muss, dachte er, dem, was man erlebt, den Rang einer Erzählung geben. Man muss es so erleben, dass es wert ist, erzählt zu werden. Man muss es so erzäh- len, dass es wert war, erlebt zu werden. Wenn er an Ka- rin schrieb, gab er seinem hier gelebten Leben seinen Sinn. Und auch sie sollte das Gefühl gewinnen, dass es sinnvoll sei, hier zu leben. Er dachte daran, dass die alten Leute zu Hause manchmal ausriefen: Da könnt ich ein Buch drüber schreiben! Sie sagten das, wenn sie von ihrem Leben erzähl- ten und in Begeisterung darüber gerieten, was sie tatsäch- lich alles erlebt hatten und mit welchen Schwierigkeiten sie fertig geworden waren. Die Erinnerung färbte und formte.

Was war wirklich und was war Werk der Erinnerung? Und was war wirklich und was war Werk der verschönernden und zuweisenden Sprache? Und was war wirklich und was trug die Stimmung dazu bei, in der man es erlebte und in der man es berichtete? Lambert beschloss, Karin von den schönen Dingen zu erzählen, mochten sie nun schön gewesen sein oder durch seinen Beschluss, Schönes zu erleben, schön geworden sein. Und wirklich, es gab doch den blauen Ozean, um den nur jetzt der Winter seine Regenmäntel hing, es gab das melodische Rufen der Verkäufer am Flussmarkt, es gab die abendlichen Peñas, wo junge Leute zur Gitarre Lieder von Freiheit und Liebe und einem einfachen, aber glücklichen Leben sangen.

Rotwein und Empanadas, schrieb er und tauchte in die Stimmung des Abends ein, an dem er mit Horst und Erna und Anke in eines der Viertel am Rande der Stadt hinausgefahren war. In einem kleinen Saal ist eine hölzerne Bühne aufgeschlagen. Die Bühne hat ein Geländer und rings um das Geländer sind grünende Birkenreiser gesteckt, wie die »Maien« bei der Fronleichnamsprozession, und auch die Holzlattenwände des Saales sind mit Birkengrün geschmückt. Die Stimmung ist gut, froh, festlich, erwartungsvoll. Lauter junge Leute sitzen an den Tischen, auf denen die gelben Blüten der Aromos leuchten. Lachen und Plaudern, man ist ganz weit von der Schule weg, ich fühlte mich, schrieb Lambert, auf einmal wirklich im Land, unter den Menschen dieses Landes und nicht an einem bestimmten Schulort. Er beschrieb die Empanadas, diese frittierten, mit Hackfleisch oder Käse gefüllten Mehlteigtaschen, die überall an den Tischen gegessen wurden. Dazu tranken wir den dunklen, kräftigen Tinto, der nach der Erde und der Sonne dieses Landes schmeckte. Dann traten die Sänger auf. Nilo und Schwencke kommen auf die Bühne und werden mit stürmischem Beifall begrüßt. Die ersten Akkorde der Gitarren, die Zuhörer applaudieren, sie wissen schon, was kommt. Tropfende Töne wie erste leichte Regentropfen, es regnet, es regnet auf Valverde, auf die Wälder ringsum, das Holz meines Elternhauses wird nass und färbt sich dunkel, singt Nilo, dann volle Akkorde, strömender Regen, Schwencke fällt ein, sie singen von Curiñanco am Meer, wo ihnen die Señora Maria in ihrem Haus Sopaypilla vorsetzt und von lustigen und traurigen Dingen erzählt, die sich hier ereignen, es regnet in Collico, und die Kinder formen den Lehm zu kleinen Broten, es regnet in Valverde, und die Deutschen gehen zum Flussmarkt, um Fisch zu kaufen, es regnet, es regnet, und der Rio Calle Calle schwillt an und tritt über die Ufer. Sie erzählen von dem, was gewöhnlich passiert, schrieb Lambert, von den Verhältnissen hier, wie jeder sie kennt. Dann sangen sie vom Wachsen und Reifen, ein sehr gefühlvolles Lied, vielleicht etwas zu gefühlvoll, egal, hier schien es ganz natürlich, die jungen Zuhörer empfanden es als ganz natürlich, dass man vom Wachsen und Reifen spricht. Zum Wachsen ruft uns das Leben, sangen sie, zum Wachsen ruft uns die Liebe, Regen und Sonne warten auf dich, es ist die Zeit des Reifens. Von dir hängt es ab, sangen sie, du kannst nicht immer die anderen verantwortlich machen.

In Deutschland, schrieb Lambert, heißt es immer, die Gesellschaft ist schuld, die anderen sind schuld. Ist es nicht besser, schrieb er, wenn einem das Gefühl vermittelt wird, dass es von einem selbst abhängt, welches Schicksal man hat, dass es auf einen selbst ankommt?

Lambert erinnerte sich, welche Bedeutung die Worte »wachsen« und »reifen« in seiner Jugend gehabt hatten. »Rein bleiben und reif werden, das ist höchste und schwerste Lebenskunst«. Walter Flex, der »Wanderer zwischen zwei Welten«, hatte das geschrieben. Der Satz geisterte durch die Einkehrtage der katholischen Jugend. Wenn die geistlichen Führer damals das Reifen und Wachsen nur nicht so unter das Menetekel einer bedrohlichen Sexualität gestellt hätten, so dass Reifen fast nur auf Vermeidung der Onanie hinauslief und Wachsen fast nur den Sieg über die auf Fleischeslust gerichteten Gedanken, Worte und Werke bedeutete!

Es hätte dir auch gefallen, schrieb Lambert, wie die jungen Leute dem Lied vom Wachsen und Reifen zuhörten. Als werde ihnen eine frohe Botschaft verkündet.

Aber dann gab's auch Lieder, die das alltägliche Leben und die politische Lage betrafen. Wo ist die Poesie hingekommen? Wo ist die Freiheit geblieben?, sangen sie. Einige wenige sind oben, alle anderen sind unten, sangen sie. Das Geld reicht nicht aus, um auch nur genug Bohnen zu kaufen.

Ja eben, es geht nicht nur um Wachsen und Reifen, der Mensch braucht auch Bohnen zum Leben, der Mensch muss auch essen.

Lambert spürte die Zustimmung, die Begeisterung der jungen Leute, die hörten, wie von dem erzählt wurde, was genau sich auf ihr Leben und ihre Probleme bezog.

Ich hätte mir gewünscht, dass du neben mir sitzt, schrieb Lambert.

An jenem Abend hatte er Anke nach Hause begleitet. Die Peña hatte ihnen beiden gefallen. Er hatte den Eindruck, dass sie auf ihn einging und bereitwillig alles, was er sagte, gut fand. Beim üblichen Abschiedskuss auf die Wange drückte sie sich an ihn, oder schien es ihm nur so? Es beschäftigte ihn auf dem Nachhauseweg. Er lag zu Hause lange wach. Hatte diese junge Frau sich ihm zugewendet? Und wenn ja, was bedeutete das? Sie hatte sich vorher wenig für ihn interessiert. Sie hatte sich ablehnend verhalten. Er hatte so sehr das Bedürfnis nach einer Frau.

»Eine Frau ist etwas für eine Nacht und, wenn es schön war, noch für die nächste«, pflegte Benn zu sagen. Nein, eine Frau ist etwas aus Literatur und, wenn sie schön ist, aus dem Playboy, sinnierte Lambert und griff nach dem Heft, das ganz unten in seiner Tischschublade verborgen war.

Es ließ ihm keine Ruhe. Am nächsten Abend klingelte er an der kleinen Gartenpforte. Es war ein regnerischer Abend, der Regen fiel dünn und gleichmäßig. Er folgte Anke durch den Garten zu dem kleinen Holzhaus. Er schüttelte das Wasser vom Schirm und stellte ihn neben der Tür unter das Vordach, bevor er in das kleine Zimmer trat. Du bist allein?, fragte er. Ja, die Marlies ist zu ihrer Mutter gefahren, sie kommt erst morgen zurück, sagte sie. Sie bot ihm ein Glas Rotwein an. Sie redeten über Kindergarten und Colegio. Die nicht eingestandenen Wünsche, die seinen Besuch veranlasst hatten, verblassten unter der Normalität des Gesprächs. Die Gegenwart von Raum und Gespräch war so wirklich, dass er sich gar nicht mehr vorstellen konnte, dieses Ambiente aus Tagesthemen und Freundschaftlichkeit durch eine auf Sex oder auch nur Zärtlichkeit abzielende Annäherung stören zu wollen. Sie hatte sich auch so entfernt von ihm gesetzt, dass zunächst einmal die räumliche Distanz hätte überwunden werden müssen. Und welche Distanzen hätten sich dann aufgetan? So mühsam alles. Die Anstrengung erschien ihm in Anbetracht der Ungewissheit, das Ziel zu erreichen, von dem er nicht wusste, ob er es überhaupt erstrebte, fehl am Platz. Nein, er wollte die Möglichkeit einer Zurückweisung nicht riskieren. Das konnte er sich rein seelisch nicht leisten. Wenn sie ihm ein wenig entgegengekommen wäre... Aber er hatte ihr Verhalten gestern Abend wohl falsch gedeutet. Sie saß da und sprach über ihre Kindergartenarbeit, als sei es das Einzige auf der Welt, worüber man jetzt sprechen könne.

Ihr Anblick weckte auch kein Verlangen. Ihr Gesicht war geradezu eckig. Das ägyptisch geschnittene Haar, das ihr sonst einen aparten Reiz verlieh, hing stumpf und glanzlos herab. Er fühlte sich plötzlich richtig wohl dabei, dass ihm nichts weiter abverlangt wurde, dass er ruhig hier sitzen und seinen Rotwein trinken und über Kindergarten und Colegio reden konnte, ohne Leib und Seele in Aufruhr zu versetzen. Das ist ja das Blöde: Der Leib lässt sich auf ein Abenteuer ein, und die Seele muss es ausbaden. Er saß da, hörte dem Regen und den Worten der jungen Frau zu, sagte unverfängliche Worte und trank ruhig seinen Wein. Zum Abschied, ein Kuss auf die Wange, wie es sich gehörte.

Entließ sie ihn mit verstecktem Groll, oder schien ihm nur, als lege sie Kälte an den Tag, beziehungsweise an die Nacht? Hatte sie doch etwas von ihm erwartet? Waren Möglichkeiten ungenutzt verstrichen? Quatsch, sagte sich Lambert unterwegs, ich mache mir keine Gedanken darüber. Aber er machte sich Gedanken darüber.

Zu Hause, in der Wärme und Weiche des Bettes, meldete der Körper die unterdrückten Bedürfnisse an. Passte das Triebhafte nur zu Dunkelheit und einsamem Bett, scheute es Helle und Offenbarung, der eigenen Verwerflichkeit bewusst? Stand für ihn nach so vielen Jahren immer noch fest, dass alles Körperliche außerhalb bestimmter Regeln letztlich Sünde sei?

Keine Zärtlichkeit vor der Ehe!, hatte sein Kollege Schuhmacher gern gerufen, die kirchliche Warnung ironisierend, wenn knappe Zärtlichkeiten zwischen lang verheirateten Paaren ausgetauscht wurden.

Immer wieder auf die körperliche Lust zurückgeworfen wie auf eine altchristliche Verdammnis! Schuldbewusst schlief Lambert ein.

# XXII

In regelmäßigen Abständen fanden Elternabende statt. Sie liefen immer nach demselben Schema ab. Die deutschen Lehrer klagten, dass die Deutschkenntnisse schlecht seien. Die einheimischen Lehrer versicherten, dass die Klasse unter ihrer Fürsorge gute Fortschritte mache. Die Mütter hüllten sich in ihre Mäntel und bedachten ihre Strategien.

Es war kühl im Klassenzimmer. Draußen rauschte der Regen.

Die einheimischen Kollegen erzählten, was für schöne und pädagogisch wertvolle Sachen sie im Unterricht machten und wie sie den Eindruck hätten, dass es den Kindern gefalle. Die Mütter bestätigten, dass es den Kindern im Unterricht dieser Lehrerin und dieses Lehrers gefalle. Diese Lehrerin und dieser Lehrer freuten sich, dass den Kindern ihr Unterricht Spaß machte. Wenn den Kindern nämlich der Unterricht Spaß macht, bringen sie gute Leistungen. Wenn die Kinder gute Leistungen bringen, kriegen sie gute Noten. Wenn die Kinder gute Noten kriegen, macht ihnen der Unterricht Spaß. Wenn die am Unterricht Spaß findenden Kinder gute Noten kriegen, sind die Eltern glücklich. Sie sagen: Das ist eine gute Lehrerin. Sie sagen: Das ist ein guter Lehrer. Sie sagen: Das ist ein gutes Colegio.

Dann sind alle glücklich und zufrieden.

Leider muss in dem Colegio, in das die Kinder gern gehen und mit dem die Eltern glücklich sind, auch Deutsch gelernt werden. Leider macht der Deutschunterricht nicht immer Spaß. Da der Deutschunterricht nicht immer Spaß macht, sind die Leistungen im Deutschen nicht immer gut. Da die Deutschleistungen nicht immer gut sind, sind auch die Deutschnoten schlechter als in den anderen Fächern. Außerdem schreiben die deutschen Lehrer, die nur für eine gewisse Zeit an dieser Schule bleiben, keine so guten Noten wie die einheimischen Lehrer, die das ganze Leben diesem Colegio geweiht haben. Bis die deutschen Lehrer einigermaßen gelernt haben, die Noten zu schreiben, die an dieser Schule geschrieben werden sollen, weil es ein gutes Colegio ist, ist ihre Zeit schon um, und sie müssen wieder nach Deutschland zurück. Ein einheimischer Lehrer, der das ganze Leben an dieser Schule bleiben will, muss ein guter Lehrer sein. Nur guten Lehrern wird der Vertrag immer wieder verlängert. Ein guter Lehrer führt seine Schüler zu guten Noten und seinen Vertrag zur Verlängerung.

Die Mütter wissen, dass die Noten im Deutschen schlechter sind als in allen übrigen Fächern, weil Deutsch eine schwere Sprache ist und weil die deutschen Lehrer wieder nach Deutschland zurückkehren, bevor sie das Notenschreiben hier gelernt haben. Aber die Noten im Deutschen sind Gottseidank nicht so wichtig, weil sie für die Universität nicht zählen. Die Deutschnoten haben auch im Allgemeinen keinen Einfluss auf die Versetzung in die nächsthöhere Klasse. Denn die Deutschnoten können durch die Noten in den anderen Fächern ausgeglichen werden. Die Deutschnoten eines Schülers dürfen nur nicht so schlecht sein, dass der Schüler die Schule verlassen muss.

Dieses Colegio ist das beste Colegio der Stadt. Die Mütter kämpfen mit allen ihnen zur Verfügung stehenden Mitteln für den Verbleib ihres Kindes an diesem Colegio. Diesem Kampf dienen unter anderem die Elternabende.

Die Strategie der Mütter ist sehr subtil und gereift. Sie greifen nicht frontal die Notengebung im Fach Deutsch an, sie schildern lieber ausführlich, welches Interesse doch ihr

Kind an Deutsch hat und wie es zu Hause schöne kleine Sätze auf Deutsch sagt wie »Danke« oder »Bitte« oder »Ich habe Hunger«. Die Kinder lieben die deutsche Sprache, das muss der Lehrer doch auch sehen und fördern. Und es ist klar, ohne dass es direkt gesagt werden müsste: Die Liebe zur deutschen Sprache fördert man am besten durch gute Noten.

Lambert begab sich nach dem Elternabend geradewegs in die »Choperia München«, wo er sich einen Schoppen Bier bestellte, den er fast auf einen Zug austrank. Aah, er wischte sich mit dem Handrücken über den Mund. Der Kampf mit den Müttern hatte ihn geschwächt. Er sah den Mädchen in ihrer bayerischen Tracht zu, die Bier zapften und Teller mit Sauerkraut und Rippchen herumtrugen. Das Eau de Cologne der Mütter von eben zerging im Sauerkrautdampf der »Choperia München«. Die infrage gestellten Auswirkungen der deutschen Sprache machten der fraglosen Einwirkung des deutschen Bieres Platz. Ein indianisches Mädchen mit Tirolerhut stellte lächelnd einen neuen Krug vor ihn. Kein Mensch wollte etwas von ihm. Schon gar nicht eine gute Note. Er musste niemandem Rede und Antwort stehen. Er ließ sich vom gelben Bier überschwemmen, das sich in seinem Inneren ausbreitete und in wohltuenden Wellen über die wunde Seele trieb.

Am Nachmittag des nächsten Tages stieg Lambert in eine Camioneta, einen kleinen Lastwagen, der ihn zum Priesterseminar nach San José de la Mariquina bringen sollte. Die deutschen Padres, die das Priesterseminar leiteten, suchten einen Lateinlehrer. Das könnten Sie doch übernehmen, hatte ihn Resch gedrängt, die Deutsche Schule muss überall vertreten sein. Wir müssen in der Öffentlichkeit präsent bleiben. Man muss von uns sprechen.

Diese Motivation hatte er zwar nicht übernommen, aber es hatte ihn gereizt, hier Latein zu unterrichten. Latein in diesem fernen Land, Verbreitung der Kultur unter den Barbaren: Mission. So etwa. Da er davon überzeugt war, dass die lateinische Sprache den Geist entwickele und die Kultur vermittele, dass die Beschäftigung mit ihr dem Menschen im Ganzen förderlich sei, hatte er diese Sprache immer mit einem gewissen Sendungsbewusstsein und missionarischer Hingabe gelehrt.

Wenn er durch die hohen Klassensäle seines früheren Gymnasiums schritt, den Cicerotext in der einen Hand, mit der anderen der Deklamation des Textes rhetorische Emphase verleihend, und wenn dabei sein Blick auf die im Herbstlaub flammenden Ahornbäume fiel, die den Schulhof begrenzten, und darüber hinaus auf die in blauem, sonnigem Dunst friedlich träumende kleine Stadt traf, war seine Seele in Schwingungen geraten, die so etwas wie Glück bedeuteten. Er hatte sich in Übereinstimmung mit dem Dasein gefühlt, um nicht zu sagen mit dem Kosmos. Geist, Natur, Leben in Einklang miteinander. Convenienter cum natura vivere. Eine Stunde absoluter Harmonie. Er wandelte vor der Oberprima auf und ab und trug Ciceros Hymnus auf die Philosophie vor: O vitae philosophia dux! Oh Philosophie, du Führerin im Leben! Du spürst die Tugend auf und vertreibst die Laster! Was wären wir ohne dich, was wäre überhaupt das Leben der Menschen ohne dich!

Dann hatten sie darüber diskutiert. Kann die Philosophie die Rolle im Leben spielen, die Cicero ihr hier zuweist? Ist es überhaupt von Cicero grundsätzlich so ernst gemeint oder flüchtet er nur in die Arme der Philosophie, weil er politisch kaltgestellt ist und keine Möglichkeit politischer Aktivität hat? Ist also nicht die Philosophie die Zuflucht der Kaltgestellten, die Trösterin der Lebensuntüchtigen, derjenigen, die mit dem praktischen Leben nicht zurechtkommen und es daher abwerten? Und die Philosophie liefert ihnen bereitwillig Argumente zur Verdammung des alltäglichen Lebens und Bauholz für höhere Warten.

Oder ist es noch schlimmer? Ist vielleicht die Entscheidung für das reine Reich des Geistes eigentlich der die Verantwortung scheuende Rückzug der Bessergestellten in privilegierte Spielräume, wo sie es sich auf Kosten anderer gut gehen lassen? Ruht nicht das Reich des Geistes auf den Knochen der Ausgebeuteten? Ist es vielleicht ein Flüchten aus dem Schmutz, um selbst rein zu bleiben? Ist es nicht eine Begünstigung des Bösen, wenn man sich von seinem Toben schaudernd abkehrt? Wie war denn das mit denen, die sich damals in das Reich Beethovens und Hölderlins zurückzogen? Wie war denn das mit denjenigen, die aus dem Dritten Reich in das Reich des Geistes emigrierten, anstatt Widerstand zu leisten?

Dieses Reich des Geistes fand wenig Zustimmung bei den jungen Leuten, die eine Moral des verantwortlichen Handelns bedingungslos vertraten. Die Philosophen, die sich nur auf das eigentliche Sein beziehen und die Wirklichkeit nicht sehen, sagte Matthias, sind Handlanger der politischen Täter. Und Klaus führte Heidegger an, dessen Seinsphilosophie ihn nicht daran gehindert habe, sich der politischen Realität des Dritten Reiches zur Verfügung zu stellen. Lambert musste ihnen recht geben. Er war sich selbst nicht sicher, ob man nicht in die bare Unmoral abglitt, wenn man sich vor der Welt verschloss, ob man nicht schuldig wurde, wenn man die Politik den Politikern, die sozialen Probleme den Sozialarbeitern und die Verdammten dieser Erde sich selbst überließ. Aber vielleicht war es doch nicht schlecht, wenn diese jungen Leute erkannten, dass es neben der unabweislichen Notwendigkeit zu handeln noch etwas anderes gab, dass sie einmal im Leben von einem reinen Reich des Geistes hörten, auch wenn es in dieser Reinheit nirgends existierte.

Padre Isidoro, ein ehrwürdiger Kapuziner mit langem, grauem Bart, empfing Lambert auf der Schwelle des Hauses und hieß ihn mit ausgestreckten Armen herzlich willkommen. Das Priesterseminar war ein riesiges, lang gedehntes Holzgebäude mit mehreren Anbauten, die der ganzen Anlage eine gewisse Unübersichtlichkeit verliehen. Sie schritten durch lange, dunkle Flure, deren Dielen unter den Schritten knackten und knarrten. An der Kreuzung mehrerer Flure betete auf einer Wandkonsole ein gipserner Heiliger im Priestergewand, von einer Kerze in weihevolles Licht getaucht. Der heilige Pfarrer von Ars, erklärte Padre Isidoro, das Seminar sei ihm geweiht. Der Pater öffnete eine Tür, und sie traten in einen Raum, in dem ein paar Männer um einen langen Tisch versammelt waren. Einige trugen dieselbe braune Kutte wie der Pater, die anderen waren normal mit Hose und Pullover bekleidet. Padre Isidoro stellte sie als Mitbrüder und Lehrer vor und lud Lambert zur Once ein, zur Vesper, für die ein kleiner Korb mit dicken Scheiben selbstgebackenen Brotes, eine große Rolle Butter, dazu Honig und Marmelade auf dem Tisch standen. Lambert nahm zwei Löffel Kaffee aus der üblichen Pulverkaffeedose und ließ sich von einem Pater die Tasse mit heißem Wasser auffüllen.

Padre Isidoro war dreißig Jahre im Land und leitete das Seminar seit zwanzig Jahren. Hier ist meine Heimat, sagte er. Er könne sich nicht mehr vorstellen, in Deutschland zu leben. Hier habe man viel mehr das Gefühl, dass man gebraucht werde und etwas für die Menschen tun könne. Die Padres kümmerten sich nicht nur um das Priesterseminar und um die Menschen im Dorf, sie ritten weit übers Land zu den verstreut wohnenden Kleinbauern und Indios. Aber sie waren nicht die Einzigen, die sich um das Seelenheil der Landbewohner sorgten. Es gab Methodisten- und Baptistenprediger, die auch unterwegs waren, um Seelen zu fangen, die ebenfalls Schulen gründeten und Kirchen bauten. Die Indios hielten es mit den einen und den anderen und vertrauten außerdem noch auf ihre Geister, die die Machi, ihre Priesterin, an den Quilapaiun-Festen beschwor. Einer der Padres am Tisch erzählte, wie er zu einer alten Frau gerufen worden war, die im Sterben lag. Ich will nicht in den Himmel, Pater, sagte die alte Frau. Aber warum denn nicht? fragte der Pater. Ach, sagte sie, im Himmel da ist so viel Licht und Musik, und ich hab lieber, wenn es ruhig ist. A mi me gusta la vida tranquila.

Nein, Nachwuchssorgen hatten sie keine, es gab zur Zeit achtzig bis hundert Seminaristen. Das ist ganz schön viel, sagte Lambert, wenn man das mit Deutschland vergleicht. Glauben Sie nur nicht, dass das Niveau in den Kursen hier besonders hoch ist!, sagte ein schmächtiger, asketisch aussehender Mann von circa 35 Jahren, der ihm als Don Guillermo und Studienleiter vorgestellt worden war. Sie werden in Latein zurückstecken müssen, sagte er.

Don Guillermo fuhr mit ihm im Bus nach Valverde zurück. Es ging gegen Abend, ein weiter Himmel spannte sich über das flache Land, dicke, weiße, flaumige Wolken trieben dahin, solche Wolken gab's in Deutschland gar nicht. Der Bus dröhnte mit hoher Geschwindigkeit über die Panamericana. Ab und zu wurde er jählings langsam und umfuhr vorsichtig die Stellen, wo die Betonplatten der Straße eingebrochen waren und zackige Randstücke hochragten. An manchen Stellen musste der Bus Slalom fahren, zeitweise fuhr er ganz auf der linken Seite und wechselte erst wieder nach rechts, wenn ein Fahrzeug entgegenkam.

Ob er schon lange im Seminar arbeite? fragte Lambert. Noch nicht so lange, antwortete Don Guillermo. Er zögerte ein wenig, dann sagte er, er sei vorher Leiter einer Jugendorganisation gewesen, in der Zeit der »Unidad Popular«. Er sagte nicht UP-Zeit, wie die Deutschstämmigen sagten, die das Wort »UP-Zeit« so aussprachen, dass ihre Abscheu vor jener Zeit durch die Silben zitterte.

Zeit der Unidad Popular, das klang hier ganz anders, verheißungsvoller, als habe es einen Traum gegeben, der unversehens ein schlimmes Ende gefunden hatte. Auf einmal fing Don Guillermo an zu erzählen. Es schien ihn regelrecht zu drängen. Er dämpfte die Stimme. Ziemlich bald nach dem Golpe, dem Militärputsch, sei er verhaftet worden. Er wurde irgendwohin gebracht, aber seine Frau machte ihn ausfindig. Natürlich wurde sie nicht zu ihm gelassen, aber sie wusste nun, wo er war, da konnten sie ihn nicht so leicht verschwinden lassen. Endlose Verhöre, Schläge, Hunger. Seine Frau lief von Pontius zu Pilatus. Ein entfernter Verwandter war General der Carabineros. Sie solle sich nicht beunruhigen, sagte der, wenn er nichts Schlechtes getan habe, werde ihm nichts passieren. Er wurde verlegt, seine Frau erfuhr es und fuhr ihm wieder nach und fragte nach ihm. Er bekam eine Art Gerichtsverfahren, Militärgericht natürlich, unter Ausschluss jeder Öffentlichkeit. Ein Jahr später ließen sie ihn frei. Sie schärften ihm ein, sich ruhig zu verhalten: Den Mund halten und keine politische Tätigkeit! Arbeit fand er natürlich keine. Vorher war er neben seiner Arbeit in der sozialistischen Jugend wissenschaftlicher Assistent an der Uni gewesen. Jetzt waren Generale die Rektoren der Universitäten, sie säuberten die Hochschulen von kommunistischen Elementen. Schließlich stellten die Padres ihn als Studienleiter im Priesterseminar ein.

Als der Bus an einer Haltestelle der Vorstadtsiedlung hielt, stieg Don Guillermo aus. Erzählen Sie bitte niemand etwas von dem, was ich Ihnen gesagt habe! Er sah Lambert ängstlich an.

Seien Sie unbesorgt, sagte Lambert, von mir wird niemand etwas erfahren.

# XXIII

Am nächsten Morgen war Alarm. Eigentlich war es ein Pro-
bealarm, aber dem Inspector general war es durch sorgfäl-
tige Vorbereitungen, die sich in mehrfachen Aushängen am
Schwarzen Brett, einer dreistündigen Nachmittagskonferenz
und zahllosen Privatgesprächen mit der Schulleitung und
einzelnen Kollegen niederschlugen, gelungen, der Übung
die Bedeutung eines Großbrandes zu geben, der gleichzeitig
an allen vier Ecken des Schulgebäudes ausgebrochen war.
Eigentlich war die Übung bedeutender als ein wirklicher
Brand. Denn während es bei einem wirklichen Brand als
relativ normal angesehen worden wäre, dass in der allgemeinen Aufregung Fehler unterliefen, wurde hier erwartet,
dass keine Pannen auftraten. Jeder Kollege musste demzufolge damit rechnen, dass tadelnswerte Einzelheiten seines
persönlichen Verhaltens vom wachsamen Auge und Ohr des
Inspector general wahrgenommen, vom unbestechlichen
Gedächtnis des Inspector general registriert und von der
gnadenlosen Geschicklichkeit des Inspector general im Umgang mit der Macht früher oder später gegen ihn verwendet
werden würden. Als das Läuten der Schulglocke durch die
Flure hallte und aussetzte und wieder begann und noch-
mals aussetzte und wieder begann, setzte die verabredete
Feuersbrunst ein. Die Kinder sprangen auf und formierten
sich in Zweierreihen an der Klassenzimmertür, wie es geübt
worden war. Der Lehrer schickte einzelne an ihren Platz zurück, damit sie die verbotenerweise mitgenommenen But-
terbrote deponierten. Niemand durfte irgendwelche Sachen

mitnehmen, das hätte ja nur aufgehalten und die Gefahr erhöht. Wer also doch Sachen mitgenommen hatte, musste sie zurückbringen und die Gefahr erhöhen. Der Lehrer vergewisserte sich, dass alle Fenster geschlossen waren. Er überzeugte sich, dass alle Schüler in geordneter Formation den Raum verließen, dann verließ er selbst als Letzter selbst den Raum, dessen Tür er hinter sich schloss. Das Klassenbuch trug er unterm rettenden Arm oder presste es an die schützende Brust. Die Schüler nahmen auf dem Schulhof die eingeübten Plätze ein, während der Inspector general kühn ins Feuer schritt und, mit gestählter Aufmerksamkeit durch die Klassenräume wandelnd, alle Versäumnisse genüsslich vermerkte. Die Feuerwehrkompanie Germania hatte auf dem Schulhof Stellung bezogen und demonstrierte in Ermanglung einer echten Löschgelegenheit ihre souveräne Beherrschung der Wasserkraft. Uniformierte Spritzmeister, oder wie immer sie heißen mochten, hielten mit beiden Händen und aller Kraft die zwischen die Beine geklemmten Schläuche fest und dirigierten armdicke Strahlen so geschickt in den grauen Morgenhimmel, dass sie in anmutiger Kurve in einiger Entfernung wieder platschend auf die Erde zurückfielen. Es galt, die Wasserstrahlen von circa zwölf Feuerwehrleuten so zu koordinieren, dass sie in etwa dieselbe Kurve beschrieben und, in weiß sprühenden Bogen durch den Dunst des Morgens zischend, in einmütigem Prasseln auftrafen, um schließlich eine gemeinsame Wasserstraße in den Staub des Schulhofs zu graben und abzufließen. Wie gewaltige Penisse ragten die Schläuche zwischen den Beinen und Händen der Männer auf und urinierten aus silbern blinkenden Öffnungen lust- und kraftvoll in die frühe Wintermorgenstunde.

Colegas, sagte der Inspector general in der anschließenden Besprechung im Lehrerzimmer und seine bekümmerten Augen blickten aus gelblichem Pferdegesicht in die

Runde, die sich fast aus lauter ertappten Übeltätern zusammensetzte, viele Versäumnisse seien begangen worden! Er habe realmente enfin, in der Tat schließlich, eine ganze Reihe von Fehlern feststellen müssen, und er schlug leicht auf das Papier, das er in der Hand hielt, eine Zahl von Fehlern, die ihn sehr nachdenklich stimme. Er könne nicht umhin anzunehmen, dass viele Kollegen auf den Alarm nicht mit dem gebotenen Ernst reagiert hätten. Der Alarm sei aber in der Tat schließlich eine sehr ernst zu nehmende Angelegenheit, denn im Ernstfall gehe es in der Tat schließlich um Tod oder Leben. Er machte eine Pause, um »Tod oder Leben« nachwirken zu lassen. Er las seine Liste vor und nannte die Versäumnisse, die er in jedem Klassenraum hatte feststellen müssen. Auch wenn er die Namen der zuständigen Lehrer nicht bekanntgab, konnte jeder sicher sein, dass er sie aufgeschrieben hatte, einen wie den anderen. Primero basico: Die Fenster waren nicht alle geschlossen worden. Segundo basico: Das Klassenbuch war liegengeblieben. Er machte jeweils eine Pause, um die besondere Schwere von Versäumnissen nachhallen zu lassen. Tercero basico: Manche Schüler hatten ihre Taschen mitgenommen. Er ging alle Klassen durch, fast alle waren schuldig geworden, das heißt, die Lehrer hatten ihre Pflicht nicht erfüllt. Wenn das ein wirklicher Brand gewesen wäre, nicht auszudenken! Dem Inspector general schien es unumgänglich, die Übung in Bälde zu wiederholen. Er blickte bedeutsam in die Runde. Die Lehrer schauten zu Boden und bemühten sich, einen halbwegs zerknirschten Eindruck zu machen.

Die Tage waren von Schule bis obenhin angefüllt. Die Schule war ein formales Prinzip, das den Tagen ihr Gepräge gab. Auch wenn nichts stattfand, gab dieses Prinzip der Zeit einen Charakter, den man als schulisch bezeichnen musste. Alles war irgendwie Schulzeit. Das Prinzip Schule bestimmte die Denkweise, so dass man darauf bedacht sein musste, das Leben im Hinblick auf Unterrichtsgestaltung und Konferenzteilnahme zu organisieren. Schule war ein feiner gasförmiger Stoff, der die Luft anfüllte. Schule war ein Aroma, das im Geschmack des Pulverkaffees zu finden war. Schule war die Grundlage, die materia prima für alle Lebensäußerungen. Schule war die Grundessenz der Welt, nach der die Vorsokratiker bereits gesucht hatten.

Es war für Lehrer und Schüler selbstverständlich, dass sie den ganzen Tag in der Schule waren. Je länger die Kinder in der Schule sind, desto mehr lernen sie, das ist doch klar. Außerdem bezahlten die Eltern das teure Schulgeld. Dafür konnten sie verlangen, dass die Schule sich am Morgen und am Nachmittag der Kinder annahm. Auch den einheimischen Lehrern leuchtete es ein, dass der Lehrer möglichst viel Zeit in der Schule verbrachte. Allerdings sollte die Schule dem Lehrer die in der Schule verbrachte Zeit möglichst vergüten. Das Angebot besonderer, außerplanmäßiger Aktivitäten ermöglichte es dem Lehrer, möglichst viel vergütete Zeit in der Schule zu verbringen. Diese sogenannten Actividades extraprogramaticas in Sport und Musik, in Mathematik und Literatur nahmen die Nachmittage ein und verliehen der Schule die Aura eines nachmittäglichen Freizeit- und Kulturzentrums. Ein Bedürfnis, den Nachmittag außerhalb der Schule zu verbringen, war demzufolge weder bei Schülern noch bei Lehrern vorhanden. Es gab auch keine Angebote.

Erst am Abend war er sein eigener Herr. Lambert ging in seinem leeren Haus herum und war froh, sein eigener Herr zu sein. Er genoss die Freiheit, die in der Abwesenheit jeglichen fremden Einflusses bestand. Die Dielen knarrten, das Geräusch seiner Schritte füllte die weitgehend möbellosen Zimmer, der Regen klingelte auf den Blechplatten des Daches und plätscherte vom Dach auf die Fliesen des Hofes. Auf eines der eingebauten Borde im Wohnzimmer hatte er eine Kerze und eine Flasche Wein gestellt, die er vorher am

Steinofen seines Arbeitszimmers chambriert hatte. Marqués de Concha y Toro. Der dunkle, fast schwarze Wein funkelte im Glas, der schwache Kerzenschein vertiefte die schwarze Glut. Er kostete den vollen, kräftigen Geschmack des Weines, er hob das Glas und trank sich zu: Salud, Alfredo! Er sah durch das große, von Grünpflanzen überwucherte Fenster des sogenannten Living in den kleinen Garten hinaus. Eine Straßenlaterne goss Licht über die Büsche, die ihre regenschweren Zweige zur Erde bogen. Auf der Wasserfläche des kleinen, von einer Steinumrandung begrenzten Gartenteiches hüpften die Regentropfen.

Am Gartentor klingelte es. Er ging zur Haustür, öffnete sie und rief in den Regen hinaus: Was gibt's? Pancito!, riefen hinter dem Gitter des Gartentors undeutlich wahrzunehmende Kinder. Wartet einen Moment!, rief er zurück. Er ging in die Küche und machte zwei Brote mit Käse. Er zog Mantel und Mütze über und ging die paar Schritte zum Gartentor. Draußen standen zwei völlig durchnässte Kinder. Das Haar des einen Mädchens hing in langen, schwarz glänzenden Strähnen herunter. Lambert reichte das Brot über das geschlossene Gartentor hinüber, vier kleine Hände reckten sich in die Höhe. Gracias, patroncito!, riefen die Kinder. Haben Sie nicht eine Moneda?, fragte das ältere Mädchen schüchtern. Lambert schüttelte den Kopf. Im Moment nicht, sagte er.

Wo werden die jetzt hingehen? fragte sich Lambert, als er wieder in seinem trockenen Haus war. Er hatte nicht genug Fantasie und zu wenig Sachkenntnis, um es sich vorstellen zu können. Das waren andere Kinder als die an der Deutschen Schule. Vorgezeichnete Lebenswege. Es hatte keinen Zweck, darüber nachzudenken. Wenn man darüber nachdachte, kam man auf die Ungleichheit in der Welt, an der sich nichts ändern ließ. Wenn man die Ungerechtigkeiten in der Welt ändern wollte, dürfte man vielleicht kein

Brot geben. Wer Brot gibt, akzeptiert, dass die Situation so ist, wie sie ist. Die Spender sind zwar betrübt, dass es so ist, aber sie sind einverstanden. Sie sind systemkonform und spenden Brot. Die Welt ist nun einmal so, sagen sie. Wenn man Brot gibt, wird einer satt oder zwei, und man selbst fühlt sich besser. Man hat das Gefühl, etwas Gutes getan zu haben. Das ist ein gutes Gefühl. Man darf nicht an alle Hungernden denken, das geht nicht. Aber wenn man wirklich etwas ändern wollte, müsste man an alle Hungernden denken. Man müsste gegen die Ungerechtigkeit als solche angehen, und man müsste andere Mittel wählen als Brot spenden. Man würde schließlich neue Ungerechtigkeiten begehen müssen, um die alten Ungerechtigkeiten abzuschaffen, und wahrscheinlich kämen dabei am Ende auch nur neue Ungerechtigkeiten heraus.

Es ist besser, an zwei zu denken als an alle, es ist unmenschlich, an alle zu denken, sagte Lambert laut. Er dachte an die Kinder, die morgens in der Deutschen Schule vor ihm saßen, an die Kinder, für deren Wohlergehen er bestellt war. Da saßen sie vor ihm, lieb und zutraulich wie junge Hunde, und wussten nichts von all den Übeln in dieser Welt, so behütet wie sie waren.

Er schritt in den leeren Zimmern auf und ab, er ging vom Wohnzimmer durch die offene Schiebetür ins Esszimmer hinüber und ging wieder zurück. Die Flammen der Kerzen, die er in den Zimmern verteilt hatte, flackerten, wenn er vorbeikam.

Man kann nichts anderes machen, sagte er laut und blieb stehen, als dort, wo man steht, seine Sache so gut wie möglich machen. Er ging weiter. Wenn das alle machten, wäre es vielleicht besser auf der Welt. Nein, sagte er, schlechter wär's. Wenn jeder nur seine Sache machte und keiner über seinen Kreis hinaus dächte, dann machten die Herrschenden, was sie wollten. Ihnen wäre es gerade recht, wenn jeder nur seine Pflicht täte und sich um sonst nichts kümmerte. Aber wenn die Herrschenden auch nur ihre Pflicht täten, nämlich zum Wohl der Beherrschten zu herrschen?

Läuft es darauf hinaus, sagte er, peripatetisch einherwandelnd, dass es kein Ende der Ungerechtigkeiten geben wird, ehe nicht die Philosophen, die Freunde der Weisheit, Könige werden oder die Könige und Machthaber Philosophen und Freunde der Weisheit werden?

Ich sehe keine andere Lösung, sagte Platon.

Vielleicht wäre das die Lösung, sagte Lambert, aber sie hat auch zu deiner Zeit nicht funktioniert, obwohl du selbst in Sizilien darauf hingewirkt hast.

Man muss die Welt von der Philosophie her gestalten, sagte Platon. Meine Reise nach Sizilien war ein solcher Versuch.

Der misslungen ist, sagte Lambert. Platon zuckte die Schultern und wandte sich ab.

Wenn ich morgens in der Schule meine Pflicht tue, sann Lambert weiter wandelnd, und am Abend den Bettelnden Brot gebe, trage ich zur Erhaltung eines Systems bei, das diese Ungerechtigkeiten produziert. Es muss alles schlechter und schlimmer werden, damit das System zusammenbricht, damit es Veränderungen zum Besseren geben kann, die innerhalb des Systems unmöglich sind. Er hielt inne.

So war's doch, Wladimir Iljitsch, nicht wahr? Aber ist der real existierende Sozialismus wirklich die Abschaffung der Ungerechtigkeiten und nicht auch nur ein Versprechen, dass irgendeines fernen Tages die Ungerechtigkeiten aufhören werden? Was sagst du dazu?

Wladimir Iljitsch Uljanov antwortete nicht. Er sprach naturgemäß nur mit denen, die seine Schriften gelesen hatten. Außerdem wollte er mit einem abgefeimten Bourgeois wie Lambert überhaupt nicht reden. Diese Spießgesellen des

Kapitals müssten liquidiert werden, mit denen konnte man nicht reden.

Wie wär's mit einem Gläschen Wein?, fragte Lambert. Lenin schüttelte den Kopf. Er stand am Wohnzimmerfenster und blickte in den Regen hinaus. Das Licht der Straßenlaterne funkelte auf seiner bleichen Glatze. Dann halt nicht, sagte Lambert und schenkte sich ein.

Ein Glas Wein würde dir gut tun, fuhr Lambert fort, ein bisschen Lebensgenuss... Das Leben muss nicht genossen, es muss verändert werden, sagte Lenin scharf.

Er sprach, mit dem Rücken zum Zimmer stehend, in den Garten hinaus.

Das gehört zusammen, rief Lambert lachend, wenn man das Leben genießen will, muss man es dauernd verändern. Variatio delectat.

Es geht nicht, sagte Lenin zornig, um die Veränderung des einzelnen bourgeoisen Wohlgefühls zu noch mehr Genuss, es geht um die Veränderung von Millionen Leben der Arbeiterklasse in Richtung auf ein menschenwürdiges Leben.

Und das Einzelleben? Spielt das gar keine Rolle?, wollte Lambert fragen, aber Lenin war in den Garten hinausgegangen. In seinen dünnen, dunklen Mantel gehüllt, den steifen Hut auf dem Kopf, trat er durch die Gartentür auf die Straße und verschwand in Richtung Vorstadtsiedlung.

Er hatte Lambert ein wenig die Stimmung verdorben. Das schlechte Gewissen dessen, der sich in seine vier Wände zurückzieht, mit den Dichtern und Philosophen spricht und Wein trinkt, während die Armen hungern und die Ungerechtigkeiten zunehmen. Kann man einfach seinen Beruf ausüben, dachte er, als sei alles in Ordnung, darf man Lehrer für die Kinder der Besitzenden sein und damit zur Stabilisierung der Verhältnisse beitragen? Müsste man nicht seinen Hut aufsetzen wie Lenin und in die Poblaciones hinabsteigen? Die Kommunisten wussten, was zu tun war, die Militärs wussten, was sie zu tun hatten, nur die Bürger standen herum, tranken ihren Wein und gingen am nächsten Morgen ihren beruflichen Tätigkeiten nach, als sei die Welt ganz in Ordnung.

Suum cuique. Jedem das Seine. Die Militärs herrschen, die Kommunisten subversieren, die Bürger üben ihre Berufe aus. Lambert wandelte in den vom Kerzenschein schwach erhellten Zimmern auf und ab, das Glas in der Hand, aus dem er ab und zu einen Schluck nahm. Man müsste eine klare Linie haben, eine feste Position: ein knallroter Kommunist, ein tiefschwarzer Christ, ein auf Haus und Hof und Weib und Kind bedachter Bürger, ein linker Lehrer oder ein rechter Pädagoge, ein progressiver Intellektueller. Unangefochten. Ein für allemal.

Aber die Christen reizten ihn ebenso zum Widerspruch wie die Kommunisten, die sozialkritisch bestimmte Attitüde der progressiven Intellektuellen war ihm ebenso zuwider wie die behaglichen Baumarktgespräche der Haus- und Hofbesitzer.

An seiner früheren Schule hatte ein neuer Kollege großes Erstaunen gezeigt, als sich Lambert abfällig über den SED-Staat äußerte: Dass gerade Sie so etwas sagen! Wieso?, hatte Lambert gefragt. Mir hat man erzählt, antwortete der Kollege, der Lambert ist ein Roter. Für andere dagegen, jüngere, die dezidiert linke Positionen einnahmen und Parteinahme verlangten, war er ein Scheißliberaler. Differenzierte Betrachtung? Blödsinn!, sagten sie. Zwischentöne sind nur Krampf – im Klassenkampf!

Wahrscheinlich nahm er alles nur nicht ernst genug. Oder er fand die Wahrheit nicht so leicht wie die anderen, die sich entschieden hatten, die Wahrheit zu besitzen. Sie hatten ihre Wahrheit gefunden. Wenn man der Wahrheit ein Possessivpronomen gibt, lässt sie sich an der Leine führen wie ein wohldressierter Hund, der nur auf die Stimme seines Herrn hört. Auf diesen Hund verzichte ich, sagte Lambert.

Die Wahrheit lässt sich nicht an die Leine nehmen.

Die Wahrheit hat kein Possessivpronomen.

Er trank das Glas aus und stieg etwas schwankenden Schrittes in sein Zimmer hinauf. Zumindest war der Abend ganz ohne Schule verlaufen. Lieblich winket der Wein, wenn er Gedanken winkt oder so ähnlich, wer hatte das noch gesagt?

In vino veritas heißt es ja auch. Im Wein liegt Wahrheit.

Aber was ist Wahrheit denn nun? Quid est veritas?, wie Pilatus zu sagen pflegte.

Er setzte sich auf die Treppe, die nach oben führte. Pilatus!

Da haben wir ihn wieder diesen Pilatuskomplex!, hatte damals ein politisch engagierter Freund ausgerufen, dem er die Frage nach der Wahrheit gestellt hatte. Die Frage nach der Wahrheit stellt nur derjenige, der zu feige zum Handeln ist, hatte der Freund sich ereifert. Sie ist das rein scheinende Waschwasser für die Hände derer, die keine Verantwortung übernehmen wollen. Die stellen die Frage nach der Wahrheit nur, um den anderen klarzumachen, dass eigentlich alles seine Berechtigung hat, so wie es ist. Relativierungswaschlappen! Sie stellen sich auf keine Seite, weil es ihnen zu unbequem ist. Weil sie keinen Mumm haben. Und dann hängen Sie sich das Mäntelchen des differenzierenden Betrachters um und fragen mit skeptischer Anmaßung: Quid est veritas? Das ist doch Scheiße!, hatte der Freund ausgerufen.

Lambert erhob sich und stieg bedächtig die Treppe hinauf. Es war zu spät, um noch nach Antworten zu suchen. Im Wein schien die Wahrheit jedenfalls auch nicht zu liegen.

# XXIV

Die Zeit der Prüfungen brach an, die Lehrer waren aufgeregt, die Schüler waren zappelig. Eine Kommission aus vermittelten deutschen Lehrern hatte in der Landeshauptstadt die Prüfungsaufgaben für das Vordiplom verfasst und sie in versiegelten Umschlägen den einzelnen deutschen Schulen des Landes zugestellt. Die Siegel sollten am Morgen der Prüfung erbrochen werden. Die einheimischen Lehrerinnen, die Deutsch unterrichteten, erklärten Lambert, dass man bisher immer zwei Tage vor der Prüfung eine Konferenz abgehalten habe, in der man die Prüfungsaufgaben durchgesprochen habe. Aber die Umschläge dürfen erst am Morgen des Prüfungstages geöffnet werden, sagte Lambert. Aber man muss doch wissen, worum es geht, antwortete Frau Saelzer, vielleicht sind Druckfehler drin, oder es gibt Wörter, die die Schüler nicht kennen, da müssen wir uns doch absprechen. Machen Sie die Umschläge am Tag vorher auf, entschied Resch, den Lambert um Rat gefragt hatte, sprechen Sie's am Nachmittag vor der Prüfung mit den Lehrern durch, dann ist kein Unterricht mehr in den Klassen, da kann nicht mehr viel durchsickern.

Lambert setzte eine Besprechung an und erbrach die Siegel im Beisein der Deutschlehrer. Mit den grammatischen Aufgaben waren die Lehrer ganz einverstanden. Das haben wir alles gemacht, sagte Frau Saelzer befriedigt. Ein anderer Prüfungsteil war wie immer eine Bildergeschichte. Den Schülern wurde ein textloser Comicstrip vorgelegt, den sie versprachlichen sollten. Sie sollten erzählen, was da passierte und was die beteiligten Personen dachten oder sagten. Sie sollten dann den Sinn der Geschichte in ein paar Sätzen zusammenfassen. Diesmal war es eine Geburtstagsgeschichte. Es war die Geschichte eines Jungen, der zum Geburtstag einen Fußball und einen Vogel im Käfig bekommt. Der Junge spielt mit dem Ball im Zimmer, aber die Mutter schimpft und schickt ihn raus. Der Junge spielt nun mit seinem neuen Ball auf dem von hohen Großstadthäusern umgebenen Hinterhof. Da stürzt der Hausmeister heraus und zeigt schimpfend auf ein Schild, das da angebracht ist: Ballspielen verboten! Der Junge geht auf die Straße spielen. Da läuft der Ball unter ein Auto, das da kommt, und der Fahrer bremst und kurbelt die Scheibe herunter und schreit den Jungen an. Da nimmt der Junge traurig seinen Ball und geht nach Hause. Er öffnet den Käfig und lässt den Vogel durch das offene Fenster hinausfliegen. Er legt den Ball in den Käfig und schließt die Käfigtür.

Eine typisch deutsche Geschichte, wie progressive deutsche Lehrer sie gern erzählen, nämlich dass für die Kinder heute alles verboten ist, dass sie keinen Platz zum Spielen haben, dass die Erwachsenen immer nur schimpfen, dass es eine unfreie Welt ist, in der wir leben, eine Welt voller Verbote, eine Welt wie ein Käfig, und dass es gilt, die Käfigtür zu öffnen und die Freiheit zu gewinnen.

Frau Saelzer wiegte bedenklich den Kopf. Ich weiß nicht, sagte sie, ob unsere Kinder hier das verstehen. Sie haben diese Probleme überhaupt nicht. Sie haben genug Platz, um Ball zu spielen. Sie können auf dem Schulhof spielen, bei den Häusern ihrer Eltern ist auch meistens genug Platz. Auf der Straße brauchen sie gar nicht zu spielen. Und niemand schimpft mit ihnen, wenn sie irgendwo spielen. Wie sollen sie diese Geschichte verstehen?

Sie verstanden sie auch nicht so, wie sie gemeint war. Sie verstanden sie auf ihre Weise und aufgrund ihrer Erfahrungen. Sie lebten in einer behüteten Welt, deren nicht sehr strenge Gebote sie zu beachten gewohnt waren. Sie waren lieb, weil sie selbst nur Liebe erfuhren. Alles Böse, alles Bedrohende, alles Problematische wurde systematisch von ihnen ferngehalten. Sie lebten in einer freundlichen Umgebung, deren Regeln sie leicht akzeptieren konnten. Es leuchtete ihnen ein, dass man im Zimmer nicht mit dem Ball spielen darf, dann gehen doch die Sachen kaputt, die im Zimmer stehen. Und wenn man auf dem Hof nicht Ball spielen darf, dann darf man es eben nicht. Und auf der Straße spielt man auch nicht, das ist doch gefährlich, da kommen doch Autos. Am Schluss kapiert dann der Junge, schrieben sie, dass man mit dem Ball nicht überall spielen darf, wo man will. Das fanden sie ganz gelungen, dass er den Ball dann in den Käfig legt und den Vogel frei lässt. Der Junge hält sich eben an das, was man ihm sagt, und sperrt den Ball ein, mit dem es doch nur Ärger gegeben hat. Und der Vogel freut sich.

»Der Vogel ist glücker, und dem Ball ist es egal«, schrieb ein Mädchen.

Die Welt war wieder in Ordnung.

Kurze Zeit später standen in der Oberstufe die Sprachdiplomprüfungen an. Die Prüfungsaufgaben kamen in versiegelten Umschlägen aus der Zentralstelle in Köln und wurden über die Botschaften den deutschen Auslandsschulen zugestellt. Eine Aufgabe der Sprachdiplomprüfungen bestand darin, dass die Schüler eine Inhaltsangabe plus Kommentar zu einer Geschichte anfertigen sollten. In diesem Jahr hatte man die Geschichte von Monsieur Seguin und seiner Ziege ausgewählt. Lambert hatte die »Lettres de mon moulin« von Alphonse Daudet vor vielen Jahren als Schüler im Französischunterricht gelesen. Er erinnerte sich gut an die Geschichte von der kleinen, tapferen Ziege, die eine ganze Nacht lang gegen den Wolf kämpfte. Sie kämpfte bis zum Morgen und am Morgen hat der Wolf sie dann gefressen.

E piei lou matin lou loup la mangé.

Es war eine wunderschöne Ziege, die schönste Ziege, die Monsieur Seguin jemals gehabt hatte. Sie graste in der Wiese am Haus, wo das herrlichste Gras wuchs, aber sie ist da angebunden. Immer muss sie zu den Bergen hinaufsehen und ihr Verlangen, dort oben in den Bergen zu springen und zu weiden und frei zu sein, wird immer größer. Sie wird ganz traurig, das Gras schmeckt ihr nicht mehr, und als Monsieur Seguin sie fragt, gesteht sie ihm, dass sie in die Berge möchte. Monsieur Seguin hat das befürchtet, alle seine Ziegen sind bisher in die Berge geflohen, aber in den Bergen ist der Wolf. Der Wolf wird dich fressen, sagt er, wie er meine anderen Ziegen gefressen hat. Und er pflockt seine Ziege noch fester an, denn es ist eine so hübsche Ziege, und er will sie nicht verlieren. Aber es gelingt ihr doch, sich loszureißen und in die Berge zu fliehen. Den ganzen Tag tollt sie in den Bergen herum und frisst die würzigen Kräuter und das Gras und es schmeckt ihr viel besser als unten und sie fühlt sich frei und glücklich. Aber dann kommt der Abend und die Nacht und mit ihr der Wolf, der die kleine Ziege fressen will. Aber es ist eine tapfere kleine Ziege, und sie senkt die Hörner und kämpft gegen den Wolf. Sie kämpft die ganze Nacht hindurch, länger als alle anderen Ziegen des Monsieur Seguin. Sie kämpft und kämpft und zwischendurch nimmt sie immer wieder ein Maul voll Gras, das so gut schmeckt. Sie wehrt sich bis zum Morgengrauen, und dann am Morgen hat der Wolf sie gefressen. E piei lou matin, lou loup la mangé.

Die Schüler hatten für die kleine Ziege nicht das geringste Verständnis. Wie kann man sich in eine Gefahr begeben, vor der man so ausdrücklich gewarnt worden ist! Das hatte sie nun davon. Man muss auf die Eltern und Lehrer hören, denn sie kennen das Leben und wollen nur unser Bestes. Andere Schüler beschränkten sich auf die landwirtschaftliche Seite des Geschehens und sprachen von einer verfehlten Methode der Tierhaltung. Sie verstanden etwas davon, sie waren an jedem Wochenende mit den Eltern auf ihrem Landgut. Ziegen, wussten sie, soll man nicht anbinden, sondern sie in einer Herde halten, die von einem Hirten und seinem Hund gehütet wird. Dann passiert so was nicht.

Lambert korrigierte die ganze Woche hindurch. Alle Gespräche mit den Kollegen waren auf die Prüfungen bezogen. Am Wochenende hatte er genug von glücklichen Vögeln und unglücklichen Ziegen und verständnislosen Schülern. Er packte ein paar Sachen zusammen und verließ das Haus. Auf dem Busbahnhof fand er einen Bus, der zu einem Dorf an einem der großen Seen fuhr. Er stieg in das klapprige Gefährt, dessen ursprüngliche Farbe Rot gewesen sein mochte. Der Bus war ziemlich voll, aber er fand noch einen freien Platz neben einem kleinen, stoppelbärtigen Mann, der stark nach Wein roch. Die Fahrgäste waren meist ärmlich angezogen, einfache Leute aus den Dörfern, die in die Stadt gekommen waren, um Vorräte einzukaufen. Die waren jetzt in Bündeln und Säcken auf dem Verdeck des Wagens gestapelt. Ein Mann in braunem Poncho und mit einem flachen, breitrandigen Hut hatte eine große Korbflasche mit Wein vor den Sitz zwischen seine Füße gestellt. Sie fuhren aus der Stadt hinaus gegen Süden. Die Panamericana führte durch die moorartige Landschaft vor der Stadt. Hier waren große Weideflächen gewesen, die seit dem großen Erdbeben überschwemmt waren und sich jetzt allmählich in Sumpf und Moor verwandelten. Ab und zu ragten die knochenbleichen Skelette abgestorbener Bäume auf. Eine Reihe von Schwarzhalsschwänen strich dicht über das Wasser hin. Lambert erinnerte sich an den Abend seiner Ankunft, als die untergehende Sonne sich rot auf den sumpfigen Wassern vor der Stadt gespiegelt hatte. Wie lange war das schon her!

Manchmal standen ein Mann im Poncho oder eine Frau mit einem Kind an der Hand oder eine Gruppe von Schulkindern am Rand der Straße und winkten. Dann hielt der Fahrer und ließ sie einsteigen. Der Bus bog von der Panamericana ab und fuhr der Kordillere zu. Nach kurzer Zeit hörte der Asphalt auf, die Straße wurde steinig und staubig und holperig, aber der Fahrer verlangsamte die Fahrt kaum. Dann leuchtete der Spiegel eines Sees im Sonnenlicht auf. Sie hielten in einem kleinen Dorf und die meisten Leute stiegen aus. Der Fahrer kletterte aufs Dach und reichte ihnen ihre Bündel und Säcke herunter. Lambert ging die staubige Dorfstraße entlang, vor ihm ging der Mann mit der Korbflasche. Er trug sie am Henkel und ging mit leicht schwankendem Schritt dem Ende des Dorfes zu. Zu beiden Seiten der breiten Straße standen kleine Holzhäuser, von denen Wind und Regen jegliche Farbe abgewaschen hatten. Der Mann mit der Korbflasche verschwand in der letzten Hütte. Die Straße führte zum Dorf hinaus und ging zwischen Weiden dahin, die mit Stacheldrahtzäunen umgeben waren. Herden von weiß-braunen Rindern grasten. Endlich fand Lambert einen schmalen Weg, der zum See zu führen schien. Als er sich dem See näherte, stellte er fest, dass das Dorf mit seinen Wiesen an einer kleinen Bucht des Sees lag. Erst nach einigen Hundert Metern dehnte der See vor ihm seine weite, flimmernde Fläche, die bis zum Fuß der dunklen Kordillere in der Ferne reichte. Er setzte sich auf einen Stein am Ufer. Das weite Wasser lag im blassen Sonnenlicht völlig glatt vor ihm, der Himmel, auf dem einzelne große Wolkenballen trieben, färbte den Wasserspiegel mit freundlichem Blau. Lambert fühlte, wie ihm wohl wurde, wenn er auf das Wasser blickte, auf die Wiesen mit den friedlich weidenden Rindern, auf den Wald, der sich ein Stück weit am Ufer hinzog, auf die geheimnisvolle Kette der Berge in der Ferne.

Er stand auf und ging am etwas höher gelegenen Ufer des Sees entlang. Ein schmaler Weg führte zu einem Strand, der teils sandig, teils von Kieselgeröll bedeckt war. Hier war die Sonne noch wärmer und er legte sich auf die warmen Steine und fühlte die milde Wärme der Sonne im Gesicht. Serchil!, dachte er. Er dachte an das Lied und an das Mädchen, das dieses Lied gesungen hatte. Eine träumerische, sehnsuchtsvolle Weise, die zu der Sängerin passte, zu dem schmachtenden Gesicht, das von langem, schwarzen Haar umrahmt war.

Er hatte sich spät entschlossen, doch noch zu Marlene Volkerts Geburtstag zu gehen, zu dem er eingeladen war. Er hatte keine Lust gehabt, zu einem Fest zu gehen, aber dann war der Abend allein auf einmal so drückend geworden, dass er doch das Haus verließ. Auf sein mehrmaliges Klingeln hin schlurfte das Hausmädchen Carmen herbei und ließ ihn ein. Das Fest war in vollem Gange und er wurde mit großem Hallo begrüßt. Der Universitätschor, dem Marlene angehörte, hatte ihr gerade ein Ständchen gebracht und jetzt saßen alle in dem großen Wohnzimmer, wo der offene Kamin behagliche Wärme ausstrahlte, und tranken Wein und aßen Empanadas und redeten und lachten. Die meisten saßen auf dem Boden, für so viele Leute waren nicht genug Stühle da. Hugo, der Chorleiter, saß vor einem Sessel, in dem ein Mädchen kauerte, das ihm durchs Haar strich, wenn er den Kopf zurücklehnte. Mädchen saßen an seiner Seite, Mädchen saßen vor ihm. Eine hielt einen Teller mit Kuchen und fütterte ihn, die anderen begnügten sich mit der Nähe des Meisters und lauschten seinen Worten. Soll ich dir noch ein Stück Kuchen holen?, fragte ein Mädchen. Ja, sagte der Meister. Und ein Glas Wein möchte ich auch noch, sagte er. Zwei Mädchen erhoben sich gleichzeitig.

Lambert hatte auf der Couch neben einem der Chormädchen Platz gefunden. Sie gefiel ihm. Er war an diesem

Abend überhaupt disponiert, Helena in jedem Weibe zu sehen. Am liebsten hätte er sie bei der Hand genommen und wäre mit ihr in eines der anliegenden Zimmer gegangen. Meister Hugo beobachtete ihn misstrauisch. Die Frau gehörte schließlich zu seinem Harem. Sie erzählte ihm, dass sie Veterinärmedizin studiere. Aber Arbeit finde man so leicht nicht, wenn man fertig sei. Wann wirst du denn fertig? Nächstes Jahr! Vielleicht gehe ich nach Angola, sagte sie und sah ihn an, als erwarte sie eine Antwort darauf.

Angola, typisch, dachte Lambert. Chancen gab es keine, aber jeder sah welche. Wer nichts hatte, aber Geld brauchte, versicherte einem, dass er in den nächsten Tagen von einem Freund, dem er etwas geliehen habe, dieses Geld zurückbekomme und einem dann das Geld, das man ihm jetzt leihe, zurückgeben werde. Ganz bestimmt! Sin falta! Und wenn man hier keine Arbeit fand, dann ging man eben nach Angola. Lambert fand nicht heraus, ob sie wirklich so hoffnungslose Optimisten waren oder ob es zu den gesellschaftlichen Spielregeln, ja, zu ihrer Auffassung von Menschenwürde gehörte, sich niemals in völliger Aussichtslosigkeit zu präsentieren. Es spielte wohl beides mit. Man würde die Achtung der anderen und die vor sich selbst verlieren, wenn offenbar würde, dass nicht eine momentane Notsituation vorliege, in die schließlich jeder geraten könne, sondern dass alle Glücksumstände fehlten und nicht der schmalste Silberstreif am Horizont das Leben mit einem Schimmer nahender Begünstigung verkläre. Man muss Träume haben und ihnen glauben oder zu glauben scheinen, um Gesicht und Würde zu wahren.

Die Teppiche wurden aufgerollt, tanzen war angesagt. Lambert nahm das Mädchen an der Hand und zog es auf die Tanzfläche. Sie hatte nichts dagegen, dass er sie an sich drückte. Sie lächelte. Ihre Haut roch nach einer süßlichen Seife. Als sie wieder auf der Couch saßen, fragte sie, ob er verheiratet sei. Heute Abend nicht, hätte er sagen wollen. Aber er erzählte, dass seine Frau und seine Kinder noch in Deutschland seien, aber bald kämen. Er hatte den Eindruck, dass das Mädchen ihn von der Liste möglicher Glücksumstände strich.

Der Chor formierte sich ums Klavier. Meister Hugo summte den einzelnen Stimmen ihren Ton vor. Er hob die Arme hoch empor, hielt sie einen Augenblick in dieser Höhe, bis er sich der absoluten Konzentration auf ihn sicher war, und senkte sie dann mit gewaltiger Meisterschaft, so dass der Gesang aufbrandete. Sie sangen für Marlene »Christus lag in Todesbanden«, was zwar kein eigentliches Geburtstagslied war, aber von der musikbegeisterten Marlene sicher als Geburtstagsgeschenk gewürdigt wurde. Da der Chor den deutschen Text sang und somit wohl kaum einer aus dem Chor ein Wort davon verstand, konnte man annehmen, dass den Sängerinnen und Sängern der Ernst der Melodie für einen deutschen Geburtstag ungemein passend schien.

Später dann, als sie alle wieder herumsaßen, nahm das Mädchen, das neben ihm gesessen hatte, die Gitarre und sang mit warmer, schmelzender Stimme »Vamos a Serchil«. Komm, lass uns nach Serchil gehen!

Ihn meinte sie offenbar nicht. Sie saß jetzt weiter von ihm entfernt auf einem Stuhl, so dass er sie gut betrachten konnte. Sie hatte das ovale Gesicht etwas nach links geneigt, die langen, schwarzen Haare hingen malerisch herab. Der Reiz des Fremden und Fernen, das sie besang, ging von ihr selber aus. Sie besang Illusionen und weckte sie. Wenn du mit mir kommst, sang sie, gehen wir nach Serchil, in das Land, wo der Vulkan ist, wo der April wohnt. Und mit meiner Liebe, sang sie, werde ich dir dort eine Fülle von Blumen, Rosen und Kaffee schenken. Lass uns nach Serchil gehen, dem Land der Illusion, sang sie, und ich werde dir das süße Lied singen, das die Hirten dort singen, wenn die Sonne scheint.

Mit ihren Schafen, die aussehen wie aus Watte, füllen sie die Wege und Weiden mit Süße und Traum im Land Serchil.

Als Lambert jetzt über die weite, blaue Fläche des Sees auf die dunkle, in leichten Dunst gehüllte Silhouette der Berge blickte, fühlte er sich dem Land Serchil sehr nahe. Man kann ein solches Land nicht ein für allemal finden, dachte er, man kann es nur zeitweise, stundenweise betreten, man muss Glück haben. Man muss disponiert sein, es ist immer ein Geschenk. Es reicht nicht, hinaus in die Natur zu gehen, durch den Wald zu wandern oder sich an ein Wasser zu setzen.

Otium, dachte Lambert, Muße, es muss alles von einem abfallen. Beatus ille, qui procul negotiis! Glücklich jener, der den Tagesgeschäften fern ist! Das war Serchil.

Er zog ein Büchlein aus seiner Tasche. Er hatte immer ein Buch dabei, wenn er spazieren ging oder wanderte. Er konnte landschaftliche Schönheit nur genießen, wenn er sie mit Literatur in Zusammenhang brachte. Und die Präsenz von Natur wirkte ihrerseits wieder förderlich auf die Lektüre ein. Ganz gleich, was er las, Bäume, Wasser und Gras ließen das Lesen gedeihen. Ohne Buch in der Tasche der Natur entgegenzutreten hätte er als so falsch empfunden, wie wenn er ohne Fahrkarte in den Zug gestiegen wäre. Gewiss konnte er ein, zwei Stunden durch den Wald gehen und sich über die Stille freuen und die landschaftliche Schönheit auf sich wirken lassen, wenn er sich dann aber unter einem Baum niedersetzte, war es ihm ein Bedürfnis, ein paar Seiten zu lesen, um nach so viel stummem Grün und sprachloser Einsamkeit sich Worten und Gedanken zu öffnen. Die Seele will, genauso wie der Körper, gespeiset und unterhalten sein, hatte einer seiner Lieblingsautoren aus dem 18. Jahrhundert gewusst.

Allem entrückt, nur Gebüsch, Gewässer, Gedanken. Das hatte ich mir gewünscht, las Lambert, ein Stück Land, nicht besonders groß, nahe beim Haus ein Garten und ein Quell mit kühlem Wasser. Aber der Dichter lebt in der Stadt, und die Stadt stellt ihre Ansprüche. Freunde kommen, die ihn um einen Gefallen bitten, Termine sind einzuhalten, Bekannte wenden sich hilfesuchend an ihn, weil er Kontakt zu einflussreichen Leuten hat. Oh Land, seufzt der Dichter, wann werde ich dich wiedersehen! Wann werde ich da draußen sein und beim Lesen, im Schlaf, oder indem ich einfach nichts tue, süßes Vergessen von diesem betriebsamen Leben finden!

Lambert klappte seinen Horaz zu und stand auf. Er fühlte sich verstanden und mit guten Gedanken für den Gang durch die Natur versehen. Er stieg vom Strand zu einem kleinen Weg hinauf, der zuerst ein Stück am See entlang führte und sich dann einem Wäldchen zuwandte. Mitten über den Weg floss ein kleines Wasser sprudelnd dem See zu. Das Wäldchen war licht, die Bäume waren entlaubt, es war ja Winter, Ende Juni. Aber die Luft war mild und weich. Der Himmel hatte sich zugezogen, nur ab und zu erschien noch ein Fleckchen Blau. Rufe von Seevögeln, die hoch über dem Wasser dahinzogen. Am Ende des Wäldchens breiteten sich auf runden Hügeln Wiesen aus, und am Fuß eines Hügels stand ein stattliches Holzhaus. Der Weg führte geradewegs darauf zu. Das zweistöckige Haus wirkte unverhältnismäßig hoch, es kam wohl daher, dass die Zimmer hier ein gutes Stück höher waren als in Deutschland. Das Haus war weiß gestrichen, die aufgeklappten, roten Fensterläden rundeten den schmucken Eindruck ab. Der große Garten vor dem Haus wies Beete mit Salat und Gemüse auf, sogar jetzt im Winter gab es einige Blumen. Zum Weg und den Wiesen hin war der Garten mit einem rot-weiß gestrichenen Zaun abgegrenzt. Auf der einen Seite des Hauses war ein Grasplatz mit Tisch und Bänken, mächtige alte Bäume mochten im Sommer den nötigen Schatten spenden. »Vor meinem Vaterhaus steht eine Linde«, er erinnerte sich an das alte

Volkslied. Es war etwas unverkennbar Deutsches um dieses Haus. Zwar waren die Form des Hauses und die mit langen Holzbrettern verfertigten Wände typisch für den hiesigen Süden, aber die frischen Farben, die Anlage des Gartens, der gepflegte Rasenplatz zeigten deutschen Geschmack. Als Lambert sich dem Gartentor näherte, begann irgendwo ein Hund zu bellen, der aber angebunden schien. Die Tür des Hauses öffnete sich und eine ältere Frau in einer bunt gemusterten Kittelschürze erschien auf der Schwelle.

Guten Tag, rief Lambert auf Deutsch, ich wollte mich hier nur mal umsehen, es sieht so deutsch aus.

Die Frau lächelte und kam zum Gartentor. Guten Tag, sagte sie freundlich, Sie haben ganz recht. Sind Sie Reichsdeutscher?

Ja, sagte er. Sie haben einen so schönen Garten.

Im Sommer sieht das alles viel schöner aus, sagte sie lächelnd, wenn die Blumen blühen. Die deutschstämmigen Familien hier auf dem Campo haben alle schöne Gärten, die Hausfrauen machen einander competencia, jede will den schönsten Garten haben.

Sie bat ihn herein und zeigte ihm das Haus. Sie gingen durch die hohen, hallenden Zimmer, die sparsam möbliert waren, schließlich lud sie ihn in den Living zur Once ein. Ich hab frischen Kuchen, sagte sie, Streuselkuchen. Das Mädchen brachte den Kuchen herein, sie stellte dazu Brot und Butter und Wurst auf den Tisch. Das Mädchen goss heißes Wasser in die Tassen mit Pulverkaffee.

Ihr Mann, sagte die Hausfrau, sei mit den Leuten draußen, die Weidenzäune müssten repariert werden. Sie war eine große, schmale Frau mit freundlichen Augen, von denen kleine Falten ausgingen. Sie machte einen tatkräftigen Eindruck, aber sie war nicht abgearbeitet, wie eine deutsche Bauersfrau in ihrem Alter es gewesen wäre. Außer ihrem Garten machte sie sicher keine Landarbeit. Sie hatte die Schürze abgelegt und trug über einem beigen Rock eine braune Strickjacke. Sie wirkte entspannt und gepflegt.

Ja, sagte sie, Leute für die Arbeit gebe es ja genug, aber es sei nicht so einfach, gute Leute zu finden. Sie hätten drei, vier Familien auf ihrem Besitz wohnen, die hätten ihr eigenes Häuschen, auch ein Stück eigenes Land, auf die könne man sich verlassen. Sie hätten auch keine Probleme mit den Leuten in der UP-Zeit gehabt. Einer sei ein bisschen rebellisch gewesen, den hätten sie entlassen müssen.

Lambert lobte den Streuselkuchen: Der schmeckt wie zu Hause. Der schmeckt allen, stimmte sie lächelnd zu. Schönes Kaffeegeschirr haben Sie da, sagte er. Es war aus weißem Porzellan, um den Rand der Teller lief eine schmale, mäanderförmige Borte aus kleinen blauen Kästchen. Hutschenreuther, sagte sie, sehen Sie! Sie hielt ihm die Unterseite des Kuchentellers mit dem Schriftzug hin. Das haben meine Eltern einmal von einer Reise nach Deutschland mitgebracht.

Er verabschiedete sich mit Dank und guten Wünschen und wurde eingeladen, wieder einmal vorbeizukommen. Er ging ins Dorf zurück. Es war jetzt zu spät, um in die Stadt zurückzufahren. Es ging kein Bus mehr. In einer kleinen Schenke fragte er nach einer Übernachtungsmöglichkeit. Man verwies ihn an ein Hotel, das unweit vom Dorf am See lag. Das Hotel hatte feste Mauern aus roten Ziegelsteinen. Er wunderte sich, wie ein solches Hotel hierherkam, es waren doch keine Touristen hier. Aber vielleicht war es im Sommer anders. Die Eingangshalle war nicht sehr geräumig, aber sie war mit rotem Klinkermauerwerk und dunkel gebeizten Holzbalken ansprechend gestaltet. Eine Art Zimmermädchen trat auf sein Hallo-Rufen aus einer Tür. Ja, sie hätten Zimmer frei. Was denn eine Übernachtung koste? 80 Dollar. Für eine Person? Ja, sagte sie. Lambert hielt das für reichlich übertrieben. Das Mädchen zuckte die Schultern. Nein, der Chef sei nicht da. Lambert hatte keine Wahl. Immerhin war das Zimmer freundlich, geweißte Wände und handgearbeitete, solide Holzmöbel. Er trat ans Fenster und sah auf den See. Es dämmerte. Jemand war mit dem Boot hinausgerudert und hielt eine Angel über das stille Wasser. Enten strichen dicht über das Wasser hin. Lambert setzte sich ans Fenster und sah in die Landschaft hinaus, wo Wasser, Land und Luft in der Dämmerung allmählich verschmolzen.

Schön, aller Verpflichtungen ledig zu sein. Hier sitzen und lesen und sich ein paar Gedanken machen. Ah, wie gut! Keine Ansprüche waren zu erfüllen! Niemand, der etwas von einem wollte! Nur mit sich selbst verbunden und ja, auch mit der Natur. Die Natur drängt sich aber nicht auf. Und man kann sie auch nicht zwingen. Man muss Geduld haben. Er würde seine Arbeit über die »gesellschaftlichen Grundlagen der Naturverbundenheit« oder wie der Titel letztlich auch lauten würde, wieder aufnehmen. Es war ein geschenktes Glück, auf die friedliche Landschaft draußen zu sehen und pastorale Stimmungen aufsteigen zu lassen, die aus längst vergangenen Zeiten und aus vor langer Zeit geschriebenen Versen herkamen. Es käme bei der Arbeit ja auf die literarischen Bedingungen der Freude an der Natur an. Die Natur ist geschmückt wie ein Tannenbaum zur Weihnachtszeit. Worte zieren sie wie glänzende Kugeln. Vielleicht gibt es gar keine Natur ohne Worte. Zumindest kein Naturgefühl. Vielleicht gibt es ohne Worte nur Landarbeit zum Lebenserhalt und Fischfang für den Markt. Wer dagegen »von des schimmernden Sees Traubengestaden her« aufs Wasser blickt, für den bietet der See ein anderes Bild. »Wie herrlich leuchtet« dem die Natur, der sie von der Warte der Literatur aus betrachtet! Wie glänzt ihm die Sonne! Wie lacht ihm die Flur! Vielleicht haben wir überhaupt nur beschriebene Gefühle, vielleicht fühlen wir nur etwas, weil wir gelesen haben, weil Worte unsere Gefühle erregen und sogar erst schaffen. Ganz von sich aus hat jeder wenig aufzubieten. Der sprachlose Mensch ist auch gefühllos.

Ein Gewitter geht großartig über dem Land nieder. Zwei junge Menschen stehen am Fenster und sehen ergriffen in das heilige Feuerwerk hinaus. Das Mädchen ergreift die Hand des jungen Mannes und flüstert: »Klopstock!« Und ein Gefühl, zu dem sie alleine nicht fähig wären, beseelt beide und verbindet sie miteinander angesichts der Natur und eingedenk der Verse, die sie beide kennen.

Mein lieber Alfred, rief Lambert sich zur Räson, gib dich keinen Illusionen hin! Du stehst in anderen Zusammenhängen. Es sind ganz andere Dinge, denen du ausgesetzt bist und die dich bewegen, ob du willst oder nicht. Das hier ist schöner Feiertagsdekor, sei dir darüber im Klaren! Das geht nicht so weiter.

In einem Stück, das er gesehen hatte – wie hieß es nur noch? – sagt einer: »Ich bin eigentlich ganz anders, ich komme nur so selten dazu.« Genau das war sein Fall. Und dann, dachte er, ist man am Schluss wahrscheinlich so, wie man eigentlich nicht ist, wie man aber immer sein musste. Am Schluss zeigt sich dann, dass das Eigentliche nicht die Wahrheit ist. Vielleicht hätte es die Wahrheit sein können. Nach 30 oder 40 Jahren Lehrerleben bist du vom Würgegriff der Pädagogik halb erdrosselt und vermisst ihre Hand im Nacken, wenn sie dich für den Ruhestand freigibt. Nachdem du ein Leben lang gewohnt warst, alles als Lehrer zu sehen und zu behandeln, bist du zu etwas anderem nicht mehr fähig. Du wirst schon sehen.

Das verhüte Gott, sagte er laut zu sich, und seine Frau Gemahlin! Sofern er eine hat – was Gott verhüten möge. Sprüche aus den Lehrerzimmern dieser Welt!

Vielleicht ist es dann doch besser, zumindest ab und zu so zu tun, als sei man ein anderer, und vor sich selber wie eine stella matutina auf dem rastlos wogenden Meer des Lebens eine andere Möglichkeit von sich aufgehen zu sehen.

Er hatte die Gewohnheit, sich gut zuzureden. Er notierte sich Maximen, nach denen man sich ausrichten konnte. »Edel sei der Mensch, hilfreich und gut!« Solche Sachen. Wenn er es aufgeschrieben hatte, war es, als sei es nur für ihn gesagt. Kein bisschen abgegriffen. Im Prinzip wandte er die Kunst der Pädagogik auch auf sich an. Pädagogik ist ja nicht die Anwendung von Kunststückchen, um den Menschen lustig zu machen, sondern die Anwendung von Härte, um den Menschen fähig zu machen. »Der Mensch, der nicht geschunden wird, wird nicht erzogen.« Ja, so ist das. Goethe hatte es noch gewusst.

Lambert schlief gelegentlich auf dem Boden, um sich zu beweisen, dass es auch einfacher ging, er versagte sich Süßigkeiten, um sich zu kasteien und Ansprüche herabzusetzen. Er wollte allerdings von Pädagogik in diesem Zusammenhang nichts hören, er wollte es auf sich nicht anwenden, dieses Wort, das so vielschichtig ist, dieses Wort, das so vielen Deutungen unterliegt und so missbraucht wird, sagte er. Lebenskunst, sagte er. Auch mit diesem Wort musste man vorsichtig umgehen. Unter einem Lebenskünstler verstehen die Leute ja normalerweise den Schlawiner, der es fertig bringt, allen Schwierigkeiten aus dem Weg zu gehen. Es war eher der frühe Ernst der Jugendbewegung, dem er die Sprüche verdankte, die sein Leben modellierten. Jetzt klangen seine Sprüche und Adhortationen etwas anders, aber ein Hauch von Jugendromantik wehte immer noch um sie. Auf festen Beinen und Gedanken dastehen! In seiner blanken Wehre! Kritisches Bewusstsein! Und dann mit einem Fragezeichen: Meine eigentlichen Interessen? Die Sprüche hingen nicht mehr an der Wand seines Zimmers wie in der Jugend, das wäre ihm jetzt doch zu pathetisch gewesen, auch zu offenherzig. Er hatte sich einen kleinen

Ordner angelegt, eine Spruchsammlung, und blätterte sie immer wieder durch. Es tat gut, darin zu lesen. Als bewege man sich durch einen dämmrigen Garten, und am Wege seien Laternen aufgestellt, so dass man sich nicht verlaufen konnte. Es war eine Orientierung. Mehr noch, als sei das fast erreicht, wozu sie aufriefen, als sei schon Wirklichkeit, was sie erst anpriesen. Zumindest zeigten sie die Möglichkeiten, die neben all dem, was sonst so ablief, die besseren waren. Wünschbare Ziele. Und der Glaube, dass das Wünschen noch helfe, war nicht verloren gegangen. Wie soll man auch handeln können, wenn man nicht mehr wünschen kann? Nur wer kräftig wünscht, kann auch kräftig handeln.

Es war dunkel geworden. Die Nacht verbarg Land und Wasser. Schreie von Vögeln über dem See. Er beschloss, früh zu Bett zu gehen, wie es sich auf dem Land gehört. Die frische Luft hatte ihn auch müde gemacht.

# XXV

Und dann ein klarer, kühler Wintertag in Valverde. Lambert ging den Fluss entlang der Schule zu. Das Wochenende draußen hatte ihm gut getan. Er war als Lehrer hinausgefahren und als Mensch zurückgekommen. Klang ganz schön hochtrabend. Er lächelte sich zu. Und der Mensch würde sich wieder in einen Lehrer verwandeln. Immerhin besser als in einen Käfer. Nein, es ging nicht um Verwandlungen, sondern darum, dass man noch anderes denken und wahrnehmen konnte. Dass man noch merkte: Die Schule ist nicht das Leben, zumindest nicht das ganze. Das ist ja klar, werden alle sagen, dachte er, sogar die, die den Kopf voll Schule haben, werden zustimmen. Nein, natürlich nicht, werden sie sagen, die Schule ist nicht das Leben, und dann werden sie hingehen und nicht leben, sondern »schulen«. Und nicht für das Leben, für die Schule lernen wir! Guter alter Seneca!

Über dem Wasser des Flusses lag feiner, weicher Dunst. Leicht wallender Dampf entstieg dem Wasser, als koche der Fluss. Ein Ruderboot trieb in der verschleierten Ferne dahin wie der Nachen Charons. An den Wäldern hinter der Schulinsel ballten sich Nebel und Wolken. Da sitzen jetzt die Geister der toten Pioniere und braten eine Kuh, dachte er.

Im Lehrerzimmer war es behaglich warm. Der große Ofen spendete unter knackenden und prasselnden Geräuschen Wärme und Wohlgefühle an die versammelten Lehrer. Die Wohlgefühle sollten gleich infrage gestellt werden.

Resch hatte Lambert die Leitung der Notenkonferenz der Grundschule übertragen.

Sehr schnell begannen die einheimischen Lehrerinnen Lamberts zügiges Vorgehen zu blockieren. Die einheimischen Lehrerinnen waren mit den Betragensnoten, die die deutschen Lehrerinnen vorgeschlagen hatten, gar nicht einverstanden. Sie waren auch nicht bereit, über eine vorgeschlagene Note, die nicht allgemeinen Beifall fand, gleich abzustimmen. Man müsse über den Schüler doch zuerst einmal reden, es gehe doch hier um Personen, nicht um Nummern, klagte Frau Garcia. Sie strich ihre Sätze wieder wie ein Schmalzbrot hin. Immer wenn Frau Garcia sprach, fiel Lambert ein Schmalzbrot ein. Bei mir zum Beispiel, erklärte Frau Moraga, ist der Rodrigo Sanchez gar nicht so auffällig. Sicher, er ist etwas unruhig, aber kaum mehr als die anderen. Es ist eine Sache des Alters, half ihr Frau Perez, man kann in dem Alter nicht erwarten, dass sie immer ruhig dasitzen.

Der rennt herum, wie es ihm gerade einfällt, verteidigte Erna Fronzek ihre vorgeschlagene negative Note, und es fällt ihm sehr oft ein. Ich weiß, schaltete sich Adolfo Barrientos ein, der alle Familienverhältnisse kannte, dass es zu Hause Probleme gibt. Die Eltern leben seit einiger Zeit getrennt. Der Einfluss der Familienverhältnisse auf das Verhalten des Kindes muss in der Tat schließlich in Betracht gezogen werden.

Das kann man in Betracht ziehen, sagte Erna, aber nicht positiv benoten.

Frau Martinez holte zu einer längeren Grundsatzerklärung über die Colaboraciones negativas aus, also über die ins Klassenbuch eingetragenen Feststellungen negativer Mitarbeit. Die schriftliche Fixierung negativer Mitarbeit, sagte sie, sei ihrer Meinung nach vom pädagogischen Standpunkt aus höchst bedenklich, solche Bemerkungen seien kontraproduktiv. Wie müsse es auf das Kind wirken, wenn ihm immer wieder bescheinigt werde, dass es nicht mitarbeite, sondern störe. Es müsse allein schon deswegen jede Lust an der Mitarbeit verlieren. Man müsse vielmehr das Positive hervorheben. Die Zahl der eingetragenen Colaboraciones positivas müsse zunehmen, das sei der Weg, auf dem man die Schüler motivieren könne.

In den Abstimmungen, zu denen es nach langer Debatte kam, setzten sich die einheimischen Lehrerinnen, die geschlossen votierten, in der Regel durch, so dass sich Betragen und Mitarbeit in den Klassen aufs Erfreulichste verbesserten.

Ganz tief wurde der Graben zwischen deutschen und einheimischen Lehrern bei den Leistungsnoten. Hier war zwar keine Abstimmung möglich, denn jeder Lehrer gab seine Noten in eigener Verantwortung, aber man konnte wenigstens seinem tiefen Unbehagen über die Zensuren der deutschen Lehrer Ausdruck verleihen. Sie hatten in manchen Fällen 3,0 oder sogar 2,0, einmal tatsächlich 1,5 geschrieben. Das waren alles nicht ausreichende Qualifikationen, und diese Noten hatten die Deutschen sogar in der zweiten und dritten Grundschulklasse gegeben! Man bedenke: in der zweiten und dritten Grundschulklasse! Es sei frialdad, es sei Kälte, wenn man Kinder in diesem zarten Alter der Negativität solcher Noten aussetze. Sie nähmen Schaden an ihrer Seele, klagte Frau Cremona mit Tränen in Stimme und Augen. Sie konnte sich der Zustimmung der einheimischen Kolleginnen sicher sein. Lambert wusste nicht mehr, wie er die Konferenz aus diesem tränenreichen Gefilde heraussteuern sollte, das Geschehen war ihm entglitten. Es ging nicht mehr nur um die Kinder und um die Noten, es ging um die Bevormundung durch die Deutschen, die einfach unerträglich war. Die Deutschen kamen daher und schrieben den warmherzigen, lieben Kindern ihre kalten und lieblosen deutschen Noten hin. Sie verbreiteten eine nordische Kälte im Colegio, dass einen nur so schauderte.

Die einheimischen Lehrerinnen nutzten die Gelegenheit zum großen Lamento. Sie fügten in ihr Wehklagen kleine Storys ein, die zeigten, wie lieb die Kinder doch waren und wie man sie demnach behandeln müsse. Lambert sah sich hilfesuchend nach dem Inspector general um. Aber dem war keineswegs daran gelegen, den deutschen Panzerkreuzer dem Zugriff der Skyllen und Charybden zu entziehen. Im Gegenteil, er legte seine gelblichen Züge in schicksalhafte Falten und brach, nachdem er mehrmals bedeutsam mit dem Kopf genickt hatte, in die weissagenden Worte aus, die er mit einem zukunftsträchtigen Kopfschütteln begleitete: Das Instituto Alemán steuere in die falsche Richtung, und wenn das so weitergehe, dann sei das Instituto Alemán eines Tages einmal gewesen. Kassandra hatte gesprochen. Der Atem der Geschichte wehte durch den Raum. Die Menschen schwiegen verstört. Das Feuer war ausgegangen. Die zunehmende Kälte im Raum, die nicht nur auf dem Erlöschen des Feuers beruhte, gab der Konferenz den Schub, den Lambert vorher vergeblich ihr zu geben sich bemüht hatte. Die Besprechung der restlichen Klassen verlief reibungslos.

An diesem Abend war auch noch Clubsitzung. Lambert sah durch die großen Saalfenster auf den dunklen Fluss hinaus, in dem sich die gelben Lichter der Laternen der Uferstraße abzeichneten. Die Strömung des Wassers zerrieselte die Lichtflecken. Aber für Naturbetrachtungen war jetzt nicht der Moment.

Die Clubmitglieder trafen sich jeden Mittwochabend im Hotel »Villa del Rio« zu einem gemeinsamen Abendessen, das nach einem festen Ritual ablief. Lambert war ohne seinen erklärten Willen, um nicht zu sagen, gegen seinen Willen, in den Club aufgenommen worden. Resch hatte die Aufnahme betrieben. Er konnte nicht verstehen, dass Lambert der gesellschaftliche Glanz nicht lockte. Schließlich hatte er dann Lambert mit Erzählungen von guten Taten gewonnen.

Wie viel Gutes habe er durch den Club bewirken können! Einen ganzen Container voll Mänteln und warmen Sachen habe der Partnerclub in Deutschland geschickt und die habe er unter die armen Familien der Stadt verteilt. Sie können sich nicht vorstellen, wie froh die waren, wie dankbar die waren! Und er erzählte von blutarmen Kindern, arbeitslosen Männern, verlassenen Frauen, denen er zusammen mit dem Club auf die eine oder andere Weise geholfen habe.

Am Abend der Aufnahme Lamberts in den Club hatte Resch in der feierlichen Sitzung, an der die zivilen und militärischen Spitzen der Gesellschaft mit ihren Damen teilnahmen, Lamberts Lebenslauf verlesen, wie es die Statuten des Clubs für die Aufnahme vorschrieben. Der Gobernador aller Clubs der Provinz hatte Lambert das Abzeichen des Clubs angesteckt. Resch als sein Pate hatte ihn mit Tränen in den Augen umarmt und ihn mit Du und Freund angeredet. Lambert hatte sich mit Worten bedankt, die einer inneren Bewegung Ausdruck verliehen, die er nur soweit verspürte, wie er sie in Worte fasste.

Und jetzt nahm ihn Resch also jeden Mittwoch in seinem Auto zu den Clubabenden mit. Wenn sie an der blauverblassten Villa im Viertel der Toten Seelen vorbeifuhren, gedachte Resch jedes Mal anzüglich seines Vorgängers im Amt, der hier so manche schöne Stunde verbracht habe. Lambert stellte sich die zarten Gesichter und nackten Arme junger Mädchen vor, ehe ihn die raue Wirklichkeit des Clubabends einholte. So viele hässliche, alte Männer auf einem Haufen, so viele verlebte und verrunzelte Altmännergesichter und Greisenleiber, deren Gruppierung um die Tische nur ab und zu durch die rosigen Gesichter und prall gefüllten Uniformen der Offiziere unterbrochen wurde. Es war eine Strafe, dabei zu sein! Oder vielleicht doch eine Ehre? Das liegt ja manchmal nahe beieinander. Er sagte sich, dass letztlich alles einem guten Zweck diene, den er sicher eines Tages realisieren werde.

Wie kommt es eigentlich, fragte er sich, dass ich immer wieder in solchen vergreisten Gesellenvereinen sitze? Immer wieder gerate ich in Ansammlungen verfallender Honoratioren hinein, statt irgendwo zu sein, wo ich es vorzöge zu weilen. »Im Schatten junger Mädchenblüte« zum Beispiel. Ist es ein ungnädiges Schicksal oder bin ich selber daran schuld?

Der Club in Sankt Vahlen war ja auch nicht viel besser gewesen. Eines Morgens in der Schule, er zog gerade auf dem Flur seinen Mantel an, um nach Hause zu gehen, war Dr. Krämer, der Biologielehrer, in seinem weißem Kittel den langen Gang heraufgekommen. Warte mal, Alfred!, hatte er gerufen. Dr. Krämer war bereits sein Lehrer gewesen. Jetzt waren sie Kollegen, aber das frühere Lehrer-Schüler-Verhältnis bestand gewissermaßen weiter und zeigte sich unter anderem darin, dass Dr. Krämer ihn duzte und Alfred nannte, während Lambert ihn wie in der Schülerzeit mit Sie und Herr Doktor ansprach. Lambert verdankte Dr. Krämer die intime Kenntnis aller Bandwürmer, er konnte bis auf den heutigen Tag jeden einzelnen Bandwurm mit seinem lateinischen Namen anreden. Auch die Tsetsefliege, deren mit bunter Kreide gemalte Innenansicht jahrelang die lange Wandtafel des Biologiesaales schmückte, hatte einen unauslöschlichen Eindruck hinterlassen. Jetzt stand ihm Dr. Krämer als Mentor in allen Fragen des korrekten Auftretens eines Studienrats zur Seite, auch wenn Lambert solche Fragen gar nicht stellte. Alfred, sagte er, den Dauerschreiber steckt man nicht in die Außentasche des Jacketts. Das machen die kaufmännischen Angestellten. Ein andermal hatte er vom Fenster des Lehrerzimmers aus beobachtet, wie Lambert bei der Pausenaufsicht auf dem Schulhof eine Coca-Cola trank. Alfred, sagte er, als sie nach der Pause zusammen den Flur hinunterschritten, das geht nicht! Was geht nicht, Herr Doktor? fragte Lambert. Du kannst nicht als Studienrat mitten auf dem Schulhof vor den Augen aller Schüler aus der Flasche trinken, mahnte Dr. Krämer. Er schüttelte den Kopf. Das macht man nicht! Das ist ein schlechtes Vorbild! Lambert stimmte lächelnd zu und versprach Besserung.

An jenem Morgen also trat Dr. Krämer mit den ihm eigentümlichen, krummen Schritten, die sich aus einer Kriegsverletzung ergaben, auf ihn zu und fragte, ob er einen Moment Zeit habe. Sie gingen zusammen die hohe Schultreppe hinunter. Unten blieb er stehen. Du weißt sicher, sagte er, dass ich Vorsitzender des Casino-Clubs bin. Lambert wusste es nicht, aber er nickte. Also der Casino-Club, sagte Dr. Krämer, habe ja eine lange und würdige Tradition. Früher hätten sie immer im Casino gekegelt, aber dann sei ja das Casino zugemacht worden, jetzt kegelten sie schon lange bei Kocklers Viktor. Der hat ja auch eine Kegelbahn. Ja, das wusste Lambert.

In den Casino-Club jedenfalls, sagte er, werden nur Akademiker aufgenommen. Er zählte ihm auf, wer alles im Club sei. Er sah Lambert bedeutungsvoll an. Alles, was Rang und Namen in der Stadt hat, sagte er, aber nur Akademiker, keine Geschäftsleute. Die Sache ist nun die, fuhr er fort, dass wir Nachwuchs brauchen. Es fehlt an jungen Leuten. Man muss ja auch an die Zukunft denken. Er lud ihn für den nächsten Freitag ein. Sieh dir's einfach mal an! Lambert versprach es.

Er ging dann am nächsten Freitag zusammen mit zwei Kollegen, die auch eingeladen worden waren, hin. Da saßen sie, die greisen Spitzen der Gesellschaft, an dem langen Tisch, der die Form einer spitzenlosen Pyramide hatte, damit man von allen Plätzen das Geschehen auf der Kegelbahn besser verfolgen könne. Sie erhoben sich und reichten ihm die Hand, als Dr. Krämer sie vorstellte, wobei er Titel und Namen nannte. Studienräte, Oberstudienräte, Ärzte, Pastöre, Stadtverordnete, lauter würdige alte Männer. Einer stand auf und hielt eine Rede in lateinischer Sprache. Sie kegelten nach zwei Parteien. Wenn der Kommandeur einer Partei einen seiner Leute zum Wurf aufrief, nannte er Titel, Namen und die zu erfüllende Aufgabe: Herr Pastor Steinbach, der linke Bauer, das ist doch Ihre Seite!

Und dann war Lambert eines Tages aufgenommen gewesen und saß unter lauter würdigen alten Männern und gehörte zu den Honoratioren der Stadt, mit denen ihn nichts verband als eine gewisse Lust, in die Vollen zu werfen, und ein gewisser Ehrgeiz, den rechten oder linken Bauer zu treffen.

Aber jetzt und hier griff der Präsident des Clubs nach der kleinen Glocke, die vor ihm auf dem Tisch stand, und erhob sich und läutete. Er eröffne, sagte er, die Sitzung und begrüße mit besonderer Freude zwei Freunde aus den USA, zwei Clubmitglieder aus Chicago, bedeutende Männer, sagte er, die heute Abend in unserer Mitte zu sehen wir die Ehre haben. Wie erhebend, sagte er, sei doch das Gefühl, einer so großen, weltweiten Organisation anzugehören, die in allen Städten und auf allen Kontinenten vertreten sei, einer Organisation, zu der Profesionales von erstem Rang aus allen Bereichen zählten.

Bienvenidos! rief er, und die zwei bedeutenden Männer erhoben sich, lächelten nach allen Seiten und verneigten sich. Der eine wies eine entfernte Ähnlichkeit mit John Wayne auf, der andere war ein rotgesichtiger alter Mann mit weißem Haar, der mit seiner Unterschrift über 25 Millionen Dollar verfügen könne, wie der Präsident voller Bewunderung bekundete. Sie kennten sich schon lange, sagte der Präsident mit Bezug auf den 25-Millionen-Dollar-Mann, er sei ein wirklicher Freund, den er überaus schätze und achte, und er möchte ihm und auch dem anderen Gast aus den USA mit aller Herzlichkeit versichern, dass sie sich heute Abend unter lauter Freunden fühlen dürften.

Die Kellner brachten die Vorspeise herein. Es gab Locos, Muscheln, die wie kleine Türme aus festem, weißem Fleisch auf den Tellern ragten, inmitten einer kleinen Wiese aus fein gehackten Zwiebeln und Silandro. Neben Lambert saß Patricio, Geschäftsführer der Telefongesellschaft. Er trug einen kleinen Schnurrbart, der dem Schnurrbart des im Lande herrschenden Generals nachgebildet war, die Äuglein schlitzten sich über den vollen roten Backen, sein Lachen brutzelte wie Fett in der Pfanne. Gegenüber saß Augusto, Schulrat der Region. Sein dünner, lang herunterhängender Schnurrbart wurde noch länger, wenn sich der lippenlose Mund zu meckerndem Lachen verzog. Der gelblich-bleiche Pepe, in dessen blanker Glatze sich die Deckenbeleuchtung spiegelte, legte Lambert freundschaftlich den Arm um die Schulter: Wie denn seiner Frau Valverde gefalle. Seine Frau sei noch in Deutschland, entgegnete Lambert. La Frau está en Alemania, wiederholte Augusto und lachte meckernd, wozu Lambert nicht die geringste Veranlassung zu bestehen schien. Patricio, der zur zweiten Flasche Rotwein überging, erteilte Ratschläge, wie man sich verhalten müsse, wenn man abends spät heimkehre und etwas getrunken habe, also wie er es mache. Hast du eine Katze? fragte er. Also wenn du eine Katze hast, das ist sehr praktisch. Gleich wenn du ins Haus kommst, musst du der Katze einen ordentlichen Fußtritt geben, dass sie schreit und jeder im Haus gleich merkt, dass du schlecht gelaunt bist und dass man sich nicht mit dir anlegen sollte.

Das Hauptgericht bestand aus gegrilltem Kotelett, das von pürierten Erbsen begleitet wurde. Das Essen war schon gut hier. Auch der Cabernet-Sauvignon war so rund im Geschmack und samtig, dass Lambert sein abendliches Los erträglicher fand.

Als die Kellner abgeräumt hatten, stand einer der amerikanischen Clubfreunde auf, der mit den 25 Millionen

Dollar, und hielt eine Rede auf Englisch, die der Präsident des hiesigen Clubs abschnittsweise übersetzte, wenn der Redner eine Pause dafür ließ. Er habe immer und überall gesagt, sagte der Amerikaner, man müsse Vertrauen in das Land haben, dessen Gastfreundschaft er hier genieße. Die bisherige wirtschaftliche Entwicklung rechtfertige dieses Vertrauen vollauf. Wenn man so weitermache, stehe einer guten Entwicklung dieses schönen Landes nichts im Wege. Weitere vertrauensbildende Maßnahmen seien zu erwarten, wie man ihm versichert habe. Er jedenfalls habe volles Vertrauen, und er freue sich, dass er hier unter Freunden sein Vertrauen in die wirtschaftliche Entwicklung des Landes bekunden könne. Er werde auch seinen Geschäftsfreunden zu Hause sagen, dass man Vertrauen in dieses Land und seine Wirtschaft setzen könne. Rauschender Beifall. Alle freuten sich über das Vertrauen. Es war klar, dass das Vertrauen auf die wirtschaftliche Entwicklung die Basis freundschaftlicher Gefühle ist. Eine prosperierende Wirtschaft ist ein gutes Fundament für eine prosperierende Freundschaft. Das Sein bestimmt das Bewusstsein. Der gute alte Marx hätte seine Freude gehabt, kommentierte Lambert die Rede für sich.

Da hast Du heute Abend ja so richtig erlebt, in welch erlesenem Kreis du dich hier bewegst, was für bedeutende Leute du hier kennenlernst!, rief Resch auf der Heimfahrt im Auto aus. Das muss doch eine Sternstunde für dich gewesen sein. Seine Stimme vibrierte vor Ergriffenheit und Stolz.

Eine Sternstunde, in der Tat!, gab Lambert erwartungsgemäß zu.

Im dünn fallenden Regen öffnete er die Gartenpforte. Regentropfen schimmerten in Zaun und Zweigen. Die nassen Zweige der Büsche strichen ihm durchs Gesicht, als er durch den kleinen Garten der Haustür zuschritt. Er sperrte die Tür auf und trat in den Flur. Er schaltete das Licht an. Die Dielen rochen frisch geputzt. Mirta hielt das Haus sauber. Nun, es war ja auch sonst nicht viel zu tun, solange seine Familie noch nicht da war. Er hätte sich jetzt gern ins Wohnzimmer zu seiner Frau an den Kamin gesetzt und vom heutigen Abend erzählt. Aber das Wohnzimmer war dunkel, im Kamin brannte kein Feuer und seine Frau war in Deutschland.

# XXVI

Er ging die Treppe hinauf und machte Licht in seinem Zimmer. Der Steinofen blinzelte ihn mit roten Augen verschlafen an. Er legte dünnes Holz auf und blies, bis ein freundliches Feuerchen flackerte, dem er mit einigen großen, trockenen Scheiten auf die Sprünge half. Er zog seinen Schlafanzug an und setzte sich an den Schreibtisch.

Liebe Karin, schrieb er, es ist jetzt nicht mehr lange, bis wir uns wiedersehen.

Ich freue mich so darauf, dass ihr kommt.

Er freute sich auf Weib und Kind. Er war dazu geboren, mit Weib und Kind zu leben. Mit den Menschen, die man liebt, in Einklang dahin leben, das ist die richtige Art zu leben, dachte er. Es ist nicht gut, dass der Mensch allein sei. Es ist dem Menschen nicht gemäß. Der liebe Gott und Aristoteles hatten es gewusst.

Wir werden wieder miteinander reden können, schrieb er. Wenn der Tag zur Neige geht, schrieb er, werden wir am Kamin sitzen, in die Glut sehen und miteinander darüber reden, was der Tag so gebracht hat.

Er lehnte sich zurück. Man fällt eine Entscheidung, als gehe es um einen allein. Aber es geht nie um einen allein. Man zieht immer andere mit hinein. Man zieht seine Familie mit hinein. Man bestimmt über die Leben anderer und greift in sie ein, und zwar in die Leben gerade der Menschen, die einem die liebsten sind. Und eines Tages wird man sich dessen bewusst und denkt, dass man vorher nicht genug überlegt hat. Man weiß nicht mehr, ob es richtig war. Der Zauber des Anfangs ist dahin, und jetzt weiß man auf einmal nicht mehr, ob es richtig war anzufangen. Es ist eine Lage eingetreten, in der es zweifelhaft erscheint, ob es richtig war, diesen Schritt zu tun. Es kann durchaus noch so kommen, dass man sagen wird: Es war richtig so. Aber es kann auch anders kommen.

Wir gehen jahrelang in einer kleinen Stadt herum und werden geachtet und werden ein immer bedeutenderes Mitglied der Gesellschaft. Fast jeder kennt und grüßt uns. Wir haben einen festen Kegelabend, ein festes Abonnement fürs Theater und beziehen eine Zeitung, die uns ein festes Weltbild liefert, das von allen, mit denen wir verkehren, bestätigt wird. Und eines Tages können wir all dem auf einen Schlag entkommen. Auf einmal sehen wir einen Ausweg.

Aber die Kinder, dachte er, die Kinder brauchen keinen Ausweg, sie brauchen das Vertrauen, dass alles so bleibt, wie es ist. Wahrscheinlich brauchen die Kinder die Gewissheit, dass nichts sich ändert, dass die Welt so weiterbesteht, wie sie sie kennen und lieben. Und dann gehst du hin, sprach er laut zu sich, dann gehst du in deinem bodenlosen Leichtsinn und in deiner grenzenlosen Ichbezogenheit hin und zerstörst dieses feste Vertrauen deiner Kinder und nimmst ihnen alles weg, was bis dahin für sie zählte. Eine Beraubung, dachte er, ich gehe hin und beraube sie rücksichtslos. Oh Gott! Es müsste sich alles schon sehr gut entwickeln, damit ich wiedergutmachen könnte, was ich ihnen antue.

Mit Karin war es anders, sie war auch dafür gewesen wegzugehen. Sie war auch der Ansicht, dass es Zeit sei, sich aus den festen Verhältnissen, die einen einengten, zu lösen. Aber jetzt musste sie drüben mit allem allein fertig werden, sie musste den Auszug aus dem von allen täglich gelobten Land allein in die Wege leiten.

Liebe Karin, schrieb er, wir werden wieder zusammen sein, und alles wird gut werden. Er war an diesem Abend nicht davon überzeugt, aber er durfte keine Schwäche zeigen. Einen trübseligen Brief soll man gar nicht erst schreiben.

Die Mutter fiel ihm ein. Was würde aus ihr werden, wenn alle weg waren? Ein weiterer Eingriff in ein Leben. Eingriffe, Verantwortungslosigkeiten, Egoismus!

Er stand auf und ging durch das dunkle, leere, hallende Haus. Er hielt eine Kerze in der Hand, die flackerndes Licht in die lampenlose Räume warf. Wie eine versprengte Lichterprozession schritt er durch Zimmer und Flure, leise vor sich hinsingend. Venceremos! sang er. Venceremos! Mil cadenas habrá que romper! Wir werden siegen! Tausend Ketten müssen gebrochen werden! Der Gesang war nicht von Glauben getragen, der Gesang erzeugte Glauben. Immer entschiedener und lauter bestand er auf dem Sieg, immer gläubiger wurde ihm zumute. Der Gläubige ging in sein vom flackernden Feuer erhelltes und erwärmtes Zimmer zurück und goss sich ein Glas Rotwein ein.

Er hob das Glas und trank sich zu. Wir werden es schaffen! Wir werden nicht nachgeben! Wir werden durchhalten! Wir werden siegen!

# XXVII

Jeden Morgen in der ersten Pause trat der Bäcker ins Lehrerzimmer. Der Bäcker war der Turnlehrer der Schule. In seiner Freizeit backte er. Oder war er Bäcker und arbeitete in seiner Freizeit als Turnlehrer? Aber von Freizeit redete er nicht. Auch bestand er darauf, Turnunterricht zu geben, nicht Sportunterricht. Zudem verfügte er über handwerklich-technische Fähigkeiten, so dass er von den Deutschstämmigen zur Reparatur von Waschmaschinen, Elektroherden und Bügeleisen herangezogen wurde. Eigentlich hatte er Ingenieur werden wollen, aber als er mit dem Schiff nach Europa fahren sollte, um das Studium aufzunehmen, brach der Krieg aus. Er machte nicht die Nazis dafür verantwortlich, dass sein Leben eine andere Wendung genommen hatte. Kriege hat es immer gegeben, sagte er. Hitler wollte die Deutschen groß machen, sagte er. Kriegsverbrechen, sagte er, haben die anderen auch begangen. In jedem Krieg gibt's das.

Er war ein kleiner, magerer Mann, der aus eingefallenen Wangen mit dünnen Lippen freundlich lächelte. Er nahm Brote und Brötchen aus einem großen Plastiksack und verteilte sie auf die Fächer der Lehrer, die bei ihm bestellt hatten. Er backte auch Schwarzbrot, das gab es sonst nur noch bei Nilo, wo es allerdings viel teurer war, wie überhaupt alle Sachen im Geschäft von Nilo teuer waren, weil die Deutschen da kauften.

Na, Herr Auf und Davon? sagte er mit seinem dünnen Grinsen zu Lambert. Du siehst müde aus, sagte Lambert.

Ich hab aber gut geschlafen, sagte der Bäcker, von zwei bis fünf. Was? Nur drei Stunden?, fragte Lambert verwundert. Ach, das bin ich gewohnt, sagte der Bäcker, das reicht mir. Hast du wieder bis tief in die Nacht Musik gehört?, fragte Lambert. Was war's denn heute Nacht? Rheingold, antwortete der Bäcker und sein Lächeln gewann eine Art Glanz. Du musst mich mal besuchen.

Die anderen Lehrer kamen aus dem Unterricht. Sie legten ihre Taschen ab und traten vor ihre Fächer. Sie entnahmen ihnen Kaffeetassen, in die sie aus einer Dose einen Kaffeelöffel mit Pulverkaffee und aus einem Plastikbeutelchen drei bis vier Kaffeelöffel mit Zucker taten. Sie schritten über den knarrenden Holzboden zum Boiler, um die Tassen mit heißem Wasser aufzufüllen.

Lautaro setzte sich neben Lambert und begann mit gedämpfter Stimme einen politischen Witz zu erzählen. Man muss aufpassen, sagte er und warf einen Blick zum oberen Teil des Tisches, wo die einheimischen Kollegen saßen, der Rojas heiratet jetzt eine Frau, die Leutnant des Heeres ist.

Die einheimischen Kolleginnen waren um den großen Holzofen in der Ecke versammelt. Sie sprachen über die Gehaltserhöhung, die der Schulvorstand mit dreimonatiger Verspätung endlich zugestanden hatte. Peter Marner schob Lambert das Heft eines Schülers herüber. So werden bei mir die fleißigen Schüler belohnt, sagte er. Unter die schön geschriebenen Sätze des Schülers war eine lachende Katze gestempelt. Die sind ganz scharf auf den Stempel, sagte Peter. Alle Schüler der Klassen, in denen Peter unterrichtete, kannten Peters Katzen. Und meine Katzen kennen alle Schüler, pflegte Peter zu sagen. Die Katzen hießen Schnurri und Knoppi und brachten zusammen fast einen halben Zentner auf die Waage. Schnurri gehörte Peter und Knoppi gehörte seiner Frau Gudrun. Die Katzen wurden auch sonst ins Unterrichtsgeschehen einbezogen. Meine Katze Schnurri hätte das schon längst kapiert, sagte Peter, wenn die Schüler nichts verstanden. Und wenn die Schüler gut mitarbeiteten, versprach Peter: Das erzähle ich Schnurri und Knoppi, wenn ich heimkomme. Die freuen sich dann. Da freuten sich auch die Schüler.

Am Nachmittag fuhr Lambert nach San José, um im Priesterseminar Latein zu unterrichten. Der Bus dröhnte über die brüchigen Betonplatten der Panamericana. Ein heller Tag mit einem weiten Himmel, über den große, weiße Wolken verteilt waren, die sich kaum zu bewegen schienen. So große, luftige Himmelsgebilde gibt es in Deutschland gar nicht, dachte er wieder mal. Die Fremdheit des Landes wurde ihm bewusst. Der Gedanke, in einem fremden Land zu sein, machte ihn auf einmal glücklich. Es war keine bessere Welt und auch nicht unbedingt eine schönere Welt, aber es war eine andere Welt. Eine andere Welt macht einen anderen Menschen. Er war dabei, ein anderer Mensch zu werden. Sollte Horaz doch nicht recht haben, wenn er behauptete, dass die, die übers Meer fahren in ein anderes Land, nur den Himmel ändern, nicht den Sinn? Neues Spiel, neues Glück!, pflegte Rolf Schuhmacher an den Skatabenden zu sagen, die jetzt schon so weit zurücklagen, als sei es in einem anderen Leben gewesen. Er war all diesen festen Bestimmungen und gesetzmäßigen Abläufen entkommen. Neues Land, neues Glück! Es waren keine großartigen Erlebnisse, die einem zuteil wurden, es waren keine gewaltigen Gefühle, die einen durchströmten, aber um all das Neue webte ein gewisser Zauber. Man musste ja nicht »Wunder und Weihen« erwarten, aber es war doch eine neue Lust, so im Bus über die Panamericana zu brausen, die verstreuten kleinen Holzhäuser auftauchen zu sehen, die weidenden Herden, die Gruppen von gewaltigen Bäumen auf den ausgedehnten Weiden und den unendlichen Himmel, auf dem die weißen Wolkenballen leuchteten.

»Tiefere Wonne weiß ich nicht auf Erden, als im Weiten unterwegs zu sein.« Die Wonne des Unterwegsseins. Oder wie hätte er das Gefühl sonst benennen sollen? Das ist ja so mit Gefühlen, wenn sie nicht schon jemand benannt hat, wissen wir überhaupt nicht, welchen Namen wir ihnen geben sollen. Vielleicht gar keinen. Name ist bekanntlich Schall und Rauch, Gefühl ist alles und braucht keinen Namen. Man sollte zufrieden sein, es zu haben. Aber wenn wir es mit dem Namen benennen, den andere ihm gegeben haben, wird das Gefühl auf einmal deutlicher. Man kann nicht alles aus sich selbst erzeugen und benennen. Man muss auch leihen.

Lambert dachte an seine Heimatstadt und an den Blick aus dem Fenster seines Arbeitszimmers. Jahrzehntelang hatte er aus diesem Fenster geschaut. Es bot eine schöne Aussicht auf die zusammengedrängten Häuser der kleinen Stadt, aus deren Mitte sich hoch und grau der altehrwürdige Dom erhob, wie er im Lokalblatt genannt wurde, und darüber hinaus sah man auf bewaldete Höhenzüge und Hügel mit Äckern und Wiesen. Eine Aussicht, die mit dem Wechsel der Jahreszeiten Variationen bot, die er genoss. Man hätte mit diesen Aussichten ein ganzes Leben lang zufrieden sein können. Es war sozusagen ein aussichtsreiches Leben, wenn es auch letztlich immer die gleichen Aussichten waren. Die meisten waren ja damit zufrieden. Vielleicht war es gerade das, was ihn jetzt mit Stolz erfüllte, dass er nicht zufrieden gewesen war und fortgegangen war. Die Zufriedenheit ist eine große Verlockung, sie paart sich mit Gemütlichkeit und dem Wissen »Da weiß man, was man hat«. Jeder Aufbruch ist der Aufbruch eines, der auszieht, das Fürchten zu lernen. Das ist natürlich absurd: das Fürchten lernen zu wollen statt die Zufriedenheit auf ewig zu besitzen! Ein Esel, dem es zu wohl ist, so dass er aufs Eis tanzen geht. Die Leute schütteln den Kopf. Oder wie der Hund aus dem Lesebuch für Deutsch als Fremdsprache, der zu Hause nicht zufrieden war, wo er alles hatte, wie sein Herrchen ihm immer wieder sagte. Aber der blöde Hund glaubte, es müsse mehr als alles geben.

Die großen, lagerhallenähnlichen Holzgebäude des Priesterseminars sahen freundlich aus, die Sonne war hervorgekommen und gab dem schwärzlichen Holz einen samtenen Schimmer. Eine Stätte des Geistes in einer weiten ländlichen und landwirtschaftlichen Natur. Die jungen Männer kamen aus ihren Studierzimmern auf den Hof herunter, sie hatten Lambert sich nähern sehen.

Buenos dias, profesor! Es waren kräftige, untersetzte junge Männer von bräunlicher Hautfarbe, eine zumeist indianische Landjugend, deren einzige Aufstiegsmöglichkeit das Studium der Theologie war. Es war wie zu Hause in den Dörfern um die Jahrhundertwende. Den einfältigen Armen blieb die Religion, den begabteren Armen die Theologie.

Sie waren alle ganz aufmerksam, als Lambert ihnen den lateinischen Text der heutigen Lektion vorlas. Es waren nicht viele Wörter zu erklären, da die meisten dem Spanischen ganz ähnlich waren. Aber sie hatten trotzdem große Schwierigkeiten mit der Übersetzung ins Spanische. Sie waren in keiner Weise grammatikalisch geschult, keine Kenntnis der Terminologie, sie wussten nichts von den Personalformen der Verben, von Tempora, von Aktiv und Passiv. Sie hatten scheint's nie etwas von der Kasusbildung der Substantive gehört. Lambert behandelte sie behutsam und lobte sie für jede kleine Einsicht und richtige Antwort. Am Ende der Stunde stand der Kurssprecher auf und sagte, sie möchten ihm gern eine kleine Freude machen. Alle erhoben sich und stimmten das »Salve Regina« an. Das Lied klang eigentümlich in diesem kargen Holzsaal, gesungen von den ungeschulten Stimmen dieser braunen jungen Leute und angefüllt von Herzensfrömmigkeit. Der lateinische Gesang gab dem Schulsaal eine höhere Weihe: ein Ort des Geistes, ein

Ort Gottes, wo die Kirchensprache Latein gesprochen und gesungen wurde. Das himmlische Jerusalem schimmerte im Gesang auf, wo die Königin thront, die unsere Hoffnung ist in diesem Tal der Tränen, »in hac lacrimarum valle«. Es war tröstlich, es ging zu Herzen. Lambert war gerührt und dankte ihnen überschwänglich. Er ging mit einem frommen Gefühl den dunklen, knarrenden Flur entlang, nickte dem heiligen Pfarrer von Ars zu, der richtungsweisend an der Kreuzung der Gänge stand, und trat ins Refektorium, wo die Once, die Vesper, vorbereitet war, zu der sich Kapuziner und Lehrer um den großen Tisch versammelten.

Einer der Capuchinos, ein blonder, noch recht junger Mann, erzählte, wie er mit dem Pferd über Land geritten sei, um einen Krankenbesuch bei einem Indio zu machen. Als er ankam, war der Methodistenpfarrer da. Er selbst sei einigermaßen verblüfft, ja ärgerlich gewesen, aber der Kranke habe seine Seelsorge mit der größten Selbstverständlichkeit in Anspruch genommen und gebeichtet und kommuniziert. Jetzt habe sich der Methodistenpfarrer geärgert. Der Kranke und seine Familie seien aber sichtlich zufrieden gewesen mit diesem Arrangement. Wahrscheinlich, sagte einer der Mitbrüder lächelnd, wollte er sich für alle Fälle absichern. Man weiß ja nicht, wer den stärkeren Zauber hat.

Am Abend besuchte Lambert Stefan Volkert. Als noch schönes Wetter war, hatten sie abends manchmal auf der Terrasse gesessen und über den Fluss auf die bunten und verfärbten Hütten von Las Animas am anderen Ufer gesehen. Aus den Hütten stieg friedlicher Rauch, auf dem Fluss zogen Getreidekähne auf ihrem Weg zur deutschen Mühle vorbei oder die Rudermannschaft des Sportclubs Phoenix trainierte. Jetzt konnte man abends nicht mehr draußen sitzen. Es war diesig und feucht, Nebel stieg vom Fluss auf und wallte in dichten Schwaden der Stadt zu. Lambert trat ins Wohnzimmer, wo ein Kaminfeuer behagliche Wärme verbreitete.

Ein paar Kollegen waren da, er begrüßte die Fronzeks und Anke. Sie sah Lambert aus mandelförmigen Augen an: Man sieht dich ja gar nicht mehr. War das ein Vorwurf? Viel zu tun, wich er aus. Und was macht der Kindergarten? Wächst, blüht und gedeiht, sagte sie, wir haben in diesem Jahr so viele aufgenommen, dass wir trotz des Neubaus fast schon wieder Platzprobleme haben.

Stefan war am Nachmittag im Gefängnis gewesen. Er machte regelmäßig Besuche dort, seitdem ein Student, der mit ihm im Universitätschor gesungen hatte, inhaftiert war. Was werfen sie ihm denn vor?, fragte Lambert. Sie behaupten, er sei Mitglied einer terroristischen Vereinigung. Und ist er das? Ich weiß es auch nicht, antwortete Stefan, er streitet es jedenfalls ab.

Horst Fronzek sagte, jeder, der in Opposition zum Militärregime stehe, werde gleich als Terrorist bezeichnet.

Stefan hatte Decken hingebracht, die Leute würden in ihren Zellen erbärmlich frieren. Die Besucher werden genauestens registriert, sagte Stefan. Du musst jede Menge Angaben zur Person machen, du musst deinen Personalausweis vorlegen und für die Zeit des Besuches abgeben. Was man den Gefangenen mitbringt, wird gründlich untersucht, man darf nur geschälte Bananen mit hineinnehmen. Und es gibt Folterungen, sagte er, das ist ganz klar. Der Lucho hat mir die Stellen an den Armen und Beinen gezeigt, wo die Elektroden angelegt waren. Da sieht man ganz deutlich die Spuren. Noch schlimmer ist es, wenn sie die Elektroden an den Geschlechtsteilen anbringen.

Anke war entsetzt. Und das machen die wirklich? Ja, bei den Verhören, sagte Stefan, wer soll sie daran hindern?

Komm wir reden von was anderem, sonst träum' ich heute Nacht davon, sagte Erna. Sie tranken Wein und sprachen von Erfreulicherem. Die Kinder waren auf dem Sofa eingeschlafen. Lambert dachte an seine Kinder. Es war schön, so dazusitzen, die friedlich schlummernden Kinder zu betrachten und in die Glut des Kamins zu träumen. Der Abend sollte nicht enden. Verweile doch, du bist so schön! Lambert fühlte sich aller Pflichten enthoben, morgen war außerdem kein Unterricht. Anke lachte dauernd. Sie setzte sich neben Lambert auf die breite Sessellehne und erzählte vom Kindergarten. Er spürte ihre Nähe, er roch ihr Parfüm. Einmal legte sie sogar ihre Hand auf seinen Arm. Die Kinder wurden wach und sollten nun endlich ins Bett, die Eltern waren beschäftigt. Lambert schlug den anderen vor, noch mit zu ihm zu gehen. Der Nebel war dichter geworden. Sie fuhren ganz langsam in Horst Fronzeks Auto durch die leeren Straßen. Die Tankstelle war noch beleuchtet und lag wie eine gelbe, verlassene Insel in der schleierigen Nässe. Während Horst sein Auto parkte, trat Lambert mit Anke ins Haus. Er nahm ihr den Mantel ab und umarmte sie. Nach langer Zeit drückte er wieder eine Frau an sich. Unter ihrem Pullover war warme, glatte Haut, über die seine Hand glitt. Als sie die Schritte der Fronzeks auf der Treppe hörten, traten sie auseinander. Das Feuer im Chiloeofen war noch nicht ganz erloschen. Lambert legte Papier und dünne Holzstückchen auf und blies, bis das Feuer aufflackerte und brannte. Er schenkte allen Wein ein und setzte sich neben Anke aufs Bett. Jetzt sich einfach mit ihr zurückfallen lassen, dachte er. Horst erzählte von Deutschland, von zu Hause, was er da gemacht hatte, wie es da aussah, wo er gewohnt hatte. Sie erzählten plötzlich alle von Deutschland. Sie tranken Wein und erzählten von zu Hause. In Deutschland ist es doch auch ganz schön, sagte Erna lachend. Es war spät, als sie gingen. Die Fronzeks holten Anke in ihrem Auto mit. Lambert hatte nur noch den Wunsch zu schlafen.

# XXVIII

Am darauf folgenden Montag fand eine Besprechung der Schulleiter der Stadt in der Gobernación, im Sitz des Gouverneurs, statt, einem Gebäude, das direkt an der Plaza neben der Kathedrale lag. Diese wurde seit ihrer Zerstörung durch das Erdbeben von einer wellblechgedeckten Baracke wenig glaubwürdig vertreten. Auf dem freien Platz neben der Baracke, der ursprünglich wohl einen Teil des Innenraums der Kathedrale gebildet hatte, erhob sich ein Mauerrest mit Bogen, an dem eine Glocke zur stummen Mahnung aufgehängt war.

Lambert, der von Resch beauftragt worden war, an der Versammlung teilzunehmen, trat in den Sitzungsraum. Die Schulleiterinnen und Schulleiter der Stadt waren zu beiden Seiten eines langen, glänzend polierten Konferenztisches aufgereiht, an dessen Kopfende der Gouverneur der Provinz, der General des Heeres Figueroa, in massiver Körperlichkeit thronte. Lambert stellte sich dem General als Vertreter der Deutschen Schule vor. Der General war ein wuchtiger, aber eher kleiner Mann, wie sich zeigte, als er sich höflich erhob, um Lambert zu begrüßen. Er trug das eisgraue Haar straff zurückgekämmt, die Oberlippe zierte ein Bärtchen, das dem des Staatspräsidenten nachempfunden war, dessen großes Bild an der Stirnseite des Saales hing. Auch die stahlblaue Uniform des Heeres verband den sitzenden General mit dem hängenden Präsidenten. Der General begrüßte die versammelten Schuldirektorinnen und -direktoren der Stadt und erklärte, er habe sie hierher gebeten, um mit ihnen gemeinsam zu überlegen, wie die bevorstehenden Tage der Jugend und der Fahne in würdiger Form gefeiert werden könnten. Während der General Jugend und Vaterland mit dem blumigen Band patriotischer Gefühle rhetorisch verknüpfte, sah Lambert durch die hohen Fenster des Raumes in die kahlen Spießrutenbäume der Plaza, hinter denen der Himmel graute und blaute und sich mit dampfigen, großen, sehr beweglichen und ausdrucksvollen Wolken belebte. Irgendwie freute es ihn, dass diese Wolken so dahinzogen und mit dem, was in diesem Raum vor sich ging, überhaupt nichts zu tun hatten. Die Natur schert sich glücklicherweise nicht um politische Veranstaltungen. Sie muss zwar immer wieder als »freie Natur« für politische Zwecke herhalten, aber es ist ihr egal.

Der Sekretär des Jugendkomitees tat nun in ausführlicher Rede kund, wie er sich die Großveranstaltung im Coliseo, dem Sportpalast der Stadt, anlässlich des Tages der Jugend vorstelle. Der General nickte mehrmals zustimmend. Es waren offenbar Vorstellungen, die ihm behagten, höchstwahrscheinlich deshalb, weil sie mit ihm abgesprochen oder von ihm angeregt worden waren. Die Pädagogen nickten mehrfach beifällig, als sie bemerkten, dass es dem General beliebte, mehrfach beifällig zu nicken. Jedes Colegio, forderte der Jugendsekretär, solle seinen Beitrag zu der Feier leisten. Die besten Beiträge, kündigte er an, würden prämiert, die Autoridades militares y civiles nähmen an dem Acto im Coliseo teil und würden sich in Ansprachen an die Jugend wenden. Die Liebe zum Vaterland, rief der Sekretär aus, die Jugend in der Liebe zum Vaterland zu erziehen sei eine der schönsten und wichtigsten Aufgaben überhaupt. An diesem Tag der Jugend, rief er, können wir alle zeigen, mit welcher Freude und Hingabe wir dieser herrlichen Aufgabe obliegen.

Dem Gouverneur war die Parade am Tag der Fahne ein besonderes Anliegen. Lambert hörte hier zum ersten Mal, dass es einen speziellen Tag der Fahne gab, wenn ihm auch nicht hatte verborgen bleiben können, dass es mit der Fahne eine eigene Bewandtnis hatte. Ja, die Fahne ist mehr als der Tod, summte es irgendwo melodisch in seiner Erinnerung. Also, er stelle sich das so vor, erklärte der Gouverneur: Wir werden Tausende kleiner Fahnen unter die Kinder verteilen, in allen Schulen, und dann werden die Kinder mit diesen Fähnchen in der Hand an den militärischen und zivilen Würdenträgern vor der Gobernación vorbeiziehen, es wird ein Wald von Fahnen durch die Straßen ziehen! Er machte eine bedeutungsvolle Pause, um diese wunderbare Vorstellung wirken zu lassen. Was meinen Sie dazu?

Die versammelten Schulleiterinnen und Schulleiter waren begeistert. Ein Lächeln bedingungsloser Zustimmung glänzte auf allen Gesichtern. Ein Wald von Fahnen!, wiederholte Don Umberto, der Leiter des Jungengymnasiums, ergriffen. Das ist etwas ganz Neues und Wunderbares, rief Señora Laila, die Direktorin der Mädchenschule, enthusiastisch aus, das gab es bisher noch nicht. Wenn ich mir das vorstelle! Herrlich! Sie strahlte übers ganze Gesicht. Einer der Schulleiter erhob sich und rief aus: Ich beglückwünsche Sie für diese geniale Idee, Herr General!

In allen Schulen wurde die Parade vorbereitet. Das Marschieren musste eingeübt werden. An der Deutschen Schule wurde die letzte Unterrichtsstunde jedes Tages durch Marschieren, durch ein Probemarschieren in der Turnhalle ersetzt. Unter den wachsamen Augen des Inspector general marschierten die Schüler im Kreis.

Adolfo Barrientos entging nichts. Er bemerkte schlechte Haltung, monierte falschen Schritt und Tritt und verwies lachenden Schülern ihre unpassende Fröhlichkeit. Vor versammelter Mannschaft sprach er den Fahnenträger, einen hoch gewachsenen jungen Mann, und die zwei ihn flankierenden hübschen Mädchen, die er alle selbst ausgewählt hatte, auf die besondere Verantwortung und Würde an, die mit diesem Ehrenamt verbunden sei.

Seid stolz! Ich trage die Fahne, zitierte Lambert leise vor sich hin.

Und dann ging es wieder weiter im Kreis. In der Mitte der Halle stand der Trommler, der mit seinem Schlegel rhythmisch auf eine gewaltige Landsknechtstrommel einhieb. Die dumpfen Schläge markierten den Takt, in dem zu marschieren war: Tum, tum, terumtumtum.

Die Schüler stellten sich nun im Halbkreis um das Klavier, das in einer Ecke der Halle stand. Don Hugo, der Musiklehrer, intonierte die Nationalhymne. Natürlich konnten alle Schüler die Nationalhymne singen, schließlich wurde sie beim wöchentlichen Acto gesungen, und auch sonst gab es mannigfache Gelegenheiten, sie anzustimmen. Aber sie könnte schöner gesungen werden. Daher brach der Musiklehrer öfter ab und kritisierte Partien, die die Schüler zwar schon immer so gesungen hatten, denen aber der letzte Schliff fehlte. Vor allem die Stelle des Refrains, wo das Vaterland als Asyl gegen die Repression verherrlicht wird, erschien Don Hugo korrekturbedürftig. Die Repression ist lang! rief er aus, was einige Schüler zum Kichern veranlasste und die Miene des Inspektors verfinsterte, da er an der korrekten politischen Grundeinstellung des Musiklehrers sowieso zweifelte und seine Bemerkung zur Länge der Repression nicht einer Missbilligung des Gesanges zuschrieb, sondern sie als tückische Kritik am Militär verbuchte. Schließlich kamen die Schüler mit der Länge der Repression musikalisch zurecht.

Am Tag der Fahne waren dann also die militärischen und zivilen Würdenträger vor der Gobernacion versammelt, um die Parade abzunehmen. Lambert stand an der Seite Reschs bei den Schuldirektoren. Am blauen Himmel wehten wie neulich große, weiße Wolkenfahnen. Noch etwas Rot müsste her, dachte Lambert, damit auch der Himmel den

Farben der Landesfahne entspräche. Aber soweit kam der Himmel der Parade dann doch nicht entgegen.

Auf der Plaza, die auf der anderen Straßenseite dem Regierungsgebäude gegenüber lag, war die Militärkapelle angetreten. Sie stimmte das Publikum mit vaterländischen Märschen auf die Parade ein. Auf »Märkische Heide« folgte der »Defiliermarsch«, an den sich »Preußens Gloria« harmonisch anschloss. Ein blonder, deutschstämmiger Oberleutnant, dessen Kinder die Deutsche Schule besuchten, trat näher an Lambert heran und erzählte halblaut einen Witz: Kommt einer von hier nach Deutschland und hört dort ein Platzkonzert. Komisch, sagt er, die spielen ja lauter Märsche von uns!

Ein Trompetensignal erklang und feierliche Stille trat ein. Ein Kommando ertönte, und das angetretene Regiment der Soldaten nahm Haltung an. Die Militärkapelle intonierte die Nationalhymne. Die Offiziere legten die Hand grüßend an die Dienstmützen. Während der vaterländische Gesang aus militärischen und zivilen Kehlen aufstieg, stieg die vaterländische Fahne langsam am Mast auf, um mit dem Ende der Hymne das Ende des Mastes zu erreichen. Dann begann die Parade. Unter Trommelwirbel und mit preußischer Marschmusik zog die Musikkapelle vorüber. In unmittelbarer Nähe des Pabellón Nacional, wie die Fahne respektvoll genannt wurde, und der Würdenträger verfiel die Kapelle in Stechschritt, was in Anbetracht des gleichzeitigen Trommelns und Blasens eine geradezu artistische Leistung war. Auch das Regiment der Garnison zog im Stechschritt an Fahne und Autoritäten vorbei. Und dann kam eine Schule nach der anderen, vorneweg die Fahnenträger mit der Schulfahne, dann das Lehrerkollegium, dann die Schüler, denen man vaterländische Fähnchen in die Hand gedrückt hatte. Es war ein Wald von Fahnen, so wie der General es sich vorgestellt hatte. Die Eltern standen an der Plaza und an den Straßenrändern und bewunderten den Marsch ihrer fähnchenschwenkenden Kinder. Väter sausten herum und machten Fotos. Eine Ordonnanz flüsterte dem General zu, welche Schule gerade vorbeizog, obwohl man es natürlich auch an der beschrifteten Schulfahne hätte erkennen können. Der General beglückwünschte daraufhin den betreffenden Schulleiter zum Marsch seiner Schüler: Die marschieren gut, Ihre Schüler. Ich beglückwünsche Sie! Der Schulleiter errötete vor Freude. Señora Laila, die Leiterin der Mädchenschule, beglückwünschte ihrerseits wieder den General zu seiner Idee mit den Fähnchen: Es sieht sehr, sehr hübsch aus, es ist wirklich wie ein Wald von Fahnen. Der General lächelte zufrieden. Resch erhielt ein besonderes Lob des Generals wegen der Korrektheit und Einheitlichkeit der Schuluniformen. Der unweit stehende Inspector general buchte das Lob auf sein Konto. Sein unbeugsames Bestehen auf tadellosen Uniformen hatte Früchte getragen. Die ärmeren Schulen der Stadt konnten von solcher Korrektheit nur träumen. Die Schuluniformen waren ja nicht so billig, Schüler aus ärmeren Verhältnissen konnten sich keine Uniform leisten. Sie durften daher im Kader ihrer Schule nicht mitmarschieren. Wer aber irgendwie eine blaue Jacke oder weiße Bluse aufbringen konnte, war dabei, auch wenn dann Rock oder Hose nicht genau den Anforderungen entsprach. Während also an den ärmeren Schulen schon eine teilweise Uniformiertheit den erforderlichen Patriotismus bekundete, zeugten die korrekten einheitlichen Uniformen der Schüler der Deutschen Schule nicht nur von hoher vaterländischer Gesinnung, sondern spiegelten edle Einfalt und stille Größe, verhinderten sie doch, dass die Kinder reicherer Familien sich von mittelständischen Klassenkameradinnen und -kameraden durch aufwendige Kleidung und modische Profilierung abhoben. Die Schuluniform zwang auch die Bessergestellten zu einer textilen Bescheidenheit, die man als egalitäres Sozialverhalten und Abkehr von materieller Gesinnung zu preisen pflegte.

# XXIX

Und dann gab es mitten im Winter diese hellen Tage mit leuchtendem Himmel und flockigen Wattebauschwolken und am Fluss blühten gelb die Aromos und verströmten ihren herben, erregenden Duft. Lambert ging gegen Abend durch den Vorgarten. Das kleine, nierenförmige Wasserbecken war bis zum Rand gefüllt. Die Büsche drückten sich gegen den Gitterzaun und verwehrten bestimmungsgemäß den Vorübergehenden die Sicht aufs Haus. Lambert trat auf die Straße und schlug den Weg ein zum Fluss hinunter. An der Ecke der Straße, der Tankstelle gegenüber, lag das Geschäft des deutschen Metzgers. Lambert sah den Metzger mit seinen Gesellen im Laden hantieren. Der Metzger erkannte ihn durchs Schaufenster und winkte ihm zu. Lambert überquerte die verkehrsbelebte Picarte, die vom Zentrum in die äußeren Bezirke führte und in die nach Norden, beziehungsweise nach Süden führende Panamericana einmündete. Die Straße Anfión Muñoz, in der sein Haus lag, lief auf der anderen Seite der Picarte zum Busbahnhof hinunter und zum Fluss. Bevor man zum Busbahnhof kam, bog links die Avenida Alemana ab und verlief parallel zur Picarte dem Zentrum zu. Diese Avenida war gesäumt von prächtigen, alten Holzhäusern, die von deutschstämmigen Familien bewohnt waren und daher den Namen »Alemana« zu Recht führte.

Lambert ging für einen Moment in den Busbahnhof hinein. Er ging an den Fahrkartenschaltern der verschiedenen Busunternehmen vorbei, an deren Glasscheiben günstige

Angebote nach Norden und Süden lockten. Er sah die Busse draußen auf den Bahnsteigen stehen und die einsteigenden Leute und die Fahrer, die das Gepäck im Kofferraum verstauten. Er trat an die kleine Kaffeebar und bestellte sich einen Espresso. Wie lange war es jetzt her, dass er hier angekommen war! An einem schönen Spätsommerabend hatte er hier seine sechs Koffer ausgeladen und in ein Taxi verfrachtet. Das Taxi hatte ihn zum Hotel Schuster gebracht, wo ihn eine verblichene Jungfer in ein schimmelndes Gemach geleitet hatte, in dem tausend Traurigkeiten in den Winkeln kauerten und ein zerschlissenes Sofa von den Schätzen zeugte, die Rost und Motten verzehren. Und jetzt ging er durch die Stadt und hatte schon Erinnerungen. Es ging ihm schon beinahe wie in St. Vahlen, wo er keinen Schritt tun konnte, ohne auf Erinnerungen zu stoßen. Wenn er über den Schlossplatz ging, sah er in der Erinnerung dort, wo jetzt ein Schuhgeschäft stand, das Café Espert, in dem seine Eltern dem Kind ein Fläschchen mit bunten, süßen Perlchen, sogenannten Liebesperlchen, zu kaufen pflegten, wenn sie auf dem gemeinsamen Sonntagsspaziergang, der unweigerlich zum Friedhof führte, da vorbeikamen. Von jedem Punkt der Stadt war der Turm der spätgotischen Kirche zu sehen. Der Heilige, dessen Namen sie trug, mischte sich in jede Erinnerung ein. Lambert erinnerte sich, wie ihm, als er an einem frühen Herbstmorgen die Messe diente, die Kastanien, die er auf dem Gang zur Kirche gesammelt hatte, aus den Hosentaschen gefallen und über die Altarstufen hinab zu den Gläubigen, die ungläubig guckten, gekullert waren. Vielleicht war er auch deswegen aus St. Vahlen weggegangen, um diesen Erinnerungen, die überall aufstiegen, zu entkommen. Es war wohl notwendig gewesen, aus dieser vergangenheitsverhangenen Wohlbeschaffenheit auszubrechen. Er wollte in ein Leben und ein Land und eine Stadt kommen, die für ihn funkelnagelneu waren und nur das waren, was sie in diesem Augenblick waren. Man geht durch eine Straße und diese Straße ist nur diese Straße, alles ist neu und bringt einem neue Eindrücke und macht einen neu, als wäre ein ewiger Mai angebrochen. Aber das stimmt ja so nicht. Es zeigt sich, dass der Glanz des augenblicklichen Seins leer ist, dass die bloße Präsenz der Dinge Kälte ausstrahlt. Das, was ist, muss mit Leben erfüllt werden. Das Leben geht vorbei und an seine Stelle treten die Erinnerungen, die das Leben wieder beleben. Leben ist nicht nur momentan, es muss durch Erinnerungen belebt werden.

Man musste auch hier Straßen und Plätze durch Erinnerungen gangbar und wohnlich und vertraut und menschlich machen. Indessen, wenn hier auch so langsam wohltuende Gewohnheit aufkam, so fehlte dieser aus tiefer Vergangenheit dringende Strahl, der die Dinge wärmte. Es fehlten die Erinnerungen an Menschen, die man liebte. Diese Stadt hier hatte eine Vergangenheit, die mit seiner Vergangenheit in keiner Beziehung stand. Hier hatten Menschen gelebt, die ihn nichts angingen. Gewiss, es gab jetzt eine Reihe von Menschen, die freundlich zu ihm waren und für die er Sympathie empfand. Aber wenn sie sich erinnerten, kam Lambert in ihrer Vergangenheit nicht vor, und er wusste, dass auch ihre Zukunft nichts mit ihm zu tun haben werde, genau so wenig wie seine Zukunft mit ihnen. Die Zeit jetzt, wo er hier war, würde mit allen möglichen Ereignissen in ihre Erinnerungen eingehen, aber er würde keine große Rolle dabei spielen. Die deutschen Lehrer kamen und gingen. Auch er würde sich an sie als an Menschen erinnern, mit denen er eine Zeitlang in einer fernen Stadt zusammengelebt hatte, aber sie würden in der Erinnerung immer fremder werden und wie Romanfiguren ihn am Eingang zur Turnhalle mit einem Kopfnicken grüßen oder über die knarrenden Dielen des Lehrerzimmers an ihm vorbeigehen oder neben ihm im Saal des Hotels Villa del Rio sitzen, ohne das Wort an ihn zu richten. Aber so ist das Leben. Man sammelt Erinnerungen, indem man lebt. Welchen Stellenwert sie haben, weiß man noch gar nicht. Man denkt ja auch meist nicht an die Erinnerungen, die man haben wird, wenn man eines Tages weg geht. Man ist ja hierher gekommen, um von den alten Erinnerungen wegzukommen. Ja, die Erinnerungen können auch das Leben behindern, das gibt es ja auch.

Es ist notwendig, dachte er, dass man zu neuen Ufern aufbricht. Man darf nicht dort bleiben, wo es einem nur gut geht. Man darf nicht dort verweilen, wo man nur gute Erinnerungen hat. Man darf nicht dort bleiben, wo die Erinnerungen dominieren.

Man darf sich nicht dort zur Ruhe setzen, wo man alles hat. Es muss doch mehr als »alles« geben. Und was das ist, das will man erfahren.

Lambert nickte sich und seinen etwas wirren Gedanken bestätigend zu, trank seinen Kaffee aus und verließ den Busbahnhof. Er wandte sich dem Zentrum und dem Sammeln neuer Erinnerungen zu.

# XXX

Ein paar Tage später fuhr Lambert mit dem Nachtzug in die Hauptstadt. Im Abteil bekam er einen Platz einer älteren Dame gegenüber zugewiesen. Offenbar machte er einen überzeugend deutschen Eindruck, denn sie redete ihn gleich deutsch an.

Es ist kalt hier, sagte sie, wahrscheinlich funkt die Heizung wieder nicht. Sie zog den Mantel fröstelnd enger um sich. Vielleicht fängt die Heizung erst richtig an, wenn der Zug fährt, meinte Lambert. Ich weiß nicht, sagte die ältere Dame. Als ich letzten Monat zu meiner Tochter gefahren bin, wurde es die ganze Nacht nicht warm. Ich war ganz erfroren, als ich in der Stadt ankam. Verfroren, sagte Lambert unwillkürlich. Sie lächelte. Sind Sie Reichsdeutscher?, fragte sie. Lambert bejahte und fügte gleich hinzu, in welcher Funktion er hier im Lande sei. Leider, sagte sein Gegenüber bedauernd, werde in den deutschen Familien immer weniger Deutsch gesprochen. Die Kinder würden die deutsche Sprache praktisch erst in der Schule lernen. Und in der Schule werde ja auch nicht alles in deutscher Sprache unterrichtet. Oder?

Nein, sagte Lambert, fast nur im eigentlichen Deutschunterricht wird Deutsch gesprochen. Zu meiner Zeit, sagte die Dame, wurde an der Deutschen Schule nur Deutsch gesprochen. Wir wurden bestraft, wenn wir auf dem Schulhof Spanisch miteinander sprachen. Und deutsche Gedichte haben wir auswendig gelernt, oh, schwärmte sie. Bei einem Wirte wundermild, da war ich jüngst zu Gaste, ein goldener Apfel war sein Schild an einem langen Aste. Ach, ich könnte Ihnen eine ganze Reihe von Gedichten aufsagen. Das lernen die Kinder heute alles nicht mehr. Wir lernen keine deutschen Gedichte mehr, sagen meine Enkel. Das ist doch schade!

Lambert bestätigte ihr, dass es schade sei, obwohl er es um den goldenen Apfel nicht so unbedingt schade fand.

Der Speisewagenkellner ging durch und bot Kärtchen an, die einen berechtigten, am ersten oder zweiten Turno des Abendessens teilzunehmen. Lamberts Reisegefährtin lehnte ab. Im Zug könne sie nichts essen, das liege ihr dann so schwer im Magen für die Nacht. Sie stellte sich vor. Kunstmann, sagte sie, und in ihrer Stimme klang der Stolz, einen Namen von gutem Klang zu tragen. Vielleicht kennen Sie meinen Sohn, sagte sie, er hat Kinder an der Deutschen Schule. Schüler dieses Namens habe er keine, sagte Lambert, er unterrichte nur in den höheren Klassen und ihre Enkelkinder seien sicher noch klein. Aber es gebe einen Herrn Kunstmann im Schulvorstand. Aber ja doch, sagte sie, das ist mein Sohn.

Jeder in Valverde kannte die Kunstmanns, die Mühlen und Sägewerke besaßen, deren Schiffe Getreide vom Hafen Corral flussaufwärts brachten und schwer beladen mit Holz zum Meereshafen zurückfuhren.

Der Kellner ging durch, er schlug einen Gong und rief: Primer turno! Lambert entschuldigte sich und erhob sich, um zum Speisewagen zu gehen. Der Mann, an dessen Tisch er sich niederließ, war unverkennbar ein deutschstämmiger Landwirt aus dem Süden. Über dem kräftigen, von Wind und Wein geröteten Gesicht war das kurze, blonde Haar ordentlich gescheitelt und gekämmt. Die blauen Augen unter den blondbuschigen Brauen blickten mit dem Selbstbewusstsein eines Mannes in die Welt, dessen deutsche Abstammung sich mit einem Grundbesitz von mindestens 2000

Hektar, auf denen 2000 deutschstämmige Kühe weiden, aufs angenehmste verbindet.

Sie hätten sich ein Entrecote bestellen sollen, sagte er zu Lambert, der sich mit dem Menü begnügte, das im Fahrpreis inbegriffen war. Das ist eine ganz alte Kuh, was man Ihnen da serviert hat, das Fleisch lässt sich ja kaum schneiden.

Sie kamen ins Gespräch. Er schätzte Lambert gleich richtig als deutschen Lehrer ein. Sieht man doch gleich, sagte er. Er selbst hatte seine Kinder natürlich auch an einer Deutschen Schule, noch weiter unten im Süden. Wie lange sind Sie schon im Land? Und wie gefällt's Ihnen hier? Lambert dachte an die ersten Wochen zurück, als man ihm diese Frage von allen Seiten gestellt hatte, bis es ihm zum Hals heraushing, die erwartete Begeisterung zu äußern. Der Winter sei nicht so leicht zu verkraften, sagte er. In Deutschland sind die Winter doch noch schlimmer, sagte der Landwirt. Mag sein, entgegnete Lambert, aber man hat bessere Möglichkeiten, sich zu schützen. Da sind doch alle Häuser und Zimmer geheizt.

Und hier, sagte der Landwirt, machen Sie ein großes Feuer im Kamin, wir haben doch genug Holz, da muss keiner frieren.

Wie ist denn so die wirtschaftliche Situation der Landwirte hier? fragte Lambert. Beschissen wäre geprahlt, antwortete der Mann aus dem Süden, lesen Sie keine Zeitung? Die Bauern sind total verschuldet. In den letzten Jahren haben die Banken ihnen günstige Kredite angeboten, auf Dollarbasis versteht sich, aber der Dollar war jahrelang fest, staatlich gestützt, neununddreißig Peso der Dollar, da konnte man das riskieren. Da haben sie Kredite aufgenommen und gebaut und Maschinen gekauft, oder sie sind mit ihrer Frau nach Europa geflogen. Ja, und jetzt ist der Dollar praktisch freigegeben, da können Sie sich denken, was die zurückzahlen müssen, da kommen viele mit den bloßen Zinszahlungen nicht mehr nach. Einer nach dem andern geht bankrott, und die Banken ziehen Häuser und Ländereien ein. Mein nächster Nachbar, sagte er, hat sich vor acht Tagen erhängt. Hinterlässt Frau und vier Kinder. Die können jetzt sehen, wo sie bleiben.

Er nahm einen großen Schluck Wein und nickte bedeutungsvoll zu Lambert hinüber. Die allgemeine Beschissenheit der Lage schien das persönliche Lebensgefühl des Landwirtes nicht allzu sehr zu beeinträchtigen. Lambert fühlte sich trotzdem zu einem Trost veranlasst. Die deutschen Bauern hätten auch Probleme, sagte er, obwohl er in der Tat nicht viel darüber wusste.

Die deutschen Bauern! lachte der andere. Die wissen gar nicht, wie gut es ihnen geht. Wenn da einer Milch produziert, dann weiß er genau, die und die Menge wird mir abgenommen, und zwar zu dem und dem Preis. Die haben überhaupt kein Risiko, die werden hinten und vorne vom Staat bezuschusst.

Bekommen Sie keine Hilfe vom Staat?, fragte Lambert. Vom Staat etwas bekommen?, rief der andere und schüttelte mit einem Lachen über den Glauben an so etwas Unmögliches den Kopf. Wir können froh sein, wenn der Staat uns nichts wegnimmt, wenn er uns nicht Hunderte und Tausende von Hektar enteignet, wie das in der UP-Zeit und auch schon vorher passiert ist. Das gibt's wenigstens heute bei den Militärs nicht.

Der Landwirt bestellte noch eine Flasche Rotwein und goss auch Lambert das Glas voll. Mit Erlaubnis!, sagte er dabei. Er schenkte sich ein und erhob sein Glas: Salud! Lambert lächelte und prostete ihm ebenfalls zu: Salud!

Der Landwirt begann von der UP-Zeit zu erzählen. Eine Zeitlang hätten sie jede Nacht auf dem Posten sein müssen, damit die Kommunisten nicht den Hof besetzten.

Eines Nachts sei tatsächlich eine Gruppe zu seinem Hof gekommen. Aber er war gewarnt worden. Freunde und Nachbarn waren bei ihm, alle bewaffnet. Waffen hatten wir genug, sagte er. Als sie sahen, dass wir Gewehre hatten und entschlossen waren, davon Gebrauch zu machen, zogen sie wieder ab. Wir kommen wieder, riefen sie. Die kamen nicht mehr. Ich hätte auch den Ersten über den Haufen geschossen, sagte er, der mir meinen Hof hätte wegnehmen wollen.

Als Lambert wieder in den Schlafwagen zurückkam, war die alte Dame schon zu Bett gegangen. Der Schaffner hatte die Betten für die Nacht vorbereitet. Ein schwaches Deckenlicht gab dem Mittelgang, zu dessen beiden Seiten die Schlafstätten übereinander wie in dunkle Mauern eingelassene Särge hinter schwärzlichen Vorhängen lagen, die geheimnisvolle Dämmerung einer tiefen Höhle, unter der die Eingeweide der Erde röhrten und stöhnten. Er stellte die Schuhe unter das untere Bett und stieg auf einer kleinen Leiter zum oberen hinauf. Er schaltete die Leseleuchte an und zog den Vorhang vor. Halb liegend, halb sitzend zog er sich aus. Die Hose hängte er auf einen am Fußende angebrachten Bügel, Hemd und Pullover behielt er unter dem Schlafanzug an.

O endloser Nachtzug, so oft vom Süden zum Norden, zwischen durchnässten Ponchos, Getreide, Stiefeln starr von Morast, in der dritten Klasse, las er. So sollte ich reisen, dachte er, in der dritten Klasse, wo das Leben reist. Wo die Leute reisen, die im Leben stehen. Wo die Leute reisen, die das Land sind. Ich reise mit den Leuten, die das Land besitzen. Der Dichter hatte gewusst, wovon er redet.

Das Rattern der Räder setzte sich in den Schlaf hinein fort. Vom Fenster her, das er mit dem Vorhang vergeblich abzudichten versucht hatte, strich ein leichter Zugwind. Der Nachtzug bestand aus Reichsbahnwagen, irgendwann, vor vielen Jahren, mussten sie die aus Deutschland bekommen haben. Lambert lag in dem breiten Reichsbahnwagenbett und erlebte in einem Zustand, in dem sich Schlaf und Wachen, Traum und Denken, Müdigkeit und Weinberauschtheit mischten, das Dahingetragenwerden durch die Nacht.

Einmal in der Nacht stand der Zug lange auf einer Station. Rufe, hallende Stimmen in der Nacht, San Rosendo, eine Station, »wo alle Lokomotiven sich zu versammeln schienen, die des Ostens und die des Westens, die vom Bio Bio herkamen und die vom verwahrlosten Hafen von Talcahuano«.

Ein nebliger Morgen dämmerte herauf. Als Lambert nach dem Frühstück, das er im Speisewagen eingenommen hatte, ohne auf den abendlichen Gefährten zu treffen, zurückkam, waren die Bettnischen der Nacht in Sitzplätze zurückverwandelt. Die alte Dame saß wieder auf ihrem Platz und war gesprächig und erging sich in detaillierten Schilderungen der Taten und Lebensverhältnisse der deutschen Einwanderer und ihrer zahl- und erfolgreichen Nachkommenschaft.

Es ist einem nichts geschenkt worden, schloss sie ihre Erinnerungen ab.

Der Zug kam einigermaßen pünktlich in der Hauptstadt an. Lambert durchmaß die Bahnhofshalle, deren Architektur ihn an die des Bahnhofs Saint Lazare in Paris erinnerte. Er bahnte sich einen Weg durch den Knäuel der Taxifahrer, die ihre Wagen anpriesen, und stieg in den U-Bahn-Schacht hinab. Die U-Bahn brachte ihn zu der Straße, wo sich in einem Nebengebäude der deutschen Schule das Sekretariat des Lehrerverbandes befand. Den Morgen verbrachte er mit der Erledigung der Formalitäten, die vor der Abholung des Wagens, der mit einem Schifftransport aus Deutschland gekommen war, getätigt werden mussten. Die Sekretärin des Lehrerverbandes, dem die vermittelten Lehrer angehörten, hatte alles vorbereitet. Das klappt bei uns alles, sagte sie mit dem selbstbewussten Lächeln des durch deutsche Genealogie und Tatkraft überlegenen Landeskindes.

Er fuhr mit einem Bus zum Hafen, wo das Auto stand. Es war kein Problem, das Auto aus dem Zoll zu holen, die Papiere waren in Ordnung. Und es war schön, im eigenen Auto durchs Land zu fahren, als beginne die Freiheit, das Abenteuer. Er bog bald in einen Parkplatz am Rande der Straße ein. Der Wagen war ein für Campingzwecke ausgerüsteter VW-Bus, wie alle deutschen Lehrer sie hier hatten. Lambert sah sich die Einrichtung an: Gasherd, Kühlschrank, Stauschränke, er klappte das Doppelbett auf und das Faltdach hoch, wo sich zwei weitere Schlafplätze befanden. Er drehte den Fahrersitz dem Innenraum zu, zog den kleinen eingebauten Tisch hervor und entkorkte eine Flasche Wein, die er zur Feier des Tages erstanden hatte. Er schenkte sich einen Plastikbecher voll Wein aus, hob ihn lächelnd hoch und trank sich zu: Buen viaje, amigo! Gute Fahrt, mein Freund!

Die Fahrt konnte beginnen. »Wir wollen zu Land ausfahren«, das alte Wandervogellied aus der Jugendzeit würde wieder Wirklichkeit werden, dachte er und startete. Anders natürlich als damals. Damals waren sie gewandert. Jetzt würden sie durch das weite, weite Land fahren. Sie würden am Meer und an den Seen stehen, einsam, weit weg von Städten und Dörfern. Sie wären auf niemanden angewiesen. Wie wenn ein Reiter sein Pferd sattelt, die Satteltaschen voller Vorräte, und ins Land hinausreitet. Am Abend würden sie in einer einsamen Landschaft einen schönen Stellplatz unter alten Bäumen finden, von wo aus man auf einen großen, klaren See blicken könnte, dessen unbewegte Wasserfläche die Berge und Wälder rings spiegelte. Sie würden am Lago »Espejo« stehen. Den kannte er von Bildern, die zum Träumen einluden. Und während die Kinder am See die Angel auswerfen, schneidet Karin Tomaten und Zwiebeln, und Lambert sieht ihr zu, wie sie das Abendessen auf dem kleinen Gasherd des Wagens vorbereitet. Er nimmt ein Dosenbier aus dem Kühlschrank, auf dem Metall bilden sich kleine Wassertropfen, er reißt den Verschluss auf und hört das liebliche Zischen. Er trinkt das kalte, herbe Bier in kleinen Schlucken aus der Dose, während die Sonne hinter die Berge sinkt und die Dämmerung fällt. Die Kinder kommen stolz mit zwei, drei kleinen Fischen zurück, und Karin brät zuerst die Fische, das ist die Vorspeise, und dann gibt es große, saftige Steaks, zu denen sie den trockenen, samtigen Rotwein des Landes trinken. In der Nacht sehen sie vom Bett aus den Mond über dem See stehen, und wenn man raus muss, sieht man das mondsilberne Wasser des Sees und die schwarzblauen Wälder, und es ist so still wie nie im Leben. So würde es sein, träumte er vor sich hin, während er durch die Vororte und das flache, weite Land dem Flugplatz zu fuhr.

# XXXI

Spät am Abend kam Lambert am Flugplatz an. Das Flugzeug aus Deutschland sollte erst gegen Morgen landen. Er parkte den Wagen, klappte das Doppelbett auf und legte sich hin. Er hatte nur den Mantel, um sich zuzudecken. Gegen zwei Uhr in der Nacht wachte er von der Kälte auf. Er stand auf und ging in die erleuchtete Flughalle, um dort zu warten. Die Halle, von überschaubaren Dimensionen, war ziemlich leer, Cafeteria und Kioske waren geschlossen. Es war auch hier nicht besonders warm. In einem Teil der Halle, der durch einige Säulen abgegrenzt war, saß ein junger Mann mit langen Haaren, Schlapphut und schlampiger Kleidung. Er hatte sich mit seinem Rucksack an eine Säule gelehnt und schlief. Der Hut war halb übers Gesicht gerutscht oder gezogen. Lambert stieg zu einer kleinen Galerie hoch und setzte sich in die Nähe einer großen Fensterwand, von wo aus er auf den Platz vor dem Flughafengebäude sehen konnte. Eine Reihe von Taxis stand da, deren Fahrer alle zu schlafen schienen. Das Licht der Bogenlampen beleuchtete ein großes Plakat: »Unser Land schreitet vorwärts – in Ordnung und Frieden.«

Seit seiner Ankunft schritt das Land in Ordnung und Frieden vorwärts.

Er erinnerte sich an die abendliche Nachrichtensendung »Sechzig Minuten«, die er sich gelegentlich angesehen hatte. Im Hotel »Juan de Valverde« gab es ein kleines Fernsehzimmer, wo er die ersten Informationen darüber erhalten hatte, wie alles in Ordnung und Frieden vorwärts ging. Die Deutschstämmigen und die Clubfreude hatten dann bestätigt, dass alles vorwärts ging. Gut, sagten sie, es ist alles noch nicht so, wie es sein soll, aber es geht aufwärts. Also nicht nur vorwärts, sondern auch aufwärts. Im Mittelpunkt der Nachrichtensendung stand stets der General. Klassische Musik kündigte sein Erscheinen an, in Gestalt eines gütigen, als General verkleideten Weihnachtsmannes mit gestutztem Schnurrbart verbreitete er eitel Freude und Zuversicht um sich. Die Kamera fing lauter strahlende Gesichter ein. Die helikoptergestützte Omnipräsenz des Generals gab ihm die Möglichkeit, sich überall persönlich um das Wohl seiner Landsleute zu sorgen. Er schwebte vom Himmel und spendete Segen und Wohltaten. Er weihte im Norden des Landes Arbeitersiedlungen ein, er streichelte im Süden des Landes die Köpfe der Kinder der Armen, er eröffnete ein Krankenhaus und zerschnitt das Band, um eine neue Brücke freizugeben. Er erfüllte praktisch alle Pflichten eines Präsidenten. Da wäre es nur recht und billig, dass er auch nominell und verfassungsmäßig Präsident des Landes wäre, denn bisher war er nur der herrschende General. Ein General, der aber wie ein Präsident herrscht und handelt, sollte auch Präsident sein und heißen. Die dankbaren Einwohner sollten ihn zum Präsidenten wählen. Der General versprach, den dankbaren Einwohnern die Möglichkeit zu geben, ihn zum Präsidenten des Landes zu wählen. Es war einfach seine Pflicht, sich zum Präsidenten wählen zu lassen. Er verschmähte den Tropfen demokratischen Öls, den ein preußischer König seinerzeit zurückgewiesen hatte, überhaupt nicht. Nun, das waren andere Zeiten gewesen. Außerdem gab es gar keine Alternative zu ihm. Er oder das Chaos, das waren die beiden Möglichkeiten, zwischen denen die Bürger des Landes wählen konnten. Kaum hatte daher der General einen Kinderkopf gestreichelt oder den Weg in eine bessere Zukunft eröffnet, da sah man auch schon, während die Musik in dramatische Dissonanzen verfiel, Bilder aus den Zeiten unseligen Angedenkens, die noch gar nicht weit zurück lagen, damit sich jeder wieder ein Bild machen konnte: Straßen voll von randalierenden Demonstranten, Steine flogen in Schaufenster, Autos wurden umgestürzt und brannten, Scharen aufgebrachter Frauen zogen dahin, die mit Löffeln auf die Böden ihrer leeren Kochtöpfe schlugen, Schlangen bildeten sich vor den Geschäften, die nichts zu verkaufen hatten, Barrikaden wurden aufgebaut und wieder brannten Autos und Autoreifen und Rauch zog durch die Straßen – es war das Chaos.

Das Chaos hatte auch einen Namen, er lautete: Kommunismus. Und wer hatte diesen Kommunismus, der das Land ruinierte, ins Land gebracht? Die Politiker! Los señores politicos!, sprach der General anklagend und er zählte auf, was die Politiker alles getan hatten, um das Land an den Rand des Abgrunds zu bringen.

Lambert erinnerte sich an den Witz, den ihm der Kollege Talo im Lehrerzimmer leise erzählte, nachdem er sich durch einen Blick vergewissert hatte, dass der Chemielehrer, der mit einer Leutnantin des Heeres verlobt war, nicht in der Nähe stand. Talo hatte die krächzende Stimme des Generals nachgemacht: Wir standen am Rande des Abgrunds – aber jetzt haben wir einen Schritt nach vorn getan!

Lambert war müde, es war halb zwei Uhr nachts, und er würde noch bis fünf Uhr warten müssen. Zwei Polizisten betraten die Halle. Sie gingen geradewegs auf den Typ mit dem Schlapphut zu, der inzwischen, noch halb an den Rucksack gelehnt, in sich zusammengesunken war. Die Polizisten stellten sich vor ihm auf, einer stieß ihn mit dem Fuß an. Der Mann erwachte und schaute verwirrt auf. Lambert konnte nicht hören, was gesagt wurde. Der Mann rappelte sich mühsam hoch, zurrte seinen Rucksack zurecht und ging zwischen den Polizisten mit. Lambert sah sie den Vorplatz überqueren und im Dunkel verschwinden, wahscheinlich hatten sie irgendwo ein Auto stehen. Nach kurzer Zeit kamen die Polizisten allein zurück. Sie patrouillierten wachsamen Auges durch die Halle. Sie sahen zu der Galerie hoch, wo Lambert nahe der Fensterwand saß, und stiegen die Treppe hinauf. Sie kamen auf ihn zu, zwei kräftige Carabineros, deren wohlgenährte Körper die braunen Uniformen voll ausfüllten.

Guten Abend, sagte der anscheinend höhere Dienstgrad, was tun Sie hier? Lambert erklärte, dass er auf seine Familie warte, die mit dem Flugzeug um halb fünf aus Deutschland komme. Es ist Sperrstunde, sagte der Polizist. Ja, aber ich muss doch meine Familie abholen, sagte Lambert. Geben Sie mir Ihren Ausweis!, befahl der Polizist. Er blätterte darin herum. Lambert hatte als vermittelter deutscher Lehrer einen Diplomatenpass mit dem Stempel des hiesigen Außenministeriums. Er erwartete, dass der Polizist ihm den Pass mit einem Wort der Entschuldigung oder zumindest des Einverständnisses zurückgeben würde. Der Stempel des Außenministeriums schien den Polizisten nicht zu beeindrucken. Er steckte den Pass ein. Sie können Ihren Pass morgen früh wieder abholen, sagte er. Wo denn? fragte Lambert verblüfft. Drüben im Büro, sagte der Polizist und wies mit knapper Kopfbewegung in eine Richtung der Flughafenhalle.

Lambert war erschrocken. Er fühlte sich fast körperlich angegriffen. Die normalen Spielregeln waren außer Kraft gesetzt. Ein gültiger Pass, der Diplomatenstatus, auf den er stolz gewesen war, galt nichts. Der Stempel des Außenministeriums, der den hiesigen Behörden zuvorkommende Behandlung der deutschen Experten empfahl, zeigte keine Wirkung. Vielleicht war es schon zuvorkommend, dass sie nur den Pass und nicht ihn mitgenommen hatten. Zum ersten Mal erlebte Lambert selbst, wer hier das Sagen hatte und was es bedeutete, wenn die Polizei die absolute Macht besaß. Er sagte sich, dass es letztlich nicht schlimm sei, dass er den Pass am Morgen bestimmt zurückbekommen werde, aber das Gefühl, rechtlos zu sein, überwog. So war es also, wenn man keine Rechte hatte. Er sah durch einen passbreiten Spalt in eine Welt hinein, in der die Polizisten herrschen. In eine nächtliche Sperrstundenwelt, wo andere Gesetze gelten oder gar keine. Jedenfalls keine, auf die man pochen konnte. Eine Welt, in der man klein und hässlich ist. Es war eine eigene Sache, keinen Pass mehr zu haben. Die Legalität der Existenz war infrage gestellt. Die Würde des Menschen war angetastet. Man war fast kriminell. Dazu kam ja noch die Ermüdung und das Gefühl, ungewaschen und ungepflegt zu sein. Unrasiert und fern der Heimat, wie man so sagt. Und das ist dann als sprichwörtliche Wendung schon wieder fast tröstlich und lässt ein Lächeln zu.

Unten in der Halle rasselten Eimer, ein Reinigungskommando begann seine Arbeit. Es war inzwischen halb vier geworden. Um vier machte die Cafeteria auf, die Halle fing an sich zu beleben. Wahrscheinlich war die Sperrstunde vorbei. Taxis und Autos aus der Stadt fuhren vor. Leute traten in die Halle, um ihre Freunde oder Familienangehörige abzuholen, die mit der Lufthansamaschine um halb fünf ankommen würden. Auf einmal kam einer der Carabineros von eben die Treppe herauf. Er trat auf Lambert zu. Er hielt ihm den Pass hin. Hier Ihr Pass!, sagte er. Er drehte sich um und ging die Treppe hinunter.

Lambert hatte wieder einen anerkannten Platz in der bürgerlichen Gesellschaft.

Das Flugzeug landete mit fünfzehnminütiger Verspätung. Lambert gesellte sich zu der Menge, die vor der Zollabfertigung auf die Angekommenen wartete. Seine Frau und seine beiden Söhne tauchten an der Sperre auf. Er winkte ihnen zu, er ging ihnen lächelnd entgegen, sie umarmten sich alle ganz fest und küssten einander. Immer wieder. Es war ein Moment absoluten Glücks.

Endlich sind wir wieder zusammen, sagte Lambert.

Gott sei Dank, sagte Karin, es war auch Zeit.

Sie traten in den Morgen hinaus. Die Sonne war noch nicht aufgegangen. Die Luft war rosig und kühl. Lambert dachte an dunkle Rosenblätter, die er als Kind in Wasser gelegt hatte. Die Tochter war in Deutschland geblieben. Sie wollte kurz vor dem Abitur nicht wechseln. Sie fehlte jetzt. Das Glück ist nie vollkommen. Jedes Glück hat einen kleinen Stich, pflegte Tucholsky zu sagen. Aber ein Glücksgefühl hatte er auf jeden Fall, als sie jetzt gemeinsam dem Parkplatz zugingen, mit Koffern und Taschen beladen. Das ist unser Auto, sagte er. Der Wagen stand da, braun glänzend im frühen Licht. Ein frischer Wind strich über den Platz. Aufbruchsstimmung. Zu neuen Ufern lockt ein neuer Tag, sagte er. Es gibt für alles einen Spruch, der einem auf die Sprünge hilft. Sie luden das Gepäck ins Auto und stiegen ein.

Sie fanden einigermaßen gut aus der Stadt heraus und fuhren auf der Panamericana nach Süden. Die Sonne ging auf, der Himmel verlor die Farbe dunklen, nächtlichen Blaus und wurde hell und strahlend. Zur Linken, in der Ferne, zog sich die schneebedeckte Kordillere hin. Sie fuhren in den Tag hinein, sie fuhren in das Land hinein, sie fuhren in ein neues Leben hinein. Unterwegs bewältigten sie die Vergangenheit. Sie erzählten einander, was alles geschehen war, wie es in Deutschland abgelaufen war und was sich hier zugetragen hatte. Es war nicht leicht gewesen, aber jetzt waren sie fertig damit. Sie hatten es hinter sich, sie konnten jetzt darüber reden und die Worte finden, die dem, was hinter ihnen lag, den Sinn verliehen, der ihm im Ganzen des Lebens zukam.

Im Gespräch mit den Menschen, die man liebte, verloren die Dinge und Begebenheiten ihren abweisenden Charakter, ihre feindliche Aura und wurden zu etwas, was man geradezu für sinnvoll halten konnte, weil sie zum Leben gehörten, das man gelebt hatte. Die Widrigkeiten waren Teil des eigenen Lebens geworden. Es war fast lustvoll, von all den Hindernissen zu berichten, die aufgetaucht waren. Jetzt, wo man sie überwunden hatte, war es ein gutes Gefühl, davon zu erzählen.

Das war bei ihm so und das war bei seiner Frau und den Kindern so.

Lambert erinnerte sich, wie er an einem Abend mit der Leere im Zimmer und in sich fertig zu werden versuchte, indem er sich sagte, eines Tages werde er sich dieses Abends mit dem stolzen Gefühl erinnern, damit fertig geworden zu sein. Er würde davon erzählen und sagen: Ja, das war alles gar nicht so leicht! Vergil war ihm wieder dabei eingefallen. Vergil passte genau. Er hatte sich an die Textstelle erinnert, die er mit seinen Oberprimanern gelesen hatte. Es waren die Verse, wo Aeneas seinen Gefährten Mut zuspricht, die von all dem Unglück, das ihnen auf ihrer Fahrt durch die Meere passiert, zermürbt sind. Vielleicht, sagt Aeneas zu ihnen, wird es uns eines Tages freuen, uns all dessen zu erinnern.

Forsan et haec olim meminisse iuvabit.

Da hat er wohl recht gehabt, dachte Lambert jetzt. Schmerzen und Schwierigkeiten wollen nicht nur ertragen, sondern auch erinnert werden. Vielleicht ist das die Rechtfertigung alles Üblen, was einem passiert, dass es in der Erinnerung lustvoll aufersteht. Pein lebt in der Erzählung weiter, aber es ist überwundene Pein und kann genossen werden. Ein Glücksgefühl, wenn man sich sagt: Das hab ich geschafft!

Sie hatten die Stadt und ihre Randgebiete hinter sich gelassen und fuhren auf der Panamericana durch die fruchtbare Landschaft der Zona central. Gott, dachte Lambert aufs Geratewohl weiter, schickt die Leiden vielleicht nicht nur, um die Gerechten zu prüfen, sondern um die Erzähler zu bewegen. Gott schickt die Leiden, um Erzählungen in Gang zu setzen und damit den Sinn des Lebens oder einen der Sinne des Lebens zu erkennen zu geben. Gott ist vielleicht ein großer Erzähler. Ist das jetzt eine Theodizee?, dachte er. Ist der Verweis auf das in der Erzählung überwundene Leid eine Theodizee? Er musste lächeln. Es muss bei mir immer grundsätzlich zugehen, dachte er. Aber was ist das Wahre?, dachte er weiter. Das, was man erlebt hat, oder das, was man erzählt? Denn das sind doch wohl verschiedene Dinge. Erzählter Schmerz ist süßer Schmerz, erzähltes Leid ist halbes Leid, durch den glücklichen Ausgang der Erzählung geteilte Freude ist doppelte Freude.

Karin, die neben ihm auf dem Beifahrersitz saß, lehnte ihren Kopf an seine Schulter. Ich bin so froh, dass wir wieder zusammen sind, sagte sie. Er löste kurz den Blick von der Straße und lächelte sie an. Und ich erst!, sagte er.

Sie fuhren den ganzen Tag, zur Linken, in der Ferne, begleiteten sie die weißen, in der Sonne schimmernden Gipfel der Anden. Immer wieder fiel ihnen etwas ein, was sie nach der langen Zeit der Trennung erzählen mussten. Am Nachmittag zogen Wolken auf, die die weißen Berge in der Ferne verhängten. Die Panamericana wurde schlechter, es gab große Schlaglöcher, wenn die Betonplatten des Straßenbelags eingebrochen waren. Man musste sehr gut aufpassen und sie umfahren, gelegentlich war es ratsam, ganz auf der linken Seite zu fahren, bis ein in der Ferne auftauchendes Auto auf die rechte Seite zurückzwang.

Gegen Abend kamen sie in einen kleinen Ort mit Namen Victoria. Ein guter Name für ein Etappenziel, sagte Lambert. Sie hielten vor einem kleinen Hotel im Zentrum, das den anspruchsvollen Namen »Hotel Royal« trug. Die Plaza war verlassen, es begann zu regnen. Ja, es seien Zimmer frei, nickte der Mann an der Rezeption.

Dann saßen sie im Speisesaal, einem hohen Raum, dessen Decke auf vierkantigen Holzsäulen ruhte. Die Dielen knarrten, wenn das Mädchen Speisen und Getränke brachte. Sie saßen nahe am Kamin, in dem ein großes Holzfeuer brannte. Das Mädchen hatte ihnen Truthahn empfohlen, eine Spezialität der Region, muy rico. Dazu tranken sie den dunklen, samtigen Rotwein, den das Land hervorbrachte. Darauf, dass wir wieder zusammen sind!, sagte Lambert und hob sein Glas. Sie tranken einander zu. Schade, dass Kerstin nicht dabei ist, sagte Karin. Lambert nickte. Auf Kerstin!, sagte er und erhob erneut sein Glas.

Nach der langen Reise waren sie alle müde. Sie gingen durch einen langen, düsteren Holzflur, eine stöhnende Treppe hinauf und traten in Zimmer, die feucht und ungelüftet rochen. Aber das war jetzt egal. Schlaft schön!, sagte er zu den Jungen, die in ihre Betten sanken. Ihr Zimmer lag neben dem ihren.

Ein roter Vorhang aus zerschlissenem Samt verhängte die Bettnische. Wenn man ihn zurückzog, rieselte Staub. Verblasste künstliche Blumen standen in einer Vase auf einem kleinen, runden Tisch in der Mitte des Zimmers. Jemand, der gewiss schon lange tot war, hatte die Holzwände wohl weiß gestrichen, wie man vermuten konnte. Jetzt kam überall das bräunliche Holz durch. Eine schwache Lampe tauchte das Zimmer in das kärgliche Licht eines verblichenen Märchens.

Lambert hielt endlich wieder seine Frau im Arm. Ihm war so wohl, dass er eine Handvoll Knackmandeln aus der Tasche hätte ziehen mögen.

Es hatte nun doch in einem Sieg geendet, vorläufig jedenfalls. Aber das ist ja auch etwas. Außerdem sind fast alle Siege vorläufig. Und jetzt waren sie hier in Victoria und das war eine Tatsache.

# XXXII

Am Nachmittag des nächsten Tages fuhren sie in Valverde ein. Der Himmel war grau, es begann zu regnen. Sie fuhren durch die von niedrigen Hütten gesäumten Straßen von Las Animas und über die Brücke, die die Stadt mit dem Norden verband. Der Fluss lag bleiern und träge da. Tiefhängende Wolken mit schweren, dunklen Bäuchen verhüllten die Ferne. Es ist nicht immer so, sagte Lambert, wenn die Sonne scheint, ist der Fluss wunderschön. Er war jetzt der Einheimische, der vor den Neuankömmlingen für das Land und seine Reize eintrat.

Sie bogen in die breite Avenida Picarte ein, die ins Zentrum der Stadt führte. Eine lange Reihe dicker, kurzstämmiger Palmen trennte die beiden doppelspurigen Fahrbahnen. Die Häuser wurden ansehnlicher, Karin bewunderte ein großes, gepflegtes Holzhaus, das mit seinen Türmchen und Veranden einem deutschen Villenvorort Ehre gemacht hätte. Dann bogen sie in die kleine Straße ein, wo ihr Haus lag, das mit seinen weißgestrichenen Holzwänden, die auf festem Steinsockel ruhten, ihnen freundlich entgegenleuchtete. Sie parkten den Wagen im Hof und traten durch die Küche ins Haus. Mirta kam ihnen in weißer Schürze entgegen und begrüßte sie. Lambert führte Karin und die Kinder durchs Haus und freute sich, dass es ihnen gefiel, obwohl die Zimmer noch im Wesentlichen leer standen. Die Möbel aus Deutschland waren noch nicht gekommen. Er hatte das Nötigste aus den Beständen der Schule geliehen, Bekannte hatten das ein oder andere dazu beigetragen. Karin stellte sich vor, wie sie alles einrichten würde. Das Haus hast du gut ausgesucht, lobte sie.

Lambert fuhr ins Zentrum, um ein paar Kaffeestückchen zu kaufen. Backwaren kaufte man am besten in der Konditorei Delicias. Als er wieder zurückkam, hatte das Mädchen Kaffee gekocht. Lambert stellte das Kuchenpaket auf den Tisch und machte das Papier ab. Hmmm, was für feine Sachen!, sagten die Kinder. Ja, wir leben hier auch nicht auf den Bäumen, sagte Lambert lächelnd den alten Valverde-Spruch wiederholend, den sie hier anbrachten, wenn ein Neuling Details des hiesigen Zivilisationsniveaus bestaunte.

Sein Blick auf Valverde veränderte sich. Alles kam ihm freundlicher vor. Lambert konnte mit Karin und den Kindern über das sprechen, was sich so zutrug, und damit auch Unannehmlichkeiten in eine freundlichere Sphäre heben. Nichts ist so schlimm, wie es sich zuträgt. Nichts ist so schlimm, als dass es nicht durch Worte zuträglicher gemacht werden könnte. Nichts ist so schlimm, als dass es nicht im gemeinsamen Gespräch an Unzuträglichkeit verlieren könnte. Man redet miteinander über die Zustände und verbessert sie so. Man redet miteinander über die Leute und sie werden zu freundlichen Mitbürgern.

Wenn er aus dem Club kam, saß Karin im mit geliehenem Mobiliar spärlich eingerichteten Wohnzimmer bei einer Handarbeit. Er schenkte sich ein Glas Wein ein, ließ sich am flackernden Kaminfeuer nieder und erzählte, wie einer der Clubfreunde beim Essen ein Loblied auf die neue Wirtschaftspolitik gesungen habe. Die Zeitungen, habe er ausgerufen, schreiben von einem wahren Wirtschaftswunder! Sicherlich, habe der Clubfreund gesagt, geschenkt wird uns nichts, das müssen die Leute einsehen. Man muss, habe ein Sägewerksbesitzer gefordert, vor allem die Löhne im Griff behalten. Die Zeiten sind hart, habe Resch sekundiert, aber es geht vorwärts. Der Oberst, der ihm gegenüber saß, habe beifällig genickt und die Faust mit emporgerecktem Daumen gehoben:

Vamos bien, mañana mejor!

Das war der Spruch, unter dem die Militärs die Wahl des Generals zum Präsidenten betrieben: Es geht uns gut und morgen noch besser! Natürlich nur mit den Militärs, natürlich nur mit dem General. Was verdient denn so ein Oberst?, fragte Karin. Die Milicos müssen ganz schön verdienen, sagte Lambert. Talo hat mir erzählt, dass ein kleiner Sargento entschieden mehr verdient als ein Lehrer.

Da kann man gut sagen, dass es »uns gut geht«, meinte Karin.

Der Haushalt konsolidierte sich. Die Dielen des Hauses wurden gewachst und sollten gebohnert werden. Das war natürlich Aufgabe des Mädchens. Aber man brauchte dazu einen Bohner. Den bekomme man in der Ferreteria, in der Eisenwarenhandlung, sagte das Mädchen.

In dem altertümlichen Kaufhaus an der Plaza, wo man alles kaufen konnte, was in Haus und Hof an Werkzeugen, Geräten, Materialien und Grundnahrungsmitteln wie Bohnen und Mehl vonnöten war, versuchte Lambert einen Bohner zu erstehen. Chanchos, »Schweine« hießen die Bohner im hiesigen Spanisch, vielleicht deshalb, weil sie sich über den Boden schoben wie die Schweine über die Wiese. »Schweine« hätten sie, sagte der Handlungsgehilfe, aber leider keine Stiele. Wann sie denn Stiele bekämen? Nun, die Señora fahre nächste Woche in die Hauptstadt, sagte der Gehilfe, dann bringe sie welche mit. Lambert kaufte keinen Bohner, er wollte warten, bis die Stiele da wären, damit der Stiel gleich eingepasst werden könne. Aber auch in der nächsten Woche waren noch keine Stiele da. Es dauerte wohl einige Zeit, bis die Señora sich entschlossen hatte, in die Hauptstadt zu fahren. Karin lieh inzwischen das »Schwein« des Kollegen

Volkert aus. Eines Tages waren wirklich Stiele da. Aber jetzt waren leider die Bohner alle. Niemand konnte sagen, wann sie wieder Bohner bekämen. Da müsste die Señora wohl erst wieder in die Hauptstadt fahren.

Beim Kauf einer Axt begannen sie zu lernen. Sie versäumten zunächst das Axtblatt zu kaufen, weil es keine Stiele gab. Stiele gebe es auf der Feria, auf dem Markt, sagten sie im Laden. Wir kaufen erst einen Stiel auf der Feria, sagte Lambert, dann können sie hier im Laden den Stiel in das Blatt einpassen. Auf der Feria fanden sie aber keine Stiele. Als sie das nächste Mal ins Geschäft kamen, gab es Stiele, aber keine Axtblätter mehr. Sie kauften schnell einen Stiel.

Lambert führte seine Söhne in ihre neue Klasse ein, in der er selbst unterrichtete. Er hieß die Schüler ihre Stühle in den Hintergrund des großen Klassenraumes tragen, wo keine Tische standen, und ließ sie einen Kreis bilden, eine Gesprächsrunde, sagte er. Die Einheimischen sollten die beiden Deutschen fragen und umgekehrt. Lambert saß dabei und half mit Vokabeln aus. Es kam wirklich eine Art Gespräch zustande. Welchen Sport treibt ihr? Was lernt ihr in Deutschland in der Schule? Habt ihr eine polola? Alle lachten. Seine beiden Söhne wussten natürlich nicht, was eine polola ist. Das Wort gab es im europäischen Spanisch, das die Kinder gelernt hatten, nicht. Eine polola ist eine Freundin, erklärte Lambert.

Draußen regnete es, und im Klassenzimmer war es feucht und kalt. Die Schüler saßen in Mänteln und Anoraks da. Aber das war das Normale. Manche Mädchen hatten sogar Handschuhe an.

Ansonsten bestimmte die Routine des Schulalltags die Woche. Lambert machte seine Unterrichtsvorbereitungen, hielt seinen Unterricht, ärgerte sich über die schlechten Fortschritte der Schüler im Deutschen und sagte sich, dass er mit dieser Tatsache leben müsse. Dafür waren die Schülerinnen und Schüler lieb. Wenn sie ihm im langen, düsteren Flur des Colegio entgegenkamen, riefen sie: Holá, Herr Lambert! und lächelten ihn an. Und wenn er heimkehrte, waren Karin und seine Söhne da, und man konnte über alles miteinander reden und Widrigkeiten entschärfen. Da veränderte sich die Sicht auf die Dinge.

Resch ging immer mehr im Dienst des Clubs auf. Er genoss die Verbindung mit der First Class der Stadt. Er lebte in einem ständigen Hochgefühl. Seine Bedeutung wuchs in seinen Augen im Umgang mit bedeutenden Leuten. Er konnte auf die so gewonnene Bedeutung nicht mehr verzichten. Er saugte an den Spitzen der Gesellschaft wie die Biene an den Honigblumen.

Der Inspector general nutzte die Abwesenheit Reschs, um die schulpolitischen Fäden wieder mehr in seine Hand zu bekommen. Er wusste, wie die Fäden laufen. Seine profunden Kenntnisse aller schulischen Fakten und Geheimnisse gaben ihm in den Augen der einheimischen Kollegen den Glanz einer unfehlbaren Autorität und erlaubten ihm, auf die Vorgänge im Colegio in seinem Sinne einzuwirken. Niemals hatte Lambert so konkret erfahren, dass Wissen Macht bedeutet. Anordnungen, die er als Vertreter des Schulleiters traf, wurden vom Inspector general, wenn er sie nicht billigte, meist stillschweigend annulliert. Wenn Lambert einmal nachfragte, warum seine Anordnung nicht ausgeführt worden sei, wurde ihm von Barrientos schlüssig dargelegt, warum die von Lambert getroffene Entscheidung nicht im Sinne der Schule gewesen sei und daher unmöglich habe ausgeführt werden können. Aber wenn der Anlass es erforderte, griff Barrientos auch gleich ein.

Die Mädchen einer Oberstufenklasse hatten Lambert gefragt, ob sie zu einem Konzert des Chors in der Schule in »bunter Wäsche« erscheinen dürften. Lambert hatte gelächelt und es allein schon deswegen erlaubt, weil ihm die

Vorstellung von Mädchen in bunter Wäsche gefiel. Er wusste natürlich, dass die Mädchen darum gebeten hatten, an einer Schulveranstaltung einmal ausnahmsweise nicht in Schuluniform, sondern in modischer Kleidung teilnehmen zu dürfen. Die Zusage Lamberts war kaum erteilt, da trat der Inspector general in Lamberts Dienstzimmer. Er habe leider hören müssen, sagte er mit kummervoller Miene, dass Lambert den Mädchen erlaubt habe, an einer Schulveranstaltung »in bunter Wäsche« teilzunehmen. Was daran schlimm sei, fragte Lambert und schmunzelte, weil auch Barrientos die Kenntnis der Wortbedeutung »Wäsche« offenbar abging. Die Schuldisziplin, erklärte der Inspector general mit der Unerbittlichkeit eines Hüters der Grundwerte, werde dadurch ganz empfindlich gestört. Wenn man damit anfange, kämen alle möglichen Klassen bei allen möglichen Gelegenheiten und wollten ohne Schuluniform kommen, und was das in der Tat schließlich in einer Lage bedeute, wo ohnehin bestimmte Kreise die Schuluniform abschaffen wollten, könne Lambert sich sicher denken.

Das Chaos!, sagte Lambert. Der Inspector general war verblüfft, wie schnell Lambert kapiert hatte. Sowieso!, sagte er, ein Wort, das er als starke Form der Bejahung zu verwenden pflegte.

Also gut, sagte Lambert, um des lieben Friedens willen und um die Schul- und Weltordnung nicht empfindlich zu stören, werde ich die Erlaubnis zurücknehmen.

Er habe es den Mädchen schon untersagt, sagte der Inspector general.

Jetzt war es an Lambert, verblüfft zu sein.

# XXXIII

Am Samstagabend saßen sie zusammen in dem kleineren Zimmer, das sich besser heizen ließ. Der Chiloeofen strahlte behagliche Wärme aus. Lambert sah durch die halbrunde Öffnung des Steinofens das Ulmenholz glühen und brennen und fühlte sich wohl. Er dachte an die Zeit zurück, als er allein im Haus gewohnt hatte. Was für triste Stunden hatte er in diesem Zimmer verbracht! Das war jetzt vorbei. Wie abhängig man ist!, dachte er, aber es macht nichts. Es ist eine gute Abhängigkeit. Zumindest die Abhängigkeit von Wärme und Liebe.

Es klingelte an der Gartentür. Wahrscheinlich Kinder, die Brot wollen, sagte er und ging hinunter. Was wollt ihr?, rief er von der Haustür aus durch den Garten.

Ich bin's, rief jemand an der Gartentür, Eduardo.

Oh!, rief Lambert. Ich komme.

Als Lambert die Gartentür öffnete, stand der stämmige, untersetzte Kollege Eduardo vor ihm und lächelte ihn unter seinem Schnurrbart an. Er hielt ein großes Tablett mit warmen, duftenden Fleischstücken in beiden Händen und ging schnurstracks an ihm vorbei ins Haus hinein. Eine Reihe von Autos fuhr hupend in die kleine Straße ein und aus allen stiegen Kollegen und Bekannte, die grüßend und küssend und Holá rufend und lachend und mit Schüsseln und Platten und Körben und Korbflaschen und Taschen beladen an ihm vorbei ins Haus strebten. In den großen, fast leeren unteren Räumen des Hauses bauten sie mehrere mitgebrachte Campingtische auf, auf denen sich in Windeseile Speisen und Getränke häuften, dass die Tische buchstäblich sich bogen. Platten und Teller und Gläser und Becher wurden auf den Regalen abgestellt, immer noch war ein Kommen und Gehen von draußen nach drinnen und wieder zurück und wieder nach drinnen, und jetzt trugen zwei Männer wie ein großes Tablett eine ausgehängte Tür herein, die sie auf zwei Pfähle gelegt hatten, einer trug vorne und der andere hatte die Traghölzer hinten ergriffen. Sie hatten Wollmützen mit einer Klitsche auf dem Kopf, wie sie die Bauern auf Chiloe tragen. Lauter Kuchen standen auf dem Tablett und sie trugen sie ins Haus hinein, ins Wohnzimmer, wo eine der Frauen das Ganze dirigierte. Karin und die Kinder waren inzwischen auch heruntergekommen und verfolgten das Geschehen mit ungläubiger Aufmerksamkeit und belustigtem Staunen. Einer der einheimischen Kollegen goss aus einer Korbflasche roten Wein in die mitgebrachten Becher und reichte sie lächelnd herum, und da fing auch schon die Musik an, denn da war ein Harfenspieler, der voll in die Saiten schlug, und Berta, die Musiklehrerin der Schule, hatte sich auf einem Campingstuhl daneben niedergelassen und jauchzte und stieß Schreie zur Musik aus. Mit ihrem runden Gesicht, den roten Backen und den lang herabhängenden Haaren sah sie wie die Braut auf einem niederländischen Ölgemälde aus – wie hieß der Maler noch? – nur, dass sie die Hände nicht faltete, sondern jetzt den Harfenisten auf der Gitarre begleitete und mit Jauchzen und Schreien anfeuerte, und jetzt fiel Lambert auch ein, woran ihn das alles hier erinnerte, es war, als sei auf dem Breughelbild, das er kannte, alles lebendig geworden und in einen anderen Kontinent versetzt, aber es waren dieselben Gesten und dieselbe Art des Feierns und des Fröhlichseins, denn das Menschliche ist überall gleich, dachte Lambert, nur die Erscheinungsformen variieren, und während er sich an das Bild erinnerte, das zu Hause über ihrem Küchentisch hing und unter dem sie ihre täglichen Mahlzeiten eingenommen hatten, erfasste ihn eine Welle der Freundschaft und Brüderlichkeit, ein Gefühl, das ihn in dieses Geschehen hineintrug, das einerseits den Charakter eines künstlerischen Arrangements hatte, als vollziehe sich eine Szene mit lebenden Personen nach ästhetischen Ordnungen und nach einem Vorbild, das schon den täglichen Mittagstisch überhöht hatte, und das einen andererseits als archetypische Form menschlichen Feierns, als konkreter Vollzug frohen Zusammenseins, als convivencia, in Bann schlug.

Und als jetzt noch Lautaro Hedi in die Mitte zog und Cueca-Rufe ausgestoßen wurden und die Musiker zu einem Tanz aufspielten, ähnlich dem, den auf einem anderen Bild desselben Malers die Bauern tanzten, sicher die Bauern tanzten plumper, obwohl der in die Seite gestemmte Arm auch hier zu den Gesten gehörte, die den Tanz begleiteten..., aber jetzt wirbelte der Caballero sein blendendweißes Taschentuch hoch überm Haupt und die Dame spreizte kokett den Rock, und Lambert erinnerte sich an das Bild in der Küche damals und sah den Tanz in diesem geräumigen Zimmer jetzt, und es war ein Gefühl gliederdurchrieselnder Freude, wie wenn man etwas aus einer guten alten Zeit wieder sieht oder etwas erlebt, was einem als Bild lang vertraut ist und gefällt und plötzlich ist es Wirklichkeit.

Vuelta!, rief Berta, und das tanzende Paar wechselte mit einer Drehung die Position, und der Mann rückte abermals der sich zierenden, aber ihn mit koketten Bewegungen herausfordernden Schönen näher.

Salud! von allen Seiten, Becher mit Rotwein wurden unter Lachen einander zugehoben und geleert. Amigas y amigos!, rief Lambert und gab seiner Freude und Überraschung lauthals Ausdruck und hieß alle herzlich willkommen in seinem Haus.

Bienvenidos en mi casa!

Das ist ein Malón, erklärte Eduardo. Malón? Was ist das?, fragte Karin.

Also ein Malón ist ein indianischer Überfall. Ein Wort aus der Sprache der Mapuche. Die Indianer waren ja sehr kriegerisch. Die Mapuche haben die Dörfer überfallen, um Sachen und Frauen zu rauben. Aber wir rauben nichts, wir bringen alles her, erklärte Eduardo lachend, Frauen, Essen, Wein, alles. Sie zogen Karin und die Kinder zu den Tischen und erklärten ihnen, die neu im Lande waren, was das alles für Sachen seien.

Wisst ihr, was das ist? Nein? Also, das sind empanadas! Muy ricas. Müsst ihr probieren.

Kennt ihr das? Nein? Das nennt sich albondigas, das sind kleine Fleischklößchen. Auch sehr gut. Und hier sind pejerreyes und locos und mejillones!

Sie mussten alles probieren und loben.

Der Harfner griff wieder in die Saiten und spielte das Lied von Valverde.

Es ist Abend, es dämmert und ich fahre von Corral nach Valverde den Fluss hinauf, sang er, und dann zeigt sich am nächtlichen Himmel Luna und sie steigt herab und badet sich im Fluss, sie badet sich nackt, die Mondin, nur mit Schaum bekleidet, und ich stehe im Bug des Schiffes und sehe, wie Luna im Fluss badet, und ich singe und die Nacht singt mit mir und ich singe mit meiner ganzen Seele.

Und alle fielen ein und sangen mit, dass die Luna sich im Fluss badet und dass der Fluss sich in einen silbernen Mondweg verwandelt und dass ihre ganze Seele singt.

Alle waren immer wieder ergriffen, wenn sie dieses Lied mit ihrer ganzen Seele sangen. Sie sangen und waren glücklich hier in dieser kleinen Stadt zu leben, wo die Luna des Nachts sich nackt im silbernen Wasser des Flusses badet.

Inzwischen hatte Horst Fronzek seine Stereoanlage aufgebaut, und jetzt begann das allgemeine Tanzen. Komm!

sagte Horst und nahm Karin bei der Hand, und sie tanzten zu der Weise des Chilote marino. Horst selbst verkörperte den Seewolf, den lobo aus Chiloe, wie aus dem Bilderbuch stellte er ihn dar, groß und kräftig, wie er war. Mit schwerfällig tappenden Schritten schob er seine Partnerin zu den Klängen des langsamen Walzers durch das kerzenerhellte Wohnzimmer. Und jetzt schlossen sich auch die anderen an. Wenn er an die Vergangenheit denkt, sangen sie, über die Dielen stampfend, hat er Lust zu weinen, der Chilote marino, sangen sie und wiegten sich in den Hüften, er denkt an sein Boot und an seine Mannschaft, wie sie damals aufs Meer hinausfuhren.

Und dann trat Lautaro in die Mitte und hielt eine Begrüßungsrede mit lauter schönen spanischen Worten und freundlichen Vokabeln, die alle so süß und zärtlich klangen. Wir möchten, dass ihr euch hier wohlfühlt, nicht als Fremde, sondern als amigos, und wir sagen euch con todo cariño, mit aller Liebe: Muy bienvenidos! Herzlich willkommen hier bei uns in Valverde!

Gracias, sagte Lambert, muchas gracias, sagte er gerührt und umarmte Lautaro, und sie klopften einander auf den Rücken, wie es sich gehört, und dann tranken sie alle einander zu, und Karin sagte auch ein paar Worte auf Spanisch und alle klatschten Beifall, und dann wurde weitergetanzt.

Später griff Jorge, der Dichter, zur Gitarre und sang das Lied von der copa rota, ein Lied, das von einem zerbrochenen Glas und einer zerbrochenen Liebe erzählte, ein poetisches und trauriges Lied, und Jorges Stimme schrillte auf, als das Glas zu Boden fiel und zerbrach.

Und auf einmal war das Haus wieder leer. Die Gäste hatten alles zusammengeräumt und hatten alles, was noch übrig war, und das schmutzige Geschirr und die Tische in die Autos gebracht und hatten die Zimmer gekehrt und hatten sich unter Rufen und Beteuerungen und Küssen und Umarmungen verabschiedet und waren, aus den Autos winkend, davongefahren, während die Luna hoch am Himmel stand, klar und rein, als habe sie gerade ein Bad im Fluss genommen.

Die Kinder waren schon zu Bett gegangen.

Es war so schön und herzlich!, sagte Karin, ganz ergriffen von dem, was sie erlebt hatte. Sie haben uns so herzlich willkommen geheißen. Jetzt sind wir richtig angekommen. Das gibt einem Vertrauen in die Zukunft.

Sie gingen eng umschlungen in ihr Zimmer hinauf.

Der nächste Tag war ein Sonntag, und es war einer jener schönen Wintertage, an denen ein kühler, feuchter Wind wie ein Putzlappen Himmel und Dächer blank reibt. Das Wasser des Flusses war leicht gewellt und von einer tiefblauen, strahlenden Farbe – ganz anders als das Blau der Spätsommertage damals, dachte Lambert. Sie fuhren an der Costanera vorbei, wo die Häuser der wohlhabenden Bürger liegen, durch die Straße General Lagos, und kamen in die Außenviertel, wo die Häuser klein und ärmlich sind. In einer der unasphaltierten Nebenstraßen spielten die Kinder vor den Hütten an Pfützen, die der Regen hinterlassen hatte, und formten kleine Lehmbrote, ganz wie sie in dem Lied besungen wurden, das Lambert auf der Peña damals gehört hatte.

Man musste den Fluss auf einer Fähre überqueren, eine Brücke gab es hier nicht. Sie fuhren auf den Transbordador, also auf die Fähre, und mussten etwas warten, bis genug Autos zusammen waren. Die Überfahrt dauerte nur ein paar Minuten, der Rio Cruces, ein Nebenfluss des großen Flusses von Valverde, war nicht sehr breit. Dann fuhren sie eine steinige Straße mit vielen Schlaglöchern, aus denen das Wasser nur so spritzte. Sie fuhren nun den großen Fluss entlang und kamen an die Stelle, wo die rostigen Überreste eines beim Erdbeben damals gesunkenen Schiffes aufragten.

Das ist beim Erdbeben damals irgendwie gekentert, erklärte Lambert Karin und den Kindern. Was für ein Erdbeben?, fragte Karin. Und Lambert erzählte also vom Erdbeben, wie man ihm bei seiner Ankunft vom Erdbeben erzählt hatte.

Die Straße führte über Hügel, an Partien sumpfigen Waldes vorbei, vorbei an Bauernhütten und Wiesen, Fischerhütten am Flussufer, Schilflandschaften mit Teichen. Sie fuhren in das kleine Dorf hinauf, das auf einer Bergkuppe hoch über der Mündung des Flusses in den pazifischen Ozean lag. Auf der Plaza des Dorfes spielten barfüßige und dürftig gekleidete Kinder eine Art Kreiselspiel. So ähnlich wie wir früher auf der Straße »Drilles« spielten, sagte Lambert zu Karin und den Kindern, das sieht man heute in Deutschland gar nicht mehr. Wir hatten eine kleine Peitsche, mit der man immer wieder auf den Kreisel einschlug, damit er sich auf der Straße weiterdrehte, und das musste man ganz geschickt machen, weil er sonst umfiel.

Alte Leute standen im Gespräch vor einer kleinen Holzkirche, die unweit der Plaza auf einer Wiese errichtet war. Eine junge Frau mit einem Säugling auf dem Arm brachte ihren Mann zum Bus. Er fuhr wohl in die Stadt zur Arbeit und würde die ganze Woche wegbleiben. Sie parkten neben dem alten spanischen Fort, dessen Bastionen noch erhalten waren. Geschütze mit langen, schwarzen Stahlrohren waren drohend auf die Flussmündung gerichtet, die man von hier oben gänzlich unter Kontrolle hatte. Und dann erstreckte sich endlos in die Ferne der Stille Ozean, gleißend im Sonnenlicht. In der Bucht unten brandeten die Wellen weiß schäumend an die Felsen, die dunkelgrün und glänzend aus dem Wasser ragten. Sie fuhren weiter, das Dorf zog sich auseinander, Hütten inmitten von Wiesen, wo Schweine grasten, auch ein, zwei magere Kühe. Sie gelangten, immer hoch überm Meer dahinfahrend, an einen Platz, von dem aus man zu einer kleinen Sandbucht hinabsteigen konnte. Karin legte eine Decke auf die Steine, sie setzten sich und blickten auf Bucht und Meer. Die Sonne war warm, nur der Wind war noch winterlich kühl. Die Kinder stiegen zur Bucht hinunter und suchten im Sand nach Muscheln.

Der Pazifik, sagte Lambert, man hätte Lust, ein Schiff zu besteigen und hinauszufahren. Und wohin?, fragte Karin. Muss man immer ein Ziel haben?, fragte Lambert. Die Lust aufzubrechen und zu reisen. Oder vielleicht zur Osterinsel und irgendwo gibt es da draußen auch die Insel von Robinson Crusoe.

Ach, es ist einfach schön, so dazusitzen, sagte Karin, ohne den Zwang, wegzugehen und ein neues Ziel zu suchen. Trotzdem, sagte Lambert träumerisch, es wäre schön so auf einer Insel im Ozean, ganz im Einklang mit der Natur zu leben, von Früchten, die von selbst reifen....

Das Land, wo Milch und Honig fließen, gibt es doch nicht, sagte Karin, man muss sich um alles bemühen und kümmern, es wird einem nichts geschenkt.

Es ist ein ewiger Traum, sagte er, ich weiß, aurea aetas und so, aber man muss auch träumen dürfen. Es gibt immerhin einen Konsens, dass es so etwas geben müsste, bei allen Völkern gibt es die Vorstellung von einem Land des Friedens, des Glücks, der Mühelosigkeit. Hier singen sie das Lied von Serchil, das ist dieses Land der Illusion.

Sie schwiegen und sahen auf das in der Sonne funkelnde Meer hinaus. Auf das rastlos wogende Meer Homers, fiel Lambert ein. Ja, Meer und Sonne bleiben dieselben, sann er. Sie beleben uns jetzt und verbinden uns mit früher. Und die Sonne Homers, zitierte er lächelnd, siehe, sie leuchtet auch uns.

Es ist gut, dass wir hier sind, sagte Karin.

Ich bin froh, dass du das denkst. Ich denke es auch, sagte Lambert, jetzt denke ich es auch. Aber ich dachte es oft nicht.

Ich bin froh, dass wir weggegangen sind, sagte Karin. Es war alles so vorherbestimmt und fest zugesagt und eng. Man dachte, es werde immer so weitergehen.

Es waren, sagte er, die Regeln und Gesetze von St. Vahlen, von denen wir glaubten, dass sie ewig gelten und unser Leben bestimmen würden.

Es ist gut, dass wir sie gebrochen haben, sagte Karin. Es ist gut, dass wir hier sind und aufs Meer schauen.

Meinst du, fragte er, wir würden anders dadurch, dass wir hier sind und aufs Meer schauen?

Man muss nicht ganz anders werden, sagte Karin. Aber anderswo sein bedeutet auch ein bisschen anders sein. Ein bisschen freier vielleicht, sagte sie.

Ya veremos, sagte Lambert, wir werden sehen.

Die Jungen unten am Strand hatten mit dem Muschelsuchen aufgehört. Sie standen einander zugekehrt und blickten auf etwas, das einer in der Hand hielt.

Ich denke, für die Kinder ist es auch gut, sagte Karin.

Das hoffe ich auch, sagte er. Ja, das wünsche ich mir sehr. Ich hab das Ganze ja angezettelt.

Karin lächelte ihm zu. Wir haben das gemeinsam angezettelt und führen das auch gemeinsam weiter. Und das ist gut so!

Sie ergriff seine Hand und er nickte und schaute sie lächelnd an.

Sie schwiegen und sahen den Kindern zu, die einander an den Händen fassten und den auslaufenden Wellen mit freudigen Schreien entgegenliefen.

Kerstin müsste jetzt dabei sein, sagte Karin.

Lambert nickte. Das wär schön, sagte er. Aber etwas ist immer.

# Anmerkungen

Die Authentizität der Erzählung wird durch gelegentliche spanische oder andere fremdsprachliche (lateinische/englische) Wörter und Wendungen verstärkt. Diese spanischen bzw. fremdsprachlichen Ausdrücke werden meist an Ort und Stelle auf Deutsch wiedergegeben oder ihr Sinn ergibt sich aus dem Kontext.

Einige fremdsprachliche Ausdrücke werden aber unter Angabe von Kapitel und Seitenzahl im Folgenden aufgeführt und übersetzt bzw. erklärt.

Zu Autoren, die im Text zitiert werden, werden in den Anmerkungen ebenfalls genauere Hinweise geboten.

Kapitel / Seite:

## I

11  Vir sibi constans: Ein Mann, der sich treu bleibt
13  Deme una moneda!: Geben Sie mir eine Münze!
14  »Und sie erhoben die Hände zum lecker bereiteten Mahle.« (Homer Ilias 9,91 / Voß'sche Übersetzung)
17  Si! Ya! Perfecto! Usted mande!: Ja! Okay! In Ordnung! Wie Sie wünschen!
18  Die Panamericana: gut ausgebaute Fernstraße, die von Nordamerika über Mittelamerika durch Südamerika verläuft
19  Pase!: Treten Sie ein! / Pasado: Vergangenheit

# XII

# XV

# XVI

# XVIII

# XIX

181  »A man can be destroyed, but not defeated«: »Ein Mann kann geschlagen, aber nicht besiegt werden.« (Ernest Hemingway, »Der alte Mann und das Meer«)

## XXI

188  Primum vivere, deinde philosophari! Erst leben, dann philosophieren!

191  »Alles ist im Fluss«: »Panta rhei« (Heraklit, griechischer Philosoph, 6. Jh. vor Chr.)

192  »Allen Gewalten zum Trotz sich erhalten ...« (J. W. von Goethe, »Feiger Gedanken ...«)
     »Wer spricht von Siegen?« (R. M. Rilke, Requiem)
     »Mit dem Schiffe spielen Wind und Wellen ...« (J. W. von Goethe, »Seefahrt«)

193  »Forsan et haec olim meminisse iuvabit.« »Vielleicht werden wir uns daran noch einmal gerne erinnern.« So versucht Aeneas seine Mannschaft nach dem Schiffbruch zu ermuntern (Vergil, Aeneis I 203)

195  Sopaypilla: In Öl gesottenes Teiggebäck / camioneta: kleiner Lastwagen

## XXII

202  »Convenienter cum natura vivere«: In Übereinstimmung mit der Natur leben 143 »O vitae philosophia dux!«: »O Philosophie, Führerin im Leben!« (Cicero, Gespräche in Tusculum, Buch V)

205  A mi me gusta la vida tranquila: Ich mag das ruhige (stille) Leben.

# XXIII

# XXIV

# XXIV

## XXXI

## XXXIII

# Zum Autor

Alfons Klein war nach Abitur und Studium für das Lehramt in Deutsch, Latein und Altgriechisch in den sechziger Jahren Lehrer an einem Gymnasium seiner Heimatstadt St. Wendel (Saarland).

Er bewarb sich für den Auslandsschuldienst und bekam in den siebziger Jahren einen Vertrag als Lehrer für Deutsch und Latein an der Deutschen Schule / Colegio Alemán in Bilbao (Spanien).

In den achtziger Jahren war er in der Funktion als Fachleiter für Deutsch und stellvertretender Schulleiter an der Deutschen Schule / Instituto Alemán in Valdivia (Chile) tätig.

Nach seiner Rückkehr nach Deutschland lehrte er am Studienkolleg der Universität des Saarlandes Deutsch als Fremdsprache. In dieser Zeit wurde er mit einer wissenschaftlichen Arbeit über Friedrich von Hagedorn zum Dr. phil. promoviert. Er ist seit 1998 im Ruhestand.

Alfons Klein war zeitlebens literarisch tätig und hat bisher acht Bücher (Erzählungen / Satiren / Gedichte) veröffentlicht. Er lebt heute mit seiner Frau in St. Wendel.